KB119107

전환
시대

전환의 시대

ⓒ 박노자

초판 1쇄 발행 2018년 8월 27일
초판 3쇄 발행 2020년 1월 10일

지은이 박노자
펴낸이 이상훈
편집인 김수영
본부장 정진항
편집1팀 고우리 김단희
마케팅 조재성 천용호 박신영 조은별 노유리
경영지원 정혜진 이송이

펴낸곳 한겨레출판(주) www.hanibook.co.kr
등록 2006년 1월 4일 제313-2006-00003호
주소 서울시 마포구 창전로 70(신수동) 화수목빌딩 5층
전화 02)6383-1602~3 **팩스** 02)6383-1610
대표메일 book@hanibook.co.kr

ISBN 979-11-6040-186-8 03300

전환의 시대

한겨레출판

전환 시대의 징후

광장

여성의 목소리

방향등을 켜라

적폐 시대의 교훈

머리말

그동안 발표한 글들을 묶어 책을 펴내기 위해 편집 작업을 하고 있는 2018년 여름, 내 거주지인 노르웨이는 유달리 화창하다. 며칠간 한국 날씨를 방불케 하는 30도 안팎의 폭염까지 이어졌다. 날씨만 화창한 것도 아니다. 촛불항쟁과 탄핵, 대선과 남북 화해국면의 본격적 전개 이후로는 기분 좋은 날들이 많았다. 적폐 정권 시절에는 국내 소식을 인터넷으로 확인하기가 두려울 정도였다. 또 누구를 괴롭히고 무슨 새로운 패악질을 했을까 싶어 온라인 한국 뉴스를 클릭하기가 무서웠다. 반대로 요즘은 적폐청산 소식이 매일 궁금하다. 이명박·박근혜 시절과 확연히 다른 기분으로 산다.

한데 내가 이 책에서 애써 강조한 것처럼 문제는 단순히 '정책'이 아니다. 현 정권이 특히 대북·외교 내지 복지 분야에서 그 자체로서 긍정적이라 할 수 있는 일련의 정책을 실행한다 해도, 차후에 얼마든지 '실패한 개혁'이라는 냉정한 평가를 받을 수 있다. 이유는 간단하다.

그때그때의 '정책'만이 아니라 이 국가와 사회의 기반을 이루는 '골격', 즉 대한민국의 심층 구조야말로 문제의 핵심이기 때문이다. 이전 정권에 대한 청산 차원에 머무르지 않고 정말로 '헬조선'을 탈출해 '살 만한 나라'를 만들자면 이 심층 구조를 전체적으로, 혁명적으로 바꾸어야 한다. 이 과제는 아무리 '촛불정권'임을 스스로 내세우는 정권이라 해도 결코 간단치 않다.

이 책은 우리가 정말로 바꾸지 않으면 안 될 대한민국의 '기본 골격'에 대한 탐구의 시도다. 이 책에서 집중적으로 조명한 이명박·박근혜 정권의 적폐들은 그저 5년짜리 임기의 '민선民選제 임금'을 부덕한 인물로 잘못 뽑아서 생긴 것이 절대 아니다. 두 적폐 대통령과 그 가신들의 부덕이야 천하가 다 아는 바지만, 몇 명 권력자의 무능과 부도덕은 문제의 핵심이 결코 아니다. 기본 구조가 건전했다면 자질 없는 통치자가 끼칠 수 있는 해악은 제한적이었을 것이다. 한데 바로 이 기본 구조야말로 적폐들이 무성하게 발생할 수 있는 토양을 제공했다. 적폐로 이어질 수밖에 없는 대한민국 기본 골격의 본격적 문제들을 열거하면 다음과 같다.

첫째, 분단체제 속에서 자라온 대한민국은 여전히 병영사회다. 국가정보원(국정원)과 국군기무사령부(기무사) 등이 적폐 정권들의 온갖 비리와 부정에 연루될 수 있었던 이유 중 하나는, 그만큼 이 기관들이 막강한 재정·행정 자원을 동원할 수 있으며, 그 어떤 사회적 감시·견제도 받지 않고 불투명하게 운영되기 때문이다. 문제는 여기에 그치지 않는다. 이 사회에서 군사주의의 내재화 정도는 실로 기가 막힐 지경이다. 초등학생 아이들이 각종 '해병캠프'에 끌려가 군복을 입고 군사훈련을 받는 일이나, 은행의 신입 여사원들이 100킬로미터 행군을 강요당하며 생리주기가 겹치지 않도록 피임약을 복용하기까지 하는 일 등은 절대 '정상'이 아니다. 이와 같은 방식으로 한국 자본은 고강도·초장기 노동을 견딜 '인력'에게 복종과 순종을 단련시킨다. 대북관계가 화해모드로 바뀌어 경제협력과 평화공존이 이루어져도 아마 한국 자본은 이와 같은 병영사회의 폐습들을 유지시키고자 힘쓸 것이다. 과연 어린 시절부터 무비판적인 '지시에 대한 복종'에 익숙해져야 하는 사람들이 행복한 삶을 살 수 있을까?

둘째, 초군사화된 사회는 동시에 여성혐오사회다. 물론 군사화만이 여혐을 낳은 것도 아니다. 군사화가 한국 총자본의 요구와 맞물려 있듯이 여혐도 자본의 논리와 결탁한다. 산업화된 세계 중 최악인 남녀 평균임금 격차는 여성에 대한 한국 자본의 젠더차별적인 초과착취 가능성을 의미한다. 바로 이와 같은 구조적 차별이야말로 여혐이 발생할 수 있는 기반을 마련한다. 특히 한국형 여혐은 '억압의 이양'과 같은 모습을 보이기도 한다. 철저히 돈의 논리에 길들여진 사회에서 갈수록 비싸지는 연애와 결혼의 비용을 감당하지 못하는, 그래서 짝을 구하지 못하는 남성들은, 자신들이 사회에서 당하는 배제에 원풀이하듯 여혐 바이러스에 걸리기 쉽다. 미국 남부에서 가난한 백인들이 흑인에 대한 인종주의적 폭력을 자행하는 논리와 사뭇 유사한 구조다. 사실 한국 인터넷에서 일부 남성들이 내뱉는 여혐 언사들은 그 심각성이 구미 사회의 인종주의적 언어폭력 수준이거나 그 이상이다.

셋째, '기업하기 좋은 나라'이자 노동지옥인 대한민국에서 노동자는 여전히 '머슴'이다. 근대적 고용노동의 개념은 법적으로 동등한 노동자·사용자 사이의 '노동과 노임의 교환'을 의미한다. 노동자는 하루 8시간의 노동시간을 팔 뿐, 그 외의 모든 문제에서 노동자와 사용자는 동등한 '시민'이다. 한데 갑질사회 한국에서 노동이란 근대적인 동등한 '거래관계'라기보다는 전통사회의 주종관계, 양반 토호와 겸종의 관계를 방불케 한다. 폭력·폭언 등 각양각색의 갑질은 인신예속 관계로서 노동자와 사용자 관계의 성격을 웅변적으로 보여준다. 물론 그렇게 해서 초과착취가 가능하기에, 이미 오래전에 없어졌어야 할 전근대사회의 폐습들이 군사주의적 관습 등과 맞물려서 지금도 한국인들을 괴롭히는 것이다. 심지어 가장 '근대적'이어야 할 대학에서 가장 심한 갑질이 행해지고 있다는 것은 놀랍도록 모순적이다. 신자유주의적 불안과 비정규직 양산 등이 겹쳐져서 한국 대학은 최악의 갑질사회 압축판인 일종의 소왕국으로서 성범죄와 인권유린 등 각종 범죄의 소굴이 됐다. 본문에서 언급한 '인분 교수' 사건도 절대 탈선한 한 개인만의 문제가 아니다. 대학가의 '갑'으로서 범죄자가 되지 않는 사람이 드물 정도로 대학가 전체가 한참 탈선되고 말았다.

넷째, 이명박·박근혜 정권의 4대강 죽이기와 인허가 비리, 불법 청탁 등 각종 적폐 실책의 가장 큰 수혜자인 재벌들은 사회에 최대 해악을 끼치며 한국 사회를 좌우하고 있다. 재벌들의 경제 독점이 갈수록 심해지면서, 재벌 대주주들이 계속해서 뽑아내는 이윤이 해외나 국내 부동산 시장 등으로 흘러들어가는 사이에 격차사회의 모순과 갈등 또한 심해졌다. 부유세가 없으며 재분배시스템이 작동하지 않는 나라에서 '위쪽'의 경제적 팽창은 '아래쪽'의 소득감소를 수반한다. 소득주도성장이라고? 재벌왕국이 해체되지 않는 이상, 부자들에게 높은 세율을 매기고 그 돈이 공정하게 재분배되지 않는 이상, 소득주도성장은 탁상공론에 불과하다. 주식회사 대한민국, 즉 재벌이 독점 지배하는 구조에 대한 본격적인 대수술 없이는 이 책에 서술한 각종 적폐들을 효과적으로 청산하기란 불가능하다. 한데 아무리 정권이 교체되었어도 이 부분에 대한 진척은 여태까지는 거의 보이지 않는다.

다섯째, 대한민국은 위계와 서열의 사회다. 물론 어느 계급사회나 본질적으로 그렇다. 한데 군사주의 색채가 강한 개발주의라는 기본 바탕에 신자유주의적 격차사회가 겹쳐지고, 거기에 전통사회와 식민지 시대의 유산까지 곁들여진 대한민국에서는 위계서열이 인생의 '전부'가 되다시피 했다. 어린 시절부터 "공부 못하는 애들, 못사는 애들이랑은 같이 놀지 마라"는 부모의 말을 듣고 성적이나 사는 집의 평수를 따져 친구관계를 맺는 이 사회에서는 위계질서적이지 않은 관계를 찾기가 아예 힘들 정도다. 우리에게는 '동료'가 아닌 '선배'와 '후배'가 있고, '급우'가 아닌 '우등생'과 '열등생'이 있다. 은행 잔고, 아파트 평수, 전통사회의 한문과 식민지 시대의 일본어를 대체한 영어 구사력, 그리고 성별, 나이, 지위…… 이렇듯 여러 차원에서 온 나라가 '줄'을 세우고 있다. 한국인들 사이에서만 그런가? 타자에 대한 시각 역시 철저히 차별적이다. '선진국', 즉 부국 출신인지 아니면 '후진국' 즉 빈국 출신인지가 한국에 사는 외부자의 삶을 결정짓는다. 재미교포와 재중동포에 대한 태도를 비교해보면 쉽게 알 수 있듯이 해외 교민·동포에 대한 위계질서적 차별도 마찬가지다. 갑질이 생기지 않으면 이상할 정도로 그 기본 골격부터 잘못된 구조다. 이런 구조에서는 이윤을 뽑기는 쉬워도 행복하게 살기는 불가능하다는 것이 이 책의 주된 테마 중 하나다.

일언이폐지一言以蔽之하자면 대한민국은 극도로 불행한 사회다. 전체 사회가 성장과 이윤의 논리대로 움직이면 당연히 올 수밖에 없는 결과다. 그나마 적폐 정권이 물러나 숨통이 좀 트였지만, 기본적인 불행감은 여전히 그대로다. 불행감이 극에 치달아 사회가 생生이 아닌 사死를 향한다. 우리 대한민국이 세계 최악에 가까운 자살률과 최저에 가까운 출산율을 자랑(?)하는 것이 과연 우연인가? 한국의 성장주의가 많은 면에서 일본을 닮았으며 한국의 신자유주의가 미국의 영향을 대단히 많이 받았다지만, 한국의 자살률은 미·일보다 높으며, 한국의 출산율은 미·일보다 낮다. 그만큼 한국 사회의 기본 골격은 사회 전체의 정상적인 재생산과 개개인의 정상적인 삶을 불가능하게 만든다. 그런 차원에서 적폐 정권이 퇴진한 후에도 여전히 '탈조선', 즉 이민을 매우 선호하는 것 역시 당연하다. 아무리 타지에서 적응하기가 어렵고, 인종차별 등에 노출될 수도 있다지만, 어딜 가도 한국에서만큼 불행하지는 않겠다는 것이 많은 한국인들이 느끼는 솔직한 감정이다.

인간 행복의 조건은 단순하다. 남과 비교하거나 경쟁하지 않고 서로 어울려 평등하게 살고, 소비를 조금 덜 해도 생계가 아닌 자아실현을 위해 노동을 하고, 폭력·폭언을 당하지 않는 존엄한 삶을 살며, 불안에 떨지 않는 것이다. 공동체가 비경쟁적이고 수평적이며 생계를 강력하게 보장하고 자아실현의 기회를 많이 부여할수록 개개인의 주관적인 행복지수가 확 오른다. 결국 행복감을 증진시키기 위해서 시민공동체는 탈자본주의 쪽으로 가지 않으면 안 된다. 서열·경쟁·경제적 강제·불안이야말로 불행의 가장 큰 요인이기 때문이다. 따지고 보면 대한민국이 이처럼 극도로 불행한 사회가 된 원인도, 이 사회가 특히 1997년 이후 자본주의의 극단을 달리는 구조로 재편됐기 때문이다. 신자유주의 도입에 가족 해체 등 여러 사회 현상이 중첩되어 세계에서 보기 드문 불행사회가 된 것이다. 이 책은 이 불행사회의 윤곽과 이모저모를 서술, 분석함으로써 불행사회를 벗어나는 길을 찾는데 나름 생각을 보태는 것을 목표로 삼는다.

이 길은 꼭 복잡하지도 않다. 우리가 아직은 자본주의를 완전히 넘어선 새 사회를 건설할 수 없다면, 조금씩이라도 탈자본주의의 길로 나아가 보다 나은 사회를 만들어가야 한다. 서열을 파괴하고 경쟁을 최소화하고 불안노동을 근절하고 평등을 지향하는 길로 가야 그나마 궁극의 공멸을 면할 수 있다. 적폐 정권과 함께 박정희식 '성장신화' 도 영원히 역사의 쓰레기통으로 가야 한다. 1인당 국민소득이 3만 달러가 된다고 한들, 갑질과 불안으로 가득 찬 사회에서 이 숫자놀음은 과연 누구를 위한 것인가? 성장과 이윤이 아닌 모두의 생존과 평등한 행복이 사회의 최고 가치가 돼야 한다!

박노자

1

전환
시대의
징후

광장,
역사의
원동력

'박근혜-최순실 게이트'는 확실히 사회를 통합해주는 하나의 기제가 된 것 같다. 촛불의 시절에는, 국내는 물론이고 국외에서도 한국인들끼리 만나기만 하면 화제가 바로 '박근혜 사태'로 넘어갔다. 물론 그렇다고 해서 계급의식까지 바로 대중적으로 성장한 것은 아니다. 아직 대부분의 사람들에게 박근혜는 최악의 신자유주의적 정책을 불도저처럼 밀고 나가려 했던 재벌권력의 대표자라기보다는 그저 인격적 결함 등으로 실패하게 된 대통령이다. 그래도 삼성을 비롯한 대기업들이 박근혜 정권과 유착해 저들에게 돈을 주면서 필요한 정책을 추진했다는 사실, 즉 국가 공공권력이 기업들에 의해서 사유화됐다는 점이 핵심적인 문제로 부각되었다는 것은 의미심장하다. 박정희 신화에 이어 삼성 신화, 수출 대기업의 신화도 무너져야 이 나라가 살 수 있기 때문이다.

그 무렵 국외에서 만나는 한국인들과 정치에 대한 대화를 나누다 보면 나로서는 한 가지 어려움이 늘 있었다. 상대방에게는 다음 대선과 여러 잠재적 대선 후보들이 초미의 관심사였지만, 나는 솔직히 이 부분에는 그다지 관심이 없었다. 박근혜같이 아예 국정을 맡을 능력이 전혀 없는 사람이 대통령이 되는 것은 그야말로 참사지만, 대체로는 누가 대통령이 돼도 정책의 핵심은 별로 바뀌지 않기 때문이다. 물론 특히 대북 정책처럼 정권의 정치색에 따라 바뀌는 부분들도 있다. 한데 종미從美(대미 추종)·신자유주의 정책이라는 기본노선은, 1990년대 중반의 김영삼 시대부터 지금까지 거의 변하지 않았다. 여야 사이에 정권이 두 번이나 교체됐는데도 말이다.

한 가지 사례를 들어보자. 지금도 야당 인사 중에서는 노무현 시대를 황금기처럼 언급하는 사람이 적지 않다. 물론 인간이나 정치인으로서의 품격 차원에서는 노무현과 박근혜를 비교할 수 없다. '급'이 다르다. 한데 구체적인 정책을 비교하다보면, 대북관계나 역사 관련 시책 등 상징성이 강한 몇 가지를 제외하면 그 기본노선은 과연 그렇게까지 달랐을까 싶다. 예를 들어 사드THAAD(고고도미사일방어체계 Terminal High Altitude Area Defense) 배치와 관련된 결정을 박근혜의 대표적 실책으로 꼽고 있지만, 대북 정책 이외에는 노무현 정권 역시 맹목적 종미에 가까운 자세를 취했다. 이제는 거의 망각되고 말았지만 노무현 정권이 이라크에 파병한 한국 군부대의 규모는 미국과 영국 다음으로 컸다. 한국은 3,600명이나 되는 병사를 범죄적인 침략전쟁의 현장으로 보냈지만, 지정학적 위치가 비슷한 일본은 600명만 보냈다. 종미 정책은 국외뿐만 아니고 국내에서도 다대한 피해를 끼쳤다. 미군 기지를 이전한다고 대추리 농민들의 땅을 강제로 빼앗고,

저항하는 이들을 초강경 진압하느라 경찰도 아닌 군인을 3,000명이나 동원한 일이 불과 10년 전 '민주 대통령 노무현' 집권기에 있었다. 만약 사드 배치 문제가 10년 전에 발생했다면 노무현 정권이라고 해서 미국의 압력에 제대로 저항할 수 있었겠는가?

'민주 대통령 노무현'의 자본과 노동 관련 정책도 놀랍도록 보수적이었다. 자본의 이해관계를 챙겨준 대표적인 정책으로 한-미 자유무역협정을 비롯해 한국시장을 좀더 긴밀하게 해외시장에 종속시킨 각종 자유무역협정의 추진이 자주 거론된다. 사실 이뿐만이 아니었다. 2006년부터 노무현 정권은 100만 달러 범위 내에서 국내 기업·개인들의 투자 목적 해외 부동산 구입을 허용하는 등 외환의 국외 반출을 상당부분 자율화했다. 즉 한국 노동자들의 피땀으로 벌어들인 돈이 해외로 흘러가 부동산 등 비생산적 부문에 투자되는 것을 허용해준 것이다. 그뿐 아니라 국내에서도 사회에 전혀 도움되지 않고 지배층의 돈주머니만 살찌우는 비생산적 투자를 제대로 규제하지 않았다. 그 전이나 후의 다른 정권에 비해 약간 더 사회정의 지향적인 부동산 정책을 썼다지만, 전국 집값은 임기중에 36%나 올랐고 난개발은 멈추지 않았다. 예컨대 정권 초기에 약 130곳이던 골프장은 정권 후기에 접어들어 약 270개까지 늘어났다. 물론 투기와 난개발을 직접 나서서 지원한 이명박, 박근혜 정권 정책과는 차별성도 어느 정도 보이긴 했지만, 잉여 자금이 언젠가 무너질 부동산 시장의 피라미드로 흘러드는 것을 용인했다는 점에서는 본질상 큰 차이가 없다.

자본친화적 정책의 이면은 바로 반노동 정책이다. 박근혜 정권은 민주 국가에서 전례 없는 전국민주노동조합총연맹(민주노총) 위원장 구속으로 세계적 악명을 얻었지만, 노무현 정권도 노동투사 구속을 유별나게 쉽게 했다. 인권변호사 출신(!)의 대통령 임기중에 감옥에 잡혀 들어간 노동자는 1,100명에 가까워 김영삼 정권 시절보다 두 배나 됐다. 박근혜 정권은 경찰에 의한 백남기 농민 살인으로 온 세상을 경악하게 만들었지만, 노동자를 희생시키는 무리한 초강경 진압은 노무현 시절에도 다반사였다. 예를 들어 2006년 사망한 하중근 열사를 기억하는가? 포항건설노조 조합원이던 그는 평화집회에 참석했다가 진압 과정에서 방패로 뒷머리 우측을 가격당해 쓰러진 뒤에 경찰에게 어떤 구급조치도 받지 못하고 뒤늦게 병원으로 이송된 뒤 결국 뇌사 상태에 빠져 숨지고 말았다. 백남기 살인에 대해 그 누구도 책임지지 않았듯, 하중근 살인도 마찬가지였다. 사실 하중근 열사와 같은 비정규직 노동자들이야말로 노무현 정권의 가장 큰 피해자였다. 당시의 비정규직보호법은 비정규직의 수를 거의 감소시키지 못했고, 그들의 권익을 제대로 보호하지도 못했다. KTX 여승무원들처럼 노골적인 부당노동행위를 당해도 국가로부터 전혀 보호받지 못했던 비정규직이 수두룩했다.

노무현 정권의 종미, 친자본, 반노동 정책을 장황하게 열거한 것은 고 노무현 대통령을 폄훼하려는 의도가 절대 아니다. 내가 말하고자 하는 것은, 아무리 훌륭한 제도권 야당 정치인을 대통령으로 선출해도 그것만으로 재벌공화국의 게임룰을 바꿀 수 없다는 것이다. 인권변호사 출신이 대통령이 돼도 재벌들을 위한 맞춤형 정책 선물을 퍼부어주고, 노동자들을 살인진압했다. 대한민국의 실질적 권력구조에서 대통령이란 재벌 지배의 대리인에 불과하기 때문이다.

진정한 의미의 변화를 가져다주는 것은 대선과 대통령이 아니다. 변화는 광장이 이끄는 것이다. 광장으로부터의 압력은, 보수정권으로 하여금 민중에 다소 이로운 정책을 추진하게끔 강제할 수도 있다. 예를 들어 노태우 정부는 분명히 반민주적 군사정권의 연장이었다. 그럼에도 노태우 시절에 지방자치제도가 실시되고, 남북기본합의서가 체결되고, 국민의료보험이 보편적으로 적용되기 시작하고, 국민연금이 처음으로 도입될 수 있었던 이유는 과연 무엇인가? 바로 거리로부터의 지속적 압력, 민주노조 건설과 파업이 자유로워진 공장들로부터의 압력이었다. 정통성이 문제시되는 군부정권인 까닭에 거리에서 표출되는 여론에 특히 민감했을 수 있지만, 정상 절차를 거쳐 출범한 정권이라 해도 마찬가지다. 예를 들어 한국에 본격적으로 신자유주의를 도입한 정권이 김대중 정부였지만, 바로 그 시절에 복지제도가 획기적으로 확대되기도 했다. 비록 최저생계비 이하의 가구 중에서는 40% 정도만 수혜자가 됐지만 기초생활보장제라는 최초의 생존권 보장제도가 바로 그때 만들어졌다. 1996~1997년의 노동계 총파업 등으로 나타난 노동자들의 결사적 저항이 그만큼 김대중을 포함한 신자유주의 지향적 지도층에 압박을 가한 것이었다.

2016년 촛불의 압박은 박근혜에 대한 국회의 탄핵으로 이어졌다. 그러나 이는 저항의 시작이었을 뿐이다. 19대 대통령으로 문재인 대통령이 당선되었지만, 앞으로 광장으로부터의 압박만이 사드 배치와 같은 자살적 종미 실책을 막을 수 있고, 비정규직의 정규직화를 위한 제대로 된 정책을 가져다줄 수 있을 것이다. 광장의 시위대가 외치는 구호가 청와대에까지 잘 들려야 청와대의 주인이 민심을 그나마 고려하고 정책에 반영한다.

혁명의
의미?

우리는 '혁명'이라는 말을 관습적으로 남용한다. 2016년 가을과 겨울의 대규모 집회도 '촛불혁명'이라고 이야기하곤 하는데, 촛불의 역할은 강조되어야 마땅하지만, 박근혜-최순실 사기단의 퇴진이 꼭 촛불에 의해서만 이루어진 게 아니라는 점도 잊지 말아야 한다. 박근혜를 쫓아낸 헌법재판소는, 몇 년 전에 통합진보당을 폭력적으로 해산시킨 바로 그 헌법재판소다. 그 성질상 절대로 '진보적인' 기관도 '객관적인' 판단을 내릴 수 있는 기관도 아니다. 그럼에도 박근혜를 역사의 쓰레기통에 보낼 수 있었던 데는 지배층 분열이 주요하게 작용했다. 현대, 롯데, 그리고 중앙일보의 입장에서도 사드 배치와 같은 독단적 결정들이 자신들에게 위기국면을 초래했다고 판단했고, 그에 따른 재벌언론-언론재벌들의 보도가 성난 민심을 폭발케 한 도화선 역할을 한 것이다.

2016년에 분명 '항쟁'은 있었지만 '혁명'과는 다소 성격이 달랐다. 사회학적으로 보면 프랑스대혁명이나 러시아혁명, 중국혁명 등 근대의 명실상부한—단순 정변이 아닌—사회적 혁명들은, 일차적으로 사회적 자원의 획기적인 재분배를 이루어낸다. 사회적 자원이란 부와 신분을 아우르는데, 상층의 2~5%가 재화와 신분을 거의 완전하게 상실하는 반면 하부의 절반 이상이 신분상승의 기회를 얻는 정도가 돼야 혁명이라고 부를 수 있다. 1789년 프랑스의 경우 최상부의 귀족-사제 계급들은 토지라는 제일 중요한 재화를 상실한데다 신분제에서의 기득권적 지위 자체를 잃게 되었다. 러시아에서는 1917년 10월혁명 이후 옛 귀족과 부르주아(원칙상 고용노동을 이용하는 모든 사업자들), 성직자, 경찰관 등이 토지와 공업시설 등 자산을 잃었을 뿐만 아니라 1930년대 말까지 아예 신분적 제한을 겪어야 했다. 선거권이 박탈됐으며, 그 자녀들은 공장 노동자나 병사로 인민을 위해 복무하지 않으면 바로 대학에 진학하지도 못했다. 반대로 노농계급 출신들은 '노동자예비학부'를 통해서 일종의 특수전형 대입 혜택을 볼 수 있었고, 승진심사 때 늘 우선시됐다. 공산당 입당도 거의 노농계급에 한해서 가능했다. 1949년 이후 중국혁명 시기에는 토지개혁 때 목숨까지 잃은 지주들이 약 80만 명에 달했다. 그런 면에서 보면 혁명은 꼭 필요하지만, 아름다운 것만은 아니라는 점도 분명하다.

오늘날 한국 사회에서 혁명이 일어난다면 대체로 어떤 그림이 그려질지 상상해볼까? 구 삼성은 '인민전자공장복합체'라는 이름으로 공유화되고, 구 삼성과 현대, LG 왕조의 보스들은 망명을 가지 않는 이상 철저한 인민의 감시 속에서 회계사나 엔지니어 정도로 자신들의 옛 공장에서 일하게 된다. 그 자녀들은 공장 노동자 생활을 1~2년 하지 않으면 대학에 들어가기도 힘든 처지다. 구 부르주아의 몰락과 함께 변호사나 의사 등 과거 고소득자들의 소득도 몇분의 일로 줄어든다. 대신, 전부 다 정규직이 된 일반 인민들이 무상의료와 무상법률서비스를 향유하면서 "사는 게 좀 나아졌네"라고 쾌재를 부른다. 대학 캠퍼스로 눈을 돌려보면, 학생과 시설관리 노동자 등이 의석 절반을 차지한 대학 자치위원회들은 모든 교원을 정규직화하는 한편, 교원과 청소노동자의 임금 격차가 1.5배 이상 벌어지지 않도록 임금 평준화 정책을 준비하고 있다. 게다가 '교수님' 같은 불평등한 구체제 호칭들은 전부 사라져, 홍길동 교원을 만난 1학년 학생들은 "안녕하세요, 길동 님!"이라고 인사한다. 대체로 이 정도 되면 혁명이라고 부를 만할 것이다. 알다시피, 절대 쉽지 않은 일이다.

이런 상상은 '꿈'처럼 보이겠지만―특히 의사나 교수로서 고소득을 누려온 사람의 입장에서는 악몽처럼 느껴질 테지만―어쩌면 기본소득제 등의 고식책을 넘어선 본격적인 혁명의 필요성이 머지않아 매우 진지하게 제시될 수도 있다. 2008년에 시작된 세계공황-장기침체는, 10년이 지나도 노동자/소비자 다수의 소득/구매력이라는 차원에서는 개선의 기미가 보이지 않는다. 즉 양극화가 극단으로 치달을 때는 아무리 많은 재화를 생산해도 이를 구매할 능력이 되는 사람들의 수는 그다지 늘지 않는다는 것이다. 세계경제의 전체적인 침체 속에서 그나마 한국 경제를 여태까지 지탱해온 중국의 성장도 이제 한계를 보이고 있다. 구미권-일본처럼 축적된 부나 나름의 재분배장치도 없고, 중국처럼 성장동력의 여열도 없는 한국은 성장둔화-장기침체 새 시대의 국제적 약자가 될 가능성이 상당히 높다. 이는 빈곤인구,

가계빚, 가계파산의 증가를 가져오고, 사회 전반에 절망의 분위기를 퍼뜨릴 것이다. 그런 분위기 속에서 오늘날과 같은 극단적 격차사회는 과연 얼마나 버틸 수 있을까? 여전히 그 대안으로 복지국가 운운하는 수정자본주의가 거론되고 있지만, 머지않아 혁명담론이 다시 한번 이 사회의 한 중심 언설이 될 수도 있으리라.

태극기집회의
추억

2017년 3월 31일, 학회 발표 건으로 잠깐 서울을 방문했다. 공항에서 수하물이 나오기를 기다리다가 대형텔레비전 화면에서 중국어와 일본어로 전하는 박근혜 구속 소식을 읽었다. 그 순간, 눈물이 날 뻔했다. 지난 4년여간 정치적인 이유로 각종 고초를 겪은 사람들의 얼굴이 눈앞을 지나갔다. 백남기 농민, 한상균 민주노총 위원장, 이석기 전 의원을 비롯한 통합진보당 해산사건의 피해자들, 경찰의 발길에 차이고 차가운 바닥에 내팽개쳐지던 세월호 피해자 유가족들…… 물론 아직 우리는 적폐청산에 본격적으로 착수하지도 못했다. 이석기 전 의원과 같은 양심수들이 여전히 감옥에서 썩고 있고, 세월호 참사에 얽힌 각종 의혹들이 풀리지 않고 있고, 사드는 이미 한국 땅에 들어와 있다. 그래도 지난 4년을 악몽으로 만들었던 원흉이 구속된 순간은 너무나 기뻤다. 수개월간의 민중저항이 이렇게 결실을 맺을 수 있다니, 역사발전에 어떤 탄력이 생기는 것 같았다.

다음 날, 발표회를 며칠 앞두고 남대문시장을 찾았다. 1991년부터

26년이나 다녀온 시장인지라 거기에서 옷가지를 고르고 가격을 흥정하는 것은 이미 내 인생에서 하나의 전통이 된 셈이다. 그리고 거기에서, 서울에서 보낸 청년 시절의 추억이 담긴 옛날 맛 호떡을 먹으면서 나는 그 행진을 봤다. 태극기집회라는 이름의 행진. 내 옆에서 호떡을 먹는 중국 관광객들은 웃으면서 사진을 촬영하느라 바빴다. 성조기를 흔드는, 미국 시민도 아닌 아시아인의 행진이라니, 중국에서는 상상조차 하기 힘든 이벤트였을 것이다. 나는 사진을 찍을 만한 정신도 없어서, 깃발을 들고 군사행진하듯 보조를 맞춰 위풍당당하게 걸어가는 군복차림의 노인들을 그저 응시하기만 했다. 그 속에 지난 70년간 남한의 굴절된 역사가 여실히 응결되어 있는 것 같았다.

세계 어디에도 타국의 깃발을 흔드는 극우는 없을 것이다. 대미의 존성 정도로는 일본이나 이스라엘도 한국과 별반 다르지 않겠지만, 일본 극우들이나 극우 시오니스트들이 성조기를 공개적으로 흔드는 걸 상상이라도 할 수 있겠는가? 냉전 최전선으로서 한국의 무시무시한 자기식민화의 효과도 그 행진 속에서 볼 수 있었지만, 무엇보다 눈에 띈 것은 물론 '군대' 코드였다. 가까운 거리에서 보면 한국 극우의 골간은 바로 퇴역장교 집단이었던 셈이다. 펄럭이는 깃발들을 봐도, 대개 '육군사관학교 몇 기', '해군사관학교 몇 기', '공군사관학교 몇 기'라고 적혀 있었다. 현역들은 대놓고 정치참여를 할 수 없지만, 현역과 그리 다르지 않은 퇴역군인들에게는 옛 일본군 행진가의 선율을 그대로 차용한 군가를 크게 틀어놓고 "우리 각하의 영애"를 위해 서울 한복판을 점령할 완벽한 자유가 주어져 있었던 것이다. 이들의 대열은 군사화된 남성성의 잔치 그 자체였다. 아무리 예편을 했다 해도 무기 사용에 익숙한 사람이라는 걸 바로 느낄 수 있었다. 대부분 엇비슷한 옷차림, 서로 대단히 잘 조율된 행동, 그리고 그 행동 속에 잠복한 폭력성이 그대로 실감됐다. 그들이 남대문 상인들이나 관광객들에게야 별다른 해코지를 할 일은 없겠지만, 위력을 과시하려는 모습이나 깃발에 적힌 끔찍한 문구를 보면 방송사 기자를 폭행했다는 소식 등은 충분히 믿을 수 있었다.

깃발 문구들은 끔찍했다. "김정은 참수" 같은 게 기본이었다. 나는 예전에 촛불집회에 몇 번 나간 일이 있었지만, "박근혜를 처단하자" 내지 "트럼프, 죽이고 싶다" 따위의 문구를 본 일은 없었다. 시민사회나 좌파는 살인을 선동하지도 않지만 할 수 있는 처지도 아니다. 한데 '애국보수'에게는 "척살", "참수" 같은 단어를 사용할 무한 자유가 주어진 것이다. 하기야 한-미 공동으로 '김정은 참수훈련'이 실시됐다는 박근혜 시절의 나라에서는 '김정은 참수' 정도는 아마 국책이었는지도 모른다. 사실 노골적인 대북 적대, 전쟁 준비, 무기경쟁의 분위기가 달아오르던 차여서 퇴역군인들의 정치참여가 이렇게 현저해지는 게 아닌가 싶기도 했다. 그런가 하면, "빨갱이 죽이자"나 북한 인민에 대한 살인·파괴 선동구호 이외에 상당부분의 구호는 지역차별을 부추기는 것이었다. "광주 5·18 민주화 공로자 때문에 젊은이들이 취직 못한다"는 표현은 가장 자주 눈에 띄었다. 유럽이나 미주의 극우가 이민자—특히 이슬람계—를 표적으로 삼고, 일본의 '재일 특권을 용납하지 않는 시민모임(재특회)'은 조선인을 괴롭히지만, 성조기를 흔드는 한국 극우의 타깃은 바로 전라도 출신의 같은 한국인이다. "애국애족"을 내걸면서 같은 나라 같은 민족의 구성원들을 낙인찍고 따돌리는 사람들에게 분명 논리가 부족한 듯 보이지만, 사실 놀라운 일도 아니다. 이북에 있는 같은 민족의 국가를 초토화하기를 바랄 수 있다면, 광주를 '평양의 지령을 받는 도시'로 생각하는 순간 "전라도 빨갱이 척살"도 외칠 수 있지 않겠는가? 표면적으로 "총화단결"을 외쳐대도, 한국 극우주의의 논리란 끝없이 관제로 '내부의 적'을 찾아내 배제시키는 논리다. 이 과정과 미국에 대한 자기식민화가 병행되는 셈이다.

이런 이데올로기에 미래가 있을까? 장년층과 노년층 남성이 주를 이룬 태극기집회에는 그들과 함께 온 것처럼 보이는 중년 여성이 소수 있었지만, 젊은이들은 거의 보이지 않았다. 사실 20대들이 아무리 보수적 성향이 있다 해도, 대한민국에 대한 충성과 찬양에 한목소리를 내기는 힘들다. 우선 후한 연금을 받을 수 있는 퇴역장교들과 달리 20대들은 생계부터 곤란을 겪고 있거니와, 그들에게 군대란 고임금과 각종 혜택이 아닌 잔혹한 내무반의 현실을 의미할 확률이 높다. 수많은 20대들이 탈조선 행렬에 가담하곤 한다. 퇴역군인들이 그렇게도 끔찍이 사랑하는 여태까지의 대한민국은 장교들에게야 복지서비스를 실시했지만, 일반인들에게는 복지 대신 장시간 고강도의 불안한 노동만 강요해왔기 때문이다. 한국이 여러모로 부실한 국가인 만큼 한국 극우주의의 잠재적 사회 기반도 비교적 좁다. 재벌의 돈을 받은 퇴역군인들이 아무리 행진한다 한들 "전라도 빨갱이 척살" 같은 구호들이 이 사회에서 어떤 헤게모니를 잡으리라고 예상하기는 어렵다. 노인들이야 그런 말들을 즐거이 내뱉어도, 그 아내나 자녀들은 생각이 다를 것이다.

태극기집회에 내재된 폭력성과 너무나 가시적인 고립성을 본 뒤로는, 앞으로 약 10년간은 자유주의 진영이 대한민국을 운영하게 되겠다는 생각이 머릿속에서 굳어지기 시작했다. 문제는, 반노동 정책에는 극우나 자유주의자들이나 큰 차이가 없다는 사실이다.

정치의
민중화부터!

한국의 수많은 이율배반 중 하나는 정치와 정치인에 대한 상당히 자기모순적인 태도다. 일면으로 공적인 정치란 대다수에게 깊은 불신만 살 뿐이다. 택시에서 정치인에 대한 험담·욕설은 곧잘 인기 있는 화제로 등장한다. 개별 정치인에 대한 비판의 차원을 넘어 정치영역 자체가 불신의 대상이 된다. 2013년에 발표된 대통령 직속 사회통합위원회의 2012년 연례보고서에 따르면 성인남녀 2,000명을 대상으로 '사회통합국민의식조사'를 한 결과, 73%가 의회 정치인들을 믿을 수 없다고 답했다. 정부 신뢰도도 34% 정도밖에 안 되지만, 국회의원 등 정치영역에 대한 신뢰도는 행정부만도 못했다. 여러 사람들과 대화를 해보면 많은 한국인들에게 정치인이란 '성공한 사기꾼'에 가깝다는 사실을 확인할 수 있다. 학술적으로 표현하면 대다수 한국인에게 정치인이란 그저 지대추구적 행동만 일삼는 행위자일 뿐이다.

하지만 또 일면으로는 본인이 열성적으로 지지하는 정치인만은 예외라고 여기고 거의 무비판적으로 맹종하는 경우도 있다. 속칭 '빠'

현상이다. 가끔 특정 정치인의 열성 지지자들과 논쟁할 때, 본인이 지지하는 정치인의 무오류성을 믿고 있다는 느낌을 받을 때가 있다. 이성적 토론이 불가능할 정도다. 한국과 러시아는 민주화의 수준에 큰 차이가 있지만, 정치와 정치인들을 대하는 방식만은 놀랍도록 비슷하다. 러시아에서도 국회의원을 '운 좋게 형벌을 피한 성공한 범죄자'로 보는 시각이 일반적인데 본인이 열성적으로 지지하는 딱 한 명의 정치인만큼은 맹신하는 태도가 눈에 띈다. 단, 한국과 달리 러시아에서 다수가 열광하는 정치인은 복수가 아닌 단수, 푸틴Vladimir Putin 대통령 딱 한 명이다.

이런 현상은 어디에서 기인하는가? 지지하는 정치인에 대한 맹종은, 궁극적으로 전통사회에서 '나라님', '스승님', '문중 어르신' 등 '군사부君師父'에 대한 태도를 방불케 한다. 당시는 개인이 소속집단으로부터 빠져나올 수 있는 시대가 아니었기에 한 점 회의도 없는 맹신이 당연했다. 그런데 전통사회가 이미 까마득한 기억이 된 지금도 그런 태도가 종종 나타나는 이유는, 극단적 원자화가 이루어진 신자유주의 시대의 많은 개인들이 '소속'을 간절히 요구해서다. 이들은 특정 정치인을 중심으로 하는 '상상의 공동체'들을 조직하곤 한다.

정치 전반에 대한 불신은, 군사독재 시절 국가에 대한 민중의 소외로부터 비롯됐다. 당시는 어용정치인들은 말할 것도 없고 제도야당의 지도자들도 실제 풀뿌리 민중들과 공유할 수 있는 것이 많지 않았다. 계급 소속부터 달랐기 때문이다. 그래서 '지역정서'에 호소하거나 '지역개발에 대한 약속' 같은 방식이 아니면 정치인은 지지를 이끌어내기가 힘들었다. 애당초 그와 유권자 사이의 벽이 너무 높았던 것이다.

여야가 이제 정치적 위치를 서로 바꾸는 등 제도적 민주화는 어느정도 이루어졌지만, 정치인과 유권자 사이의 거리는 여전히 엄청나다. 대부분의 정치인들은 지금도 사회·경제적으로 평균적 유권자와 전혀 다른 삶을 살고 있다. 20대 국회의원의 평균재산은 2016년 기준 약 41억 원이지만, 한국의 가구당 평균재산은 3억 6,000만 원에 불과하다. 즉 국회의원은 그를 뽑은 유권자보다 평균 약 11배나 더 부자인 셈이다. 다수의 흙수저들이 국회에 들어간 소수의 금수저들을 냉소적으로 본다는 건 충분히 예상할 수 있는 일 아니겠는가? 물론 정당별로 보면 약간씩 차이를 발견할 수 있다. 과거 국민의당(현재 바른미래당의 전신) 의원들은 평균자산이 60억 원, 새누리당(현재 자유한국당의 전신)은 42억 600만 원, 더불어민주당은 36억 6,000만 원 정도다. 오로지 정의당 의원(3억 7,000만 원)들만이 유권자들과 엇비슷한 평균자산을 보유하고 있다. 하지만 당시 통계 대상이 된 정의당 의원은 불과 6명이었다.

재산만 그런가? 한국 국회의원들 중에서 고졸은 거의 없고, 절반 이상은 아예 대학원까지 졸업했다. 물론 한국은 세계에서 전체 인구의 학력 수준이 가장 높은 나라 중 하나다. 하지만 30세 이상의 성인 인구에서 대졸자 비율은 아직 40%에 불과하다. 대학원까지 졸업한 가방 끈 긴 의원이, 가난해서 대학 문턱도 가기 어려운 유권자를 얼마나 대변할 수 있겠는가? 한국의 노동인구 대다수를 차지하는 이들은 서비스업 종사자, 영세자영업자, 그리고 제조업 노동자다. 그러나 이 직군 출신의 대표자를 국회에서 만나기란 거의 불가능하다. 변호사 출신 의원은 16명이나 있는데 말이다.

직업 정치인과 유권자 사이의 거리가 먼 근본 이유는, 한국의 주류 정치가 여전히 '위로부터의' 정치이기 때문이다. 풀뿌리 민중이 그들의 이해관계를 대변해줄 동료들에게 정치권력을 위탁하는 방식이라기보다는, 정치 엘리트들이 밑으로부터의 지지를 동원하는 방식이다. 흙수저들은 이 동원의 주체가 아닌 대상에 불과한 경우가 대부분이다. 국회의원 지역구선거는 해당 지역 '유지급' 인물이거나 그 지원을 받는 사람이 나가는 경우가 많고, 전국구 비례대표도 공천을 받을 만한 명망이나 네트워크 등을 가진 유산층 '인사'가 훨씬 유리하다. 그래서 한국의 전형적인 국회의원이란 상당한 재산을 보유한 이른바 '명문대' 출신의 40~50대 남성이다. 지금도 서울대를 졸업한 국회의원 비율이 20%를 넘는데, 15년 전에는 48%나 됐다. 전체의 절반에 가까운 국회의원들이 한 대학 동문이라는 사실은 세계사에서 전례를 찾기 힘들다. 한데 여성 의원의 비율은 여전히 17%에 불과하다. 세상의 절반이 여성인데 말이다. 20~30대는 겨우 3명뿐이다. 서울대 등 '명문대'와 인연이 없는 젊은 흙수저들이, 왜 자신들에게 지지를 호소하는 돈 많고 '지체 높은' 분을 신뢰해야 하는가?

유형으로 보면 오늘날 한국 의회정치는 미국 의회정치와 흡사하다. 미국에서도 100만 달러(한화 약 10억 원) 이상의 재산을 보유한 부호들이 국회 양원의 절반을 메우고, 뉘앙스는 달라도 대기업 이해관계를 표방하는 데는 별 차이 없는 두 개의 거대 주류 정당이 정치 무대를 독점한다. 이런 사회에서 정치나 정부에 대한 불신은 당연하다. 그나마 민초들이 정치인들을 믿을 수 있는 나라는, 대체로 풀뿌리 주민들의 이해관계를 대변하는 비주류·소수·민중 정당들이 정치에서 더 큰 몫을 차지하는 나라들이다.

내각제 국가인 노르웨이에서는 의회와 내각에 대한 신뢰도가 70%에 이르러 한국이나 미국보다 두 배나 높다. 노르웨이 국회에는 다양한 비주류 정당들이 대표자를 보낼 수 있어, 전체 169석 중에서 29석을 진보 성향의 소수 정당들이 차지한다(좌파당, 사회주의 좌파당, 녹색당, 그리고 농민의 당인 중도당). 거대 중도좌파 정당인 노동당도 소수 정당과의 경쟁을 실감하기에 '밑'의 이해관계에 좀더 세심한 관심을 보이게 된다. 그리고 급진주의와의 경쟁을 의식하는 만큼 적어도 국회를 부촌에 사는 돈 많은 아저씨들의 놀이터로 만들지는 못한다. 의원의 절반 가까이가 여성이고 전체 평균연령은 46세지만, 약 4분의 1은 20~30대이다. 내가 재직하는 대학의 학부생 중에도 국회의원이 있다. 그리고 절반이 대졸이긴 하지만, 고졸 출신으로 육체노동을 하다 노조활동을 통해 정치인이 된 사람도 상당수 있다. 이 정도면 적어도 의회정치에 대한 극단적 불신과 혐오라도 면할 수 있다.

좋은 자본주의라는 건 없다. 그 어떤 자본주의적 정치체제도 궁극적으로 총자본의 지배를 뒷받침해준다. 그래도 북유럽처럼 선거제가 완전히 정당명부제 투표로 바뀌어 사표심리가 설 자리가 사라지고 민중 정당들의 당세가 확충되면, 적어도 오늘과 같은 민중과 정치 사이의 괴리는 약간이라도 극복할 수 있을 것이다. 정치의 민중화, 정치참여의 대중화·일상화야말로 헬조선을 살 만한 나라로 만드는 지름길일 것이다.

우리는 지금
무엇에
분노하는가?

가끔 우리 공론의 구조를 보고 놀라곤 한다. 쉬워 보이고 잘 알려지고 가벼운 가십거리가 되는 것은 공론장의 중심에 들어가지만, 본질적으로 더 중요한 부분들은 계속 침묵 속에서 묻히고 만다. '명망', '이름' 같은 상징자본이 없어서이기도 하고, 주류사회와 미디어의 금기사항이라서이기도 하다.

2017년 가을, 한 유명 시인이 특급호텔에 홍보를 대가로 자신에게 방을 무료 내지 할인조건으로 장기임대할 것을 제안해 화제에 올랐다. 그 시인은 속칭 명문대를 졸업하고, 유명 문예지에 글을 발표하고 화제작이 된 시집을 냈으며, 사회 명망가들과 두루 알고 지냈기에 그런 제안을 할 수 있었고, 또 그 제안이 사회적 관심을 받을 수 있었다. 그런데 실은 '유명 시인이 특급호텔에 객실을 달라고 했다'는 뉴스 뒤에 숨겨진 현실은 가십거리가 될 성질이라기보다는 시급히 사회 대책을 요구하는 것이다. 유명 시인도 자신의 집이 없으며 저소득층으로 분류되는데, 이 정도로 유명하지 않은 대부분의 시인·소설가들의 현황은 과연 어떨까? 대부분이 한 달 소득 100만 원 안팎이다. 그것도 극도로 불안정하다.

소득이 이렇게 낮은 이유를 두 개로 나누어볼 수 있는데, 하나는 국가나 기관으로부터의 생계지원이 없거나 미미하기 때문이고, 또 하나는 물가가 아무리 올라도 잡지나 책 등의 원고료는 잘 오르지 않기 때문이다. 강연료도 마찬가지다. 잡지를 출간하고 강연을 부탁하는 단체들 역시 엄청난 판매고를 올리거나 많은 인원을 동원해 이윤을 남기는 경우는 드물다. 결국 저복지국가라는 현실이 문학인들의 구조적 빈곤으로 이어지는 것이다. 그런데 공론장에서는 그 이야기를 듣기가 어려웠다. 서울에서 길거리나 안식처, 판자촌에 사는 주거취약인구는 전체인구의 3.2% 정도 된다고 하는데, 이들은 호텔에 방을 달라고 제안할 수나 있겠는가?

유명 배우들이 정치분야에서 화제에 오른 일도 있었다. 극우 정권에 비판적인 두 유명 배우 얼굴을 나체에 합성해 이들의 '부적절한 관계'에 대한 허위사실을 국정원의 외곽 '알바'들이 유포했는데, 이들의 악행이 여론의 도마 위에 오른 일이다. 천인공노할 악행임에 틀림없으며 개인의 사생활침해와 허위사실 유포에 세금이 쓰였다는 것은 누가 봐도, 극우들이 좋아하는 표현대로 '국기문란'이다.

한데 국가범죄에도 등급이 있다. 허위사실 유포도 극악한 범죄지만, 예컨대 외국 국민의 납치와 감금, 외국 국가원수에 대한 암살시도 등은 그것보다 훨씬 죄질이 나쁜 범행이다. 국정원은 2016년 중국에서 북한 식당의 여종업원 12명을, 당사자의 동의를 받지 않은 상태에서 지배인을 포섭해 '비자발적으로 계획 탈북'시켰는데, 사실상 납치한 셈이다. 게다가 북한 측에서는 국정원이 지난 시기에 북한의 지도자 김정은에 대한 암살을 획책하여 그 목적을 달성하기 위해 러시아 원동에서 일하던 북한인을 포섭했다는 주장도 제기한다. 사실인지는 확증이 없어 알 수 없지만, 북측에서 제시되는 세부사항(포섭 대상자와 공작 담당자의 실명 등)에 대해 한국 정부는 적어도 구체적인 수사를 통해 석명이라도 내놓아야 하지 않을까? 정말 그런 일이 있었다면, 이는 잘못하면 전쟁을 부를 수도 있었을 엄청난 규모의 적폐 중의 적폐였을 터인데, 이 문제에 대한 관심의 부재는 정말 이상하기 끝이 없다.

외부 문제도 마찬가지다. 미국 트럼프Donald Trump 대통령을 좋아하는 사람들을 한국의 우파에서도 찾기가 쉽지 않지만, 예컨대 트럼프가 아프가니스탄의 미군 잔류 및 증원을 결정했을 때 국내 언론에서는 그 누구도 아주 간단한 질문 하나 던지지 않았다. 도대체 미국 본토로부터 머나먼 아프가니스탄에서 미군이 지속적으로 '빨치산 토벌작전'에 참여하는 국제법적인 근거가 무엇인가 하는 질문 말이다. 본래의 명분은 9·11 테러를 저질렀다는 오사마 빈 라덴Osama bin Laden(1957~2011) 휘하 테러단체 등이 미군기지를 공격하는 데 대응한다는 것, 즉 '테러에 대한 자위권'이었는데, 빈 라덴이 죽은 지 이미 꽤 지난 오늘날 시점에서 이 명분은 '시효'가 다 된 셈이다. 탈레반 재집권을 방지한다고? 내가 탈레반을 좋아할 일은 없어도, 탈레반이 집권하든 화성인이 우주선을 타고 와서 집권하든 아프가니스탄에서의 '집권' 문제는 원칙상 미 정부나 미군과 아무 관계도 없다. 유엔헌장에도 타국 내정간섭에 대한 금지가 명기돼 있다. 한데 그런 자명한 이야기를 우리는 거의 하지 않는다. 세계적 깡패국가와의 '혈맹'으로서 우리도 폭력배가 된다는 무의식적 불편함 때문인지……

공론장에서도 부익부빈익빈 현상이 나타난다. 이미 상징자본이 잘 축적된 측은 계속 화제에 오름으로써 그 자본(유명세)을 확대재생산할 수 있다. 그러나 명망가 이름들이 계속 사람들의 입방아에 오르내리는 사이에 문제의 진짜 본질은 사람들의 눈과 귀에 들어가지 않고, 수많은 비극들이 우리 의식 밖으로 밀려난다. 그렇게 해서 이 지옥이 굴러가고 있는 것이다.

'여혐'의
구조?

 2016년 5월 17일, 끔찍한 살인사건이 강남역 근처의 한 주점 건물 화장실에서 벌어졌다. '강남역 살인사건'은 단순히 우발적으로, 한 개인의 정신질환에 의해서 발생한 것이 아니었다. 사실 '일베' 경향의 인터넷 게시물들을 보노라면, 거의 살인으로 이어질 것 같은 강도의 '여성혐오'를 어렵지 않게 발견할 수 있다. 물론 그런 경향의 남성들이 혐오하는 대상은 한둘이 아니다. 그럼에도 예컨대 외국인이나 호남인에 대한 혐오가 (다행히) 아직은 물리적인 파괴 행동으로 이어지지 않은 것과 달리, 여혐은 이미 섬뜩한 살해로 이어졌다. 아울러 성추행에 대한 남성중심 사회의 관용적(?) 분위기나 데이트폭력부터 가정폭력까지 여성에 대한 각종 폭력행위들의 지속 내지 흉악화는, 이 문제의 보다 심층적 맥락에 대한 관심을 촉발한다. 이런 폭력들이 가부장제에서 비롯되었다고 보는 것도 틀리지 않겠지만, 사실 '여혐'은 가부장제 사회의 '정상적'(?) 심성과 좀 다르다. 대개 가부장적 남성은 여성을 집안의 열등한 구성원, 즉 모성적 기능과 가사노동의 전담자 혹은 결정능력이 결여된 피보호자 등으로 보지 굳이 '혐오'까지 하지는 않는다. 여혐은 가부장제에서 비롯된 동시에 가부장제의 위기를 감지하는 징후로서, 끔찍하게도 전체주의적인 남성우월주의적 심성의 탄생을 알리는 것으로 보인다. 이 위기는 결국 신자유주의 한국에서 남녀관계의 '시장' 속에서 벌어지는 상황과 관련이 있을 것이다.

극단적인 자본주의 사회인 대한민국에서도 남녀관계만큼 시장화된 관계는 찾아보기가 힘들다. '듀오' 등 결혼정보업체 사이트를 한번 구경해보라. 남녀의 결합은 재력-학벌-외모를 면밀히 계산해 성사된다. 이런 연애-결혼 시장의 근저에는 가부장제가 자리한다. 남성이 충분한 학벌-재력을 갖춘 뒤 결혼이라는 거래를 통해서 집안 내 육아-가사노동을 맡는 한 명의 유사 피고용자를 구매하는 셈이다. 이처럼 가부장성이 짙은 거래는 남성의 경제력이 지속되는 한 지속되지만, 그 경제력이 소멸할 경우 이혼이나 여성의 가출 등 '거래 중단 및 취소'가 가능해진다. 문제는 이와 같은 매우 가부장적인 연애-결혼 시장으로의 진입장벽이, 돈이 전부인 사회에서는 아주 높다는 것이다. 즉 가부장적 특권을 누리는 주체가 되려면 남성이 데이트단계부터 데이트비용이라는 원천적 투자를 해야 한다. 결혼단계로 가면 남자 측이 주거마련 비용을 조달해야 한다. 한국의 가정이 일종의 작은 회사라면, 그 사장 격인 남성 '가장'이 '창업자본'을 손에 쥐고 있어야 하는 것이다. 즉 '돈이 있어야' 가부장제적 의미의 '남성' 자격이 부여되는 것이다.

성장 시대 사회와 달리 신자유주의적 사회에서 번식 가능한 단계로 진입하는 상당수 젊은 대한민국 남성들에게는 가족이라는 이름의 회사를 차릴 창업자본이 주어질 리 없다. 뭔가가 주어진다면 기껏해야 학자금융자를 받고 나서 생기는 졸업 후의 엄청난 빚 정도다. 이미 빚쟁이로 인생을 시작해야 하는 마당에 주거를 마련하려면 주택담보대출이라는 이름의 빚을 더 져야 하고, 그 대출이라는 것도 취직이 돼야 받을 수 있는데 특히 정규직으로 취직하기는 하늘의 별 따기다……즉 오늘날 젊은 남성은 가부장적인 지배자가 되고 싶어도, 출발부터 데이트에 충분히 투자해서 그런 지배자로서의 기반을 다지기가 지난하다는 말이다.

한데 이미 계층이동이 불가능한 준세습 신분사회에서 결혼적령기 여성들은 자신보다 '지체'가 더 높은 남성들을 선호함으로써 처음이자 마지막이 될 계층이동을 계획하는 것처럼 보인다. 그러자 가부장적 데이트-연애-결혼 시장으로부터 '퇴출'당하는 것처럼 느끼는, 끝내 가정의 지배자가 되지 못한 '지배자 지망생'은, 결국 이 상황에 혐오감정과 폭력으로 대응한다. 이게 바로 살인에 이르는 여혐의 기반 정서가 아닐까 싶다.

물론 여혐은 관용해선 안 될, 톨레랑스의 대상이 될 수 없는 정서다. 인종적 혐오와 마찬가지다. 서구사회 하층 백인 사이의 인종적 혐오와 한국적 여성혐오의 발생구조가 상당히 흡사한데, 어쨌든 이 두 정서는 절대 사회에 뿌리내려서는 안 된다. 여혐은 분명히 사회운동의 투쟁 대상이 돼야 하고 근절돼야 한다.

그러나 우리는 진실을 직시해야 한다. 병리적인 여혐을 낳은 것은,

모든 것을 '돈'으로 환원시켜놓고서는 인생 출발선에 선 대다수에게 그 어떤 경제적 안정도 주지 않는 극도로 병리적인 한국 사회다. 물론 남성들의 '여혐' 사고나 '여혐' 행위는 매우 악하다. 하지만 그만큼 남녀 할 것 없이 모든 가난뱅이들에게 연애를 '사치'로 만든 이 사회 역시 극악무도하다. 우선 남성들이 그 가부장적 습성 등에 대해 반성해야 하거니와, 한국형 신자유주의 사회-국가를 근본적으로 변혁시키지 않고서는 여혐의 발본색원은 지난할 것이다. 슬프지만, 이게 슬픈 진실인 듯싶다.

사회운동단체 내의 성폭력,
그리고
개인적인 것의 정치성

최근 한 사회운동단체에서의 성추행사건을 둘러싼 각종 갑론을박을 보면서 좀 슬픈 생각이 든다. 성폭행 내지 성추행은 보통 위계질서와 가부장제가 중첩되는 지점에서 발생한다. 가부장제의 아비투스(일상 속의 관습)를 내면화한 마초 남성이 어떤 권력 내지 권위의 위계질서 위쪽에 자리를 잡는 경우라면, 폭력이 발생할 확률은 대단히 높다. 특히 위계질서로 짜인 조직의 일반 성원들이 지도부를 견제하거나 통제할 수단이 없는 비민주적 조직이라면 더욱 그렇다. 그래서 대부분의 조직들이 위계적이며 민주성이 약하고, 가부장적 남성이 조직 상층을 점거하는 한국 사회에서 성폭력은 곳곳에서 자주 일어난다. 소수의 남성들이 완전히 비대칭적인 권력 내지 권위를 가지는 군대와 대학, 그리고 기업이 최악인데, 여타의 조직이라고 해서 꼭 더 나은 것도 아니다.

이런 상황에서 사회운동단체 내의 성폭력은 그 단체 역시 나머지 사회와 질적으로 다르지 않음을 웅변한다. 사회운동단체도 마초 '교수님'과 다를 바 없이 사과와 재발방지 요구에 불응할 뿐 아니라 2차 가해를 가하면서 2차 가해의 존재를 부정한다면, 이를 관찰하는 사람들의 마음속에는 절망감밖에 생기지 않는다. 그런 사람들이 각종 사회문제를 해결하겠다고 나서 사회에서 더 큰 몫을 차지하게 된들 과연 이 사회가 질적으로 나아질는지 의문이 들고, 이 사회에 기대할 게 있는가 하는 회의감마저 생긴다. 그러한 의미에서 사회운동단체 내 성폭력사건의 파장은 아주 클 수밖에 없다.

독일에서 좌파의 집권이 본격적으로 시작되기도 전인 1911년에, 사회학자 로베르트 미헬스Robert Michels(1876~1936)가 '과두정치의 철칙'을 내놓았다. 그는 독일사민당의 내부 행태를 보면서 사민당이 기존의 보수 정당들과 별로 다르지 않다는 사실을 간파했던 것이다. 여느 보수단체처럼 사민당도 실권을 소수 엘리트가 잡고, 조직을 과두지도부가 장악해 움직인다는 것이었다. 소수의 권력을 옹호하여 나중에 무솔리니Benito Mussolini(1883~1945)의 열성지지자가 된 미헬스에게 이는 반가운 발견이었다. 의회 좌파 세력이 집권해도 불평등과 서열을 기조로 하는 기존의 사회질서가 바뀌지 않으리라는 것을 이해하게 된 것이다.

진정한 사회주의자의 입장에서 본다면 참담한 이야기다. 집권을 통해 사회를 바꾸겠다는 게 당시 사회주의자들의 계획이었는데, "너희가 집권해봐야 너희 조직의 행태로 봐선 거기서 거기야" 같은 소리를 듣게 된 셈이니 말이다. 그런데 100여 년이 지난 오늘날 우리가 말할 수 있는 것은, 급진파인 볼셰비키들이 집권하든 '정통' 서구형 사민당이 집권하든, 미헬스의 기분 나쁜 예언은 적중했다는 것이다. 스탈린화된 러시아나 중국에서 공산당 총서기나 주석은 아예 현대판 '황제'가 되었다. 형식적 다당제 의회제하에서 사민당인 노동당이 반세기 넘게 단독집권해온 노르웨이만 해도 노동당 최고위층의 권력은 거의 세습화되다시피 한다. 지금 북대서양조약기구(나토)의 수장인 노르웨이 전직 국무총리이자 노동당 당수 옌스 스톨텐베르그Jens Stoltenberg의 경우, 아버지 대부터 노동당 지도자였으며 외무부장관 등을 역임했다. 다만 다수가 복지혜택을 받아 나름 괜찮게 살다보니 '노동자들의 정당' 안에서 그런 세습적 엘리트 형성 현상을 문제시하는 사람도 소수일 뿐이다.

집권 좌파가 기존의 보수적 지배자와 대동소이하게 권위주의적이며 관료적인 모습을 보이자, 식상한 1968년 세대 젊은이들은 '개인적인 것의 정치성'을 이야기하기 시작했다. 여러 의미를 지니는 화두지만, 그 의미 중 하나는 권력형 마초가 되고 관료화된 좌파 조직 고위층의 '개인적 삶' 속 젠더 불평등과 성추행 등을 통해 저들의 정치적 타락의 또 한 가지 뿌리를 추적해보자는 것이었다. 사회운동단체 내 각종 꼴불견 현상들과의 투쟁을, 바로 1968년 세대가 본격적으로 가동시킨 것이다. 서구의 배부른 권력형 중도좌파가 기존 질서에 안주하는 모습이나 소련 공산당의 관료주의적 타락을 다 목격한 이 세대는 '사회주의'를 간판으로 내거는 세력의 집권 그 자체는 그 어떤 문제도 본질적으로 해결해주지 않는다는 진리를 깨달았다.

조직 내에서 사회주의란 간판이 아니라 일차적으로 '삶'이 돼야 되는데, 사회주의를 들먹이면서도 특정 '지도자'와 그 '이론'의 권위를 신성불가침으로 인정하고 그 지도자 위주로 권위와 권력체계를 짜고 그 체계 안에서 각종 젠더 폭력을 용인한다면, 그런 사회주의자들이 설령 백 번 집권하여 모든 공업시설을 다 국유화해도 사회는 본질상 나아지지 않을 것이다. 1968년 이후 좌파들은 '미헬스의 철칙'을 깨려고 노력했는데, 그런 신좌파의 고민들이 한국의 사회운동단체에서 본격적으로 뿌리내린 것은 1990년대 후반 이후 정도가 아닌가 싶다. 이에 따라 사회운동단체 내의 성폭력 척결 문제도 1990년대 후반부터 본격적으로 제기된 셈이다.

과거보다 인권감수성이 훨씬 높아지고 탈권위가 중심 화두가 된 오늘날의 한국 사회에서 급진적인 조직들이 계속 성장하자면, 길은 하나밖에 없다. 성폭력이라는 현상뿐 아니라 각종 갑질, 폭력, 추행 현상들이 발생하는 본바탕인 권력, 권위의 비대칭적 관계부터 과감히 없애야 한다. '위대한 이론가'의 시대는 이미 지났다. 요즘 같은 시대에 모든 조직 성원들에게 똑같은 마르크스주의 해석이나 역사 해석을 강요하는 것은 어불성설이다. 역사나 이론에 대한 고민들을 공유하면 좋지만, 통일된 이론은 더 이상 가능하지도 필요하지도 않다. '위대한 지도자'의 시대도 이미 한참 지났다. 꼭 지도자나 지도부를 둔다기보다는 다수가 조금씩 조직 관련 의무들을 나누어 가지는 것이 훨씬 편하고 좋다. 조직이 수평적일수록 미헬스의 철칙을 깰 수 있을 확률이 높아질 테니까. 그리고 수평적이며 다원주의적인 조직 분위기라면, 젠더 평등을 실천하기도 훨씬 쉽다. 사회주의를 말이 아닌 삶으로 보여주지 않는다면 한국 급진파는 화석화돼 박물관의 유물로만 남을 것이다. 요즘 사회운동단체 내의 성폭력 관련 토론들을 보면서 절실히 느끼는 부분이다.

'문화대혁명'이
필요하다!

2010년 10월 할리우드에서 시작된 '미투(#Metoo)' 캠페인이 전 세계
적으로 각종 SNS에서 급속도로 확산되고 있다. 여성들이 일상적으로
당해온 성추행 피해를 고발하는 것이다. 이 캠페인은 성폭력 추방 차
원에서 엄청난 의미를 지닌다. 사실 엄밀한 의미에서 성추행의 목적
은 성적 쾌감이 아니다. '관계'를 원치 않는 피해자에게 추행을 벌이
면서 관계를 강요하는 것은, 무엇보다 권력-폭력 행사를 통해서 가학
적 쾌감을 얻으려는 짓거리다.

성추행범은 피해자의 자존감을 짓밟으면서 자신의 '힘'을 재확인하
는 순간에 쾌락을 느낀다. 그 힘의 가장 핵심적인 요소 중 하나는, 바
로 피해자에게 침묵을 강요할 수 있는 '능력'이다. 이런 의미에서 성
추행범은 학교폭력 피해자에게 폭력을 행사하고도 침묵을 강요하는
'일진'이나 마찬가지다. 성추행범의 행위가 공개적으로 고발되는 순
간에 그 '힘'은 무의미해진다. 피해자의 침묵을 전제로 추행을 벌이는
성추행범은, 만인의 시선 앞에서는 움츠러들고 만다. 성추행에 대한

사법적 처리도 필요하지만, '실명으로 망신 주기naming and shaming' 이야말로 성추행 퇴치의 관건 중 하나다.

성추행은 전 세계의 문제이지만 한국이 구미권에 비해 문제가 훨씬 더 심각하다고 봐야 할 것이다. 신자유주의 시대에 여성이 주로 불안 노동자로 몰려 비정규직화의 피해자가 되어왔기 때문이다. 경제적 약자는 매우 쉽게 각종 추행의 표적이 된다. 아무리 정부에서 '양성평등 정책'을 들먹여도 통계청의 자료에 의하면 일하는 여성의 4할이나 비정규직 노동자로 사는 현실 속에서 상황은 개선되기는커녕 오히려 가면 갈수록 더 나빠진다. 세계경제포럼 '세계 성별차 보고서The Global Gender Gap Report'의 2015년 자료를 보면 한국의 성평등 순위는 145개국 가운데 115위에 머물렀다. 참고로 경제부문 순위는 그보다 더 낮은 125위다.

신자유주의가 사회를 각자도생의 정글로 만드는 상황에서 살인·강도·강간·방화 등의 흉악범죄가 계속 늘어나는데, 그 피해자의 84%는 여성이다. 전체 한국인의 성폭력 피해율은 약 10%로 세계적으로 꽤나 높은 편인데, 미투 캠페인이 문제 삼는 모든 종류의 성폭력과 성희롱을 종합해서 이야기한다면 한국 여성의 무려 79.7%가 남성과의 내밀한 관계에서 물리적·심적 폭력을 당한 적이 있다는 조사 결과가 있다. 형태는 다양하지만, 대부분에게 "나도 그랬어" 하며 고발할 내용이 있을 것이다.

성차별·성폭력은 특히 한국 사회에서 다양한 위계질서, 그리고 그 질서 속에서 발생하는 갑질과 불가분의 관계를 맺고 있다. 전근대적 사회관계들을 혁명을 통해 정리한 적이 없는, 식민지와 군사독재를 거쳐 지금 사실상 재벌의 경제독재 시대를 살고 있는 대한민국에서는 그 어떤 위계관계도 인신예속과 폭력을 수반하게 돼 있다. 물론 이는 비정상 중에서도 비정상이다. 직장 상사와 부하라든가 대학교수와 대학원생의 관계는 법적으로 따지면 그저 의무와 권리로 이루어진 계약관계일 뿐 그 이상도 그 이하도 아니다.

한데 한국에서 일터든 배움터든 그 궁극적인 모델은 폭행과 폭언이 난무해온 군부대다. '아랫사람'이 된 이상 법적 의무와 권리를 따질 것 없이 그 어떤 지시든 따라야 하고 그 어떤 폭력도 참아야 한다. 한국 직장사회 내에서 일어나는 폭력의 실상을 잘 보여주는 사건이 2017년 10월 보도된 부산대병원 전공의 구타사건이다. 고막이 찢어지고 피멍이 들 정도로 교수한테 맞아온 전공의들은, 본인들의 의사와 무관하게 가해 교수의 처벌을 원치 않는다는 청원서를 내야 했다. 청원서를 내지 않으면, 어떤 면에서 폭력 조직을 방불케 하는 동업자 카르텔 속에서 앞으로의 운명이 비참할 것임을 누구나 다 알고 있기 때문이다. 아랫사람이 사실상 예속관계에 놓여 있어 폭력을 감수해야 하는 사회에서는, 법보다 폭력을 허용하는 '의리' 관계가 우선한다. 남성도 자신의 존엄성을 포기하지 않고서는 밥벌이하기 어려운 사회에서 약자인 여성이 직면하는 부담과 위험은 훨씬 더 클 수밖에 없다.

그렇다면 모욕과 폭력의 도가니로부터 벗어날 출구는 있는가? 미투와 같은 방식의 운동은 위계적 폭력과 갑질, 착취의 문화를 당장 바꾸지는 못해도, 적어도 흔들 수 있는 '문화대혁명'의 서곡이 될 수 있다. 우리에게는 홍위병 조직이나 인민재판은 필요 없다. 필요한 것은, 피해자 각자가 자신의 피해 경험을 그저 SNS든 학교 대자보든 언론 인터뷰든 그 어떤 방식으로라도 공개하는 것이다. 가해자의 실명을 거론하면서 말이다. 이 피해란 꼭 간호사들에게 강제로 야한 춤을 연습시키거나, '직장 일이 급하다'며 20~30시간 동안 집에 보내지 않고 일을 시키거나, 근무시간에 화장실 이용 횟수를 제한하는 등 최근 밝혀져 공분을 산 악질적인 사례들만이 아닐 수도 있다. 엄연히 성인인 대학원생이나 직장 동료에게 반말을 해대거나, 회식자리에서 강제로 술을 따르게 하거나, 노래방에서 잠깐이라도 상대방이 원하지 않는 신체접촉을 하는 것도 갑질의 개념에 포함된다. 이와 같은 악행은 법적으로 처벌하기는 힘들어도 피해사례 및 가해자 실명 공개를 통해 잠재적 가해자들에게 더 이상 이런 행위를 하면 안 된다는 경계심은 심어줄 수 있을 것이다. 악행이 일어나면 곧바로 공개가 가능한 투명 사회에서는 폭력, 폭언, 추행, 사적인 착취 등이 훨씬 어렵다. 악행을 공개하는 경우 가해자가 명예훼손 소송 등을 무기 삼아 피해자를 괴롭힐 수 있지만, 미투 캠페인처럼 수만, 수십만 명이 동시에 그 피해 경험을 이야기하면 아무리 사법절차를 악용하더라도 피해자 모두의 입을 다물게 하기는 힘들 것이다.

바야흐로 요즘을 '헬조선 탈출 시대'라고 불러도 과언이 아닐 것이다. 2016년 2월, 온라인 취업포털 '사람인'은 성인 남녀 1,655명을 대상으로 조사한 결과, 응답자의 78.6%가 '가능하면 이민 가고 싶다'고 대답했다고 밝혔는데, 이는 세계적으로 매우 높은 이민 선호도로 분석된다. 가능만 하다면 많은 사람들이 주저 없이 '탈출'을 선택한다. 2016년만 해도 3만 6,000명가량이 한국 국적을 포기했다. 같은 해에 한국 국적을 취득한 사람의 수는 그 3분의 1에 지나지 않는다. 한국 국적 포기자의 수는 늘어나지만, 한국 국적 취득자의 수는 계속 감소 하는 경향이 있다. 내국인에게도 외국인에게도 오늘과 같은 모습의 한국은 더 이상 희망적인 삶의 터전이 못 된다는 이야기다. 이는 꼭 경제적 요인으로만 설명되지 않는다. 통계를 따져보면 한국의 평균임 금은 이미 스페인이나 이탈리아 수준에 가깝다. 미국이나 일본, 대부 분의 서구 나라들보다야 여전히 낮지만, 외국에 가서 받게 될 차별이 라든가 적응과정의 불편 등을 생각하면 오로지 경제적 이유로만 쉽게 '탈출'을 선택하는 사람은 많지 않을 것이다.

사실 한국 출신의 이민자들과 이야기하다보면 가장 흔히 거론되는 이민의 이유가 바로 초경쟁적이며 엄청난 재력을 요구하는 자녀교육 과 직장에서 누적된 피로다. 장시간 노동과 무한한 굴종을 강요하는 폭력적인 직장 분위기는, 특히 민주주의와 인권을 이미 당위로 아는, 민주화 이후에 자란 세대에게 정말로 참아내기가 힘든 것이다. '문화 대혁명'이 일어나지 않는 이상 한국은 앞으로도 자국민에게도 외국인 에게도 되도록이면 기피하고 싶은 국가일 것이다.

한국에서 가장 자주 듣는 단어들 중에 '억울함'과 '화병'이 꼭 등장 한다. 여러모로 갑질, 추행, 모욕을 경험해본 대다수 한국인들에게는 트라우마로 남은 억울한 기억이 있고, 그걸 억누르면서 살다보니 화 병이 난다는 것이다. 그런 상황에서 미투 캠페인 같은 피해사례 고백

운동은 매우 많은 이들에게 치유가 되고 해방감을 안겨줄 수 있을 것이다. 수많은 피해자들이 연대해서 가해자들의 실명과 악행을 밝히는 순간, 피해자들의 내면에 도사리고 있던 공포의 성채가 무너진다. 각자의 치유와 모두의 해방은, 바로 공포로부터 자유로워지는 그 순간에 시작된다. '문화대혁명'은 한국을 살 만한 나라로 만드는 첫걸음이 될 것이다.

미투 운동을 보면서 한국과의 만남을 회상한다

2018년 1월 이후 검찰과 문단 내 성폭력과 성희롱 문제에 대한 폭로로 한국에까지 확산된 미투 운동을 보면서 여러 가지 생각을 하게 된다. 최초의 개인적 감상은, 정말로 외부자로서 한국을 만나는 상황에서 한국에 대한 인식은 성차-젠더에 좌우될 수밖에 없다는 것이었다. 세상 어느 사회에 가도 크게 다르지 않지만, 특히 (주로) '남성만이 가는 군대'가 사회문화를 여전히 지배하는 한국에서 '그냥 사람'이란 있을 수 없다. 남성과 여성은 애초부터 전혀 다르게 인식되고 대접받게 마련이다.

1990년대 초반, 배고픈 대학생 처지였던 나는 한국에서 온 (주로 부유한) 관광객들을 상대로 '가이드 아르바이트'를 꽤 자주 했는데, 그때 별의별 불쾌한 꼴을 다 봤다. 술자리에서의 주정과 "백마를 타고 싶은데 적당한 인터걸을 소개시켜달라"는 요구가 대표적이었다. 아무리 하기 싫어도 목구멍이 포도청이라 철면피를 깔고 일을 하긴 했지만, 만약 가이드가 남자가 아니라 바로 그 '돈 주고 타려는 백마'였다면, 이런 일자리에서 얼마나 버틸 수 있었을까? "백마를 타게 해달라"는 요구를 어떻게든 회피하는 상황과 "나랑 잘래? 백 달러 줄게!" 같은 말을 듣고 대처해야 하는 상황은 분명 질적으로 다르다. 후자는 평생의 상처가 될 수 있다. 내가 만약 여성이었다면 아마도 그 아르바이트를 구하는 단계에서부터 벌써 관광 오는 '사장님'들로 대표되는 사회와의 '관계'를 고려할 수밖에 없었을 것이다.

그 밖에도 1990년대에 나는 한국을 찾는 러시아 보따리장수들의 통역 아르바이트를 하기도 했고 1997년부터는 최종학위를 받고 취직해 근무하느라 계속 한국을 오갔는데, 그때도 별의별 꼴을 다 봤다. 1992년인가 1993년인가 김포공항에 입국했을 때 '특정국가로부터의 입국자'들을 일일이 확인해야 했던 공항 주재 안기부 직원이 내 성기를 손으로 가볍게 만지면서 "야, 국내에 있을 때 얌전히 있고 이상한 짓 하지 마, 알았지?"라고 웃으면서 훈계(?)한 적이 있었다. 그때 나는 하도 충격을 받아서 아예 입을 열지도 못하고 온몸이 얼어붙었다. 그런데 그나마 남성이었기에 이 정도의 '손인사'(?)로 끝났지, 만약에 같은 나이의 여성이었다면 과연 그 안기부 직원으로부터 어떤 '인사'(?)를 당했을지, 상상만 해도 끔찍하다.

"만년의 노털상 후보자"의 상습적인 범행에 대한 최영미 시인의 폭로를 읽었을 때는 한때 한국 문단 인사들과 어울렸던 시절을 떠올렸다. 엄격한 장유유서의 위계사회인지라, 같은 자리에 있는 사람들에 비해 나이가 어렸던 나는 이런저런 곤욕을 치러야 했다. "야, 노래 좀 해봐"라고 해서 음치임에도 억지로 노래를 불러야 했던 것은 전형적인 상황이고, 몇 차에 걸쳐 여기저기에서 술을 먹는 '문인'들과 밤늦게까지 '예의상' 같이 어울려야 했다. 그런데 만약 내가 여자였다면, 그저 '노래자랑'과 술자리 참여 강권으로만 끝났을까? 그냥 '참 괴이한 세계를 한번 봤다'는 정도의 기억이 아니라 훨씬 더 깊은 상처를 받았으리라.

한국의 한 사립대학 근무 시절에 대해서는 지금도 가끔 악몽을 꿀 정도로 불쾌한 기억이 아주 많이 남았다. 학과 '동료'들이 술 마시고 '속마음'을 털어놓기 시작했을 때가 제일 곤란했다. 한 술자리에서 모스크바에서 학위를 받은 비교적 젊은 동료가 "요즘 모스크바는 여자 값이 너무 올랐다"고 신세 한탄(?)을 했을 때는 정말 어디로든 도망이라도 치고 싶었다. 그런데 내가 만약에 여자였다면, 과연 '여자 값'에 대한 대화로만 끝났을까? 그러니까 비정규직으로서 별의별 이상한 꼴을 당해야 했을 때도 '남자'라는 젠더의 특권이 크게 작용했을 거라고 봐야 한다.

옛날에 운동진영에서는 여성운동을—예컨대 농민, 철거민, 빈민, 청년 등의 운동들과 함께—'부문운동'이라고 범주화했지만, 젠더 이슈를 이렇게 주변화하는 것은 아주 심각한 문제다. 지금 한국을 멍들게 하는 것은 자본주의적인 가부장제인데, 가부장제 그 자체는 자본주의보다 훨씬 긴 역사를 지니고 있다. 어떤 총체적인 해방도 가부장제로부터의 해방이라는 전제조건을 달성하지 않고는 불가능하다. '여성주의적 시각과 입장'은 모든 운동의 전제가 돼야 한다. 젠더 구분짓기, 젠더차별이야말로 이 사회를 움직이는 기본 메커니즘이기 때문이다. 젠더적 시각이 결여된 해방이론이란 이미 죽은 이론이다. 미투 운동을 보면서 이런 생각이 머릿속을 떠나지 않는다.

계집애 같은
머슴애가 되자!

100년 전의 조선에서는 일본에서 건너온 '신여성'이라는 말이 막 유행을 탔다. 남성이 지배하는 사회에서 신여성들은 남성들과 같아지려고 노력했고, 그렇게 해서 여성의 정당한 몫을 쟁취하려 했다. 신여성들은 단발을 하고 팔다리를 노출시키며 당시로서는 도발적인 옷을 입었다. 남자들처럼 고등교육을 받으려 했고 남자들처럼 직장생활을 하려고 했으며 남자들처럼 성관계의 자유를 즐기려고 했다. '정조'가 여성들에게 여전히 절대적으로 강요됐던 당시에, 급진적 신여성들은 정조를 '선택사항'으로 다시 정의하거나, '남자들도 정조를 지켜야 한다'는 주장으로 평등을 요구했다.

나혜석(1886~1948)이나 김일엽(1896~1971) 같은 신여성들의 선각적인 노력들이 없었다면 양성평등이 당위 차원에서라도 당연시되는 오늘날과 같은 사회는 없었을 것이다. 그런데 오늘날엔 신여성의 반대, 즉 신남성이 사회적으로 시급히 필요하다. 기존 남성성의 패턴, 즉 '남성다움'에 대한 사회 통념들이 현재로서는 백해무익이기 때문이다. 사실 기존의 남성성에 대한 사회적 '상식'은 현재 사회의 진보를 가로막고 있을 뿐이다.

요즘에는 대부분의 양식 있는 마르크스주의자들이 페미니즘을 수용하긴 하지만, 일부 도식주의자들은 '여성은 계급이 아니다'라며 여성 문제를 부차적인 것으로 치부한다. 그런데 문제는 우리에게 지금도 통념으로 받아들여지고 있는 남성성 이미지의 골자가, 계급사회가 국가의 형태를 취하기도 전에 어느 정도 만들어졌다는 것이다. 이미 신석기 시대부터 인간들에게 남성성은 수렵 능력, 나아가서는 폭력의 능력과 같은 의미를 지녔다. 성인 남자가 되기 위해서는 위험하고 아픈 성인식을 통과해야 했지만, 짐승을 잡고 싸울 줄 아는 남성은 그만큼 여성 위에서 군림할 수 있었다. 국가가 성립되고 씨족 사이의 무력 충돌이 전쟁이라는 대규모 폭력의 형태를 취하고 나서 이와 같은 남성성의 이미지는 구체화되고 공고화됐다. 이제 남근은 평상시 가족에 대한 생계보장 의무, 전시의 전투 의무, 그리고 항시 여성을 지배할 권리를 의미하게 됐다.

구한말에 조선에서 가장 인기가 높았던 외국 철학자 중 한 명은 사회진화론의 창시자인 스펜서Herbert Spencer(1820~1903)였다. 스펜서의 우승열패優勝劣敗, 적자생존 이야기를 중국과 일본에 이어서 국내 계몽주의자들도 인용하곤 했지만, 경쟁을 '진보의 어머니'라고 생각했던 이 빅토리아 시대 사상가는 역설적이게도 '문명인류'에게 더 이상 무력경쟁이 불필요할 것이라고 낙관적으로 내다보고 있었다. 그는 공업화되고 전 세계적 시장을 이룬 '문명사회'에서는 경쟁이 주로 경제적 의미를 갖게 되어 남성들은 기존의 전투성을 잃게 될 것이라고 생각했다. 그가 죽은 지 11년이 지나고 나서 바로 1차세계대전이 터지는 바람에 그 낙관론은 웃음거리가 됐지만, 오늘날 한국 사회를 보면 그의 말은 반은 맞고 반은 틀린 예언이 되었다고 할 수 있다. 이게 무슨 뜻인가?

일면으로 스펜서의 예언은 적중했다. 굳이 비교하자면—일부 사대부나 승려 등을 제외한—일반적으로 구한말의 조선 남성은 오늘날 한국인 남성에 비해서 주먹을 쓸 일이 더 많았다. 구한말 당시만 해도 정월대보름에 석전石戰이라는 집단 투석전이 전국 곳곳에서 열려 매년 사상자를 내곤 했고, 한양 근처에서도 삼문(숭례문, 돈의문, 소의문) 밖 주민과 아현마을 주민들이 서로 돌팔매질을 해서 피를 흘렸다. 운이 나쁜 참석자가 돌에 맞아 죽는 일이 벌어져도 멈추지 않았다. 남성으로서는 이 정도의 위험을 감수할 줄 알아야 하며, 이 정도의 폭력을 행사할 줄 알아야 했다. 오늘날이라면 경찰이나 법원이 해결할 일상의 갈등들도 종종 주먹으로 해결하곤 했다. 2010년대 대한민국처럼 평균적 남성이 학교(특히 대학 운동부)와 군대 같은 폐쇄적 소사회를 벗어나면 물리적 폭력과 거의 관계없는 삶을 살 수도 있는 풍경은, 구한말 사람으로서는 상상하기 어려웠을 것이다.

한데 '힘'으로 상징되는 남성은 오늘날 대한민국에서도 여전히 유효한 측면이 있다. 단, 이제 남성과 힘은 주로 소비를 매개로, 특히 시각적 소비를 매개로 연결된다. 예컨대 부상의 위험이 대단히 높은 종합격투기 시합을 눈요기 삼아 즐겨 보는 중산층 남성들의 수는 적지 않다. 엑스트라들은 촬영과정에서 다쳐도 제대로 보상을 받지도 못하지만, 전투·격투 장면이 많은 영화들이 여전히 흥행한다. 싸움 장면에서 멋지게 나오는 남성 배우는 이상적인 남성의 표준이 되고 몸짱으로 유명세를 탄다. 시각적 소비를 넘어 실제로 근육질 신체를 얻기 위한 소비도 활발하다. 남자아이를 유치원 때부터 태권도 도장에 보내는 것이 흔한 일이며 돌봄의 한 형태다. 웰빙, 몸 만들기는 물론 킥복싱부터 무에타이까지 각종 무술을 익히는 것도 특히 '여유 있는 집안'이면 자주 볼 수 있다. 더 이상 실전과는 거의 관계없지만, 힘과 주먹은 여전히 남성성과 쉽게 연결된다.

물리적 힘이 약한 남성도 충분히 살아남을 수 있는 현대사회인데도 남성과 주먹이 여전히 연결되는 이유는 무엇일까? 스펜서가 말한 '경제 경쟁'의 시대라 해도 기존의 남성성 패턴들은 그대로 활용되기 때문이다. 경쟁이 주된 이데올로기가 된 신자유주의 사회에서 주먹이 실생활에서 그다지 필요 없다 해도, 경쟁의 주체들은 여전히 '야수'여야 한다. 주먹이 중요했던 과거에 비해 오늘날의 경쟁만능 세상은 역설적으로 더욱더 만인의 만인에 대한 투쟁의 장이다.

정월대보름의 석전이 폐지된 지 100년이 지났지만, 이제는 매일매일이 마음에 피를 흘리고 마음에 상처를 입는 싸움의 연속이다. 학습 경쟁은 유치원 때부터 시작되고 명문대 입시를 위한 무한경쟁은 초등학교 고학년 때부터 본격화한다. 설령 명문대에 들어간다 해도 다시 취업전선에서 정규직이 되기 위한 경쟁을 해야 하고, 취업해서 은퇴하기 전까지는 승진경쟁을 하루도 쉴 수 없다. 남자가 경쟁사회의 가족부양 책임자로 인식되는 한, 그는 매일매일 포성이 들리지 않는 이 전투의 병사가 돼야 한다.

주먹보다 '윗사람' 비위 맞추기, 아부하기, 눈치 보기 능력이 더 요구되는 싸움터지만, 신자유주의 시대의 이 '출세를 위한 전투'에는 격투기나 무술 못지않은 철두철미한 전략과 전술, 무자비함과 기민함, 자기통제력이 필요하다. 그렇기에 사무실의 '조용한 전쟁'에서 이기려는 남성은 《손자병법孫子兵法》과 《삼국지三國志》를 애독한다. 그리고 신석기 시대 이래 '싸우는 사나이'에 대한 고정관념대로, 여성에 대한 군림의 기회를 이 전쟁에서 얻을 수 있는 가장 중요한 전리품으로 여기는 것이다.

남성의 치부致富와 사회적 신분상승은 보다 많은 여성들에게 보다 쉽게 접근해 보다 자주 성착취를 할 수 있는 기회로 여겨진다. 최근 미투 운동이 밝혀낸 대로 국내에서 각종 성폭력이 각계각층에서 일상이 될 수 있었던 배경에는 바로 이와 같은 남성 사회의 추한 '통념'이 깔려 있는 것이다.

성폭력 근절의 길은 신고의 간편화와 처벌 강화, 2차피해 예방 노력에도 있지만, 동시에 남성성의 패턴이 혁명적으로 바뀌어야 한다. 말 그대로 신남성, 즉 힘과 배짱, 신분상승과 자아의 무한확대가 아닌 배려와 돌봄, 연대와 동감을 남성의 당연한 특징으로 볼 줄 아는 탈폭력적 남성이 사회에서 일반화돼야 한다. 눈물 흘릴 줄 알고 유모차를 끌고 다니며 육아하는 것을 당연시하는 남성이 사회 표준이 돼야 한다. '계집애 같은 머슴애'는 여전히 몰상식한 남자들 사이에서 모욕으로 통하지만, 사실 계집애 같은 머슴애들이 흔할수록 살기 편한 사회다. 계집애 같은 머슴애들이 다수가 돼야 대한민국은 살기 좋은 세상이 될 것이다.

타자로서의 동포, 조선적 재일조선인

한국에서 자주 듣는 이야기 중 하나가 한국인에게 유독 혈통을 중시하는 경향이 강하다는 것이다. 이해되지 않는 일도 아니다. 문중이 기본단위인 유교 사회에서 단재 신채호(1880~1936)와 같은 사상가에 의해 '민족'은 처음에 하나의 대가족으로 이해됐으며, 식민지 시대의 민족차별은 조선인들의 혈통적 민족정체성을 역으로 강화시켰다. 역대 권위주의 정권들까지 혈통적 민족주의를 계속 정치적으로 이용해 온 결과, 현재도 '우리'의 정체성은 여전히 기본적으로 '핏줄'로 판단된다. 2010년 동아시아연구원(EAI)이 실시한 '한국인의 정체성' 조사에 따르면 응답자의 84%가 '진정한 한국인이 되는 조건'으로 '혈통'을 언급했다. 물론 '혈통'보다 '국적'(89%)의 비중이 더 커진 것으로 봐서는 점차 민족적 정체성에서 국민적 정체성으로 이동하고 있다고 판단할 수는 있지만, 아직까지 '우리'라고 간주하는 데 가장 보편적인 잣대 중 하나는 '혈통'이다.

　외부 계통의 인구가 3% 가까이 되는 상황에서 혈통주의는 종족적 소수자들에 대한 배타의 가능성을 내포하는 만큼 긍정적인 현상은 아닐 것이다. 한데 한 가지 슬픈 아이러니는, 이렇게도 혈통의식이 강한 사회에서 가장 심하게 배제를 받는 사람들이 바로 혈통은 한국인에 속하면서도 하위배치를 당한 집단이라는 것이다.

혈통적 배제를 유형으로 분류해보면 순수 경제적 차별과 정치적 배타, 그리고 경제적 차별과 정치적 불신의 혼합형으로 나누어볼 수 있다. 순수 경제적 차별은, 주지하듯 '못산다'고 여겨지는 중국이나 옛 소련에서 온 조선족·고려인에 대한 한국인들의 일상적인 태도다. 2015년 사단법인 동북아평화연대의 여론조사에 의하면 '조선족'이라는 기호는 94%의 한국인 응답자들에게 부정적 이미지를 연상시킨다. 보수언론들이 '못사는 동포'는 '잠재적 범죄자군'이라는 이미지를 그만큼 성공적으로 형성시킨 것이다.

정치적 배타의 전형적 사례는 물론 북한에 대한 악마화다. 보수언론들이 '생지옥'이라고 선정적으로 그려온 북한에 대한 부정적인 이미지가 탈북자를 포함한 모든 북한 주민에게도 적용돼, 북한인에 대한 한국인의 친밀감은 미국인이나 중국인에 대한 친밀감보다 더 낮은 것으로 나타난다.

탈북자에 대해서는 한국인의 경제적 우월감과 대북 적대감이 중첩돼 전례 없는 차별의식으로 치닫게 된 것이다. 2016년 통일부에서 한국에 사는 탈북자 1만 2,000명을 대상으로 한 설문에 따르면, 약 20%가 차별과 가난 속에서 살기가 너무 힘들어 죽고 싶다고 답했다. 이 결과는 혈통의식이 강한 한편 동일 혈통에 속하는 일군의 타자들에 대해서는 배타성이 대단히 높은 역설적 상황을 잘 반영한다고 하겠다.

혈통을 이렇게도 중시하는 한국 사회인데, 더 가난하거나 이념 혹은 생활방식이 다른 정치체 출신의 '같은 한국인'에 대해서는 왜 이토록 잔혹하게 배타적일까? 권위주의 시대가 낳은 '우리' 공동체를 구성하는 획일적 방식의 문제가 아닌가 싶다. 박정희식 병영국가는 '우리' 학교와 '우리' 군대를 나오지 않거나 '우리' 정보기관들이 관리하지 않는 타국의 영토에 사는 모든 혈통적 한국인을 일단 '간첩'이나 '친북', '반체제 분자', '반한反韓 인사'로 의심해보는 분위기를 만들어놓았다. '동백림사건', '구미 유학생 간첩단사건', 수많은 '재일동포 간첩사건' 같은 조작된 '간첩사건'들은 외부에 살거나 외부와 연결된 한국인에 대한 경계심을 잔뜩 심어놓았다. 게다가 박정희 시대의 "잘살아보세" 같은 경제본위·성공주의 이데올로기는 빈민들을 비인간화시키는 경제인종주의를 한국인의 일상 사회의 일부분으로 인식하게 만들었다. 그 결과가 지금 우리가 맞닥뜨린 조선족 동포나 고려인 동포, 탈북자를 포함한 북한인에 대한 배제·차별·멸시의 분위기다.

한데 조선족이나 고려인, 탈북자 등은 적어도 국내의 일상에서 만날 수 있는, 가시성이 있는 존재들이다. 또한 북한인들은 국내에서 일상적으로 만날 수는 없어도—비록 매우 부정적인 시각 일변도의 보도긴 하지만—텔레비전의 뉴스 화면에서라도 가끔 보인다. 이렇듯 그나마 가시성이 있는 '혈통적 한국인으로서 차별받는 집단'과 달리, 차별을 더 받아도 거의 가시화되지 않는 또 하나의 '타자화된 한국인' 소집단이 있다. 바로 조선적朝鮮籍을 지닌 재일 조선인들이다. '조선적'이 바로 북한 국적을 의미한다고 오해하는 한국인이 상당히 많을 만큼, 이 집단은 아예 국내에서 잘 알려지지 않아 아무리 차별받아도 그 차별에 대한 문제의식을 찾기가 힘들다. 북한을 악마화하거나 조선족을 '범죄도시의 주민'처럼 묘사하는 언론들의 비뚤어진 태도에 대해서는 나름의 비판의식이나마 존재하지만, 조선적 재일 조선인은 존재감 자체가 거의 느껴지지 않아, 국가가 그들을 차별·배제해도 사회가 그 정책에 제동을 걸지 않는 형국이다. 그만큼 일본 주류의 여전한 식민주의적 차별의식과 한국 정부의 사실상의 기민棄民 정책으로 점철된 재일동포들의 현대사는 국내에서 일반적으로 덜 알려져 있다.

많은 이들의 오해와 달리 '조선적'은 북한 국적을 의미하지 않는다. 그저 한국 국적을 선택하지 않은 재일동포의 호적에 일본 당국자들이 식민지 시대 한반도의 명칭인 '조선'을 기입했다는 점을 반영했을 뿐이다. 재일본조선인총연합회(조총련) 소속의, 즉 북한에 좀더 친화적인 재일동포들도 조선적으로 분류되지만, 상당수의 조선적 재일 조선인들은 남북한 양쪽에 대해서 소속감을 느끼면서도 분단체제인 만큼 양쪽 정권으로부터 등거리를 유지하려 한다. 그런 성향의 전형적인 조선적 재일 조선인이 바로 재일 조선인 문학의 대표자라고 할 수 있는 작가 김석범이다. 북한에서도 남한에서도 창작활동하면서 살 수 없을 거라고 생각한 그는, 남한도 북한도 아닌 통일 한반도의 시민이 되고자 하는 의미에서 실질적인 무국적인 조선적을 유지하는 것이리

라. 말하자면 통일지향적 중립의 태도라고 하겠다.

한데 군사주의적 획일화에 익숙해진 한국 사회로서는 명실상부한 '적'보다 중립을 지키려는 '우리 민족' 계통의 '회색분자'를 더 위험시한다. 오랫동안 군부가 '주적'이라고 분류한 북한의 고급 간부들은 이런저런 임무를 띠고 보수정권 밑에서도 종종 남한을 방문할 수 있었지만, 이명박 대통령이 취임한 2008년부터 3만 3,000명 조선적 동포들은 한국행이 막히고 말았다. 앞에서 이야기한 김석범 작가도, 2016년 4월 1일 제주에서 열린 4·3평화상 시상식에 가지 못해 그가 받아야 할 상을 직접 받지 못했다. 입국거부라는 이름의 국가폭력을 당한 것이다. 또 한 명의 조선적 재일 조선인인 일본 메이지학원대학 부교수 정영환은 위안부 성노예화 피해자들을 "일본군의 동지"이자 "애국 소녀"로 둔갑시켜 국내외에서 많은 물의를 빚은 박유하 교수(세종대)의 저술을 정밀한 방식으로 분석·비판한 저서를 발표했는데, 입국을 거부당하는 바람에 한국어 번역본 출판기념회에도 참석하지 못했다. 이에 대해서 유럽·아시아·미주의 한국학 전공자 수십 명이 항의서명도 했지만, 박근혜 정권은 국제적 불명예를 감수하면서도 조선적 재일 조선인들에 대한 인권 탄압을 계속했다. 김석범이나 정영환처럼 일본에서도 한국에서도 이름이 난 유명 지식인들도 입국 거부 대상이 되지만, 지식인 세계와 무관한 조선적 재일 조선인들도 일가친척조차 못 만나고 성묘조차 못 가면서, 그저 일본과 한국 사이의 '신종 38선'(?)을 바라보며 한탄해야 했을 뿐이다.

문재인 정권의 집권 이후에는 상황이 다소 나아졌다. 비록 까다로운 심사는 여전히 전제돼 있지만, 최근 김석범과 정영환을 비롯한 수 많은 조선족 재일 조선인들이 숙망대로 조상의 땅인 한국을 밟을 수 있었다. 그나마 인권의 진전이라 하겠지만, 기본적 인권인 고향 방문 이 이렇게 정권의 정치적 성격에 따라 허용될 수도 불허될 수도 있다 는 상황 자체가 그다지 인권 친화적이지 않다. 한국과 분명한 관계를 가지는 해외동포들에게, 그 정치적 성향 등과 무관하게 한국을 방문 할 권리는 인권 차원에서 성문화돼야 하지 않을까. 그래야 '보수정권 이 집권하면 선조의 땅으로 갈 수 없는' 해외동포 중 일부 소수집단들 의 비극이 되풀이되지 않을 것이다.

분단체제의
규정력

나는 '분단체제'라는, 백낙청 선생 등 여러 지식인들이 줄곧 써온 용어에 대해 거부감이 있었다. '체제'라면 일반적으로 토대와 상부구조를 가진 사회경제적 체제라는 의미로 마르크스주의자들에 의해서 사용되어왔으며, 그런 입장에서 보면 한국은 비록 분단이라는 상황에 처해 있어도 그 체제야 (관치) 자본주의일 뿐이다. 한데 분단체제라는 말은 한 가지 차원에서는 분명히 쓸 만한 용어다. 한국이라는 국가의 어떤 특별한 성격을 상당히 잘 표현해주기 때문이다.

애당초 한국이라는 국가는 '대북 저지용'으로 설정된 부분이 크다. 1950년대만 해도 남한은 세계 최빈국이었으므로 자력으로 도저히 유지시킬 수 없는 60만 대군 예산의 70%를 '큰형' 미국이 대주었다. 노욕에 빠진 독재자 이승만이 예뻐서가 아니라, 그만큼 '글로벌 플랜' 측면에서 한국군에 의한 대북 저지가 급했던 것이다. 1950년대 한국을 간접 통치하다시피 한 미국의 입장도 그랬고, 한국 통치자들 스스로도 '체제경쟁'을 우선으로 인식했다. 그래서 병영국가의 각종 기구들이 대부분 '대북용'으로 맞춰졌는데, 1990년대 초 북한이 약체화된 후에도 여전히 그렇다고 볼 여지가 있다. 상대방이 사실상 평화·공존·경제협력을 원한다 해도, 한국 통치기구들에게 대북 대립은 이미 바뀌기 어려운 하나의 절대적 '아비투스'가 된 것이다.

예를 들어보자. 대한민국은 국제 난민에 대해서는 아마 세계에서 제일 박정한 국가 중의 하나일 것이다. 2017년 한 해 동안 총 9,942건의 난민 신청이 전국에서 접수된 반면 실제 인정된 사람은 121명에 지나지 않는다. 난민인정률이 1.51％인데, 세계 어딜 가도 일본 이외에는 이런 나라를 찾기 어렵다. 시리아 내전이든 아프가니스탄의 학살이든, 세계 곳곳에서 벌어지는 동성애자나 이교도, 정적 등에 대한 박해든, 모두 한국 지배자들로서는 강 건너 불구경해도 되는 '남의 일'이다. 강대국 미국이나 유럽의 이른바 '선진국'들이 알아서 처리할 것이라고 생각하고 개입할 생각도 않는다. 그런데 한국에 와서 난민 지위 정도가 아니라 국적과 지원금 등을 바로 받을 수 있는 유일한 피난민 집단이 바로 탈북자들이다. 지배자들에게 탈북민에 대한 특별한 애정이 있어서 그런 것일까? 탈북자들이 한국에서 받는 각종 차별이나 비공식적인 박대를 생각해보면 애정의 문제는 분명 아니다. 오만에 가득 찬 한국 지배층의 입장에서는 탈북자나 파키스탄·네팔·우간다 난민이나 다 똑같다. 비공식적으로는 '저임금지대' 출신 '거지떼'로 분류될 뿐이다. 탈북자 우대의 유일한 동기는 그렇게 해서 북한 체제의 근간을 흔들 수 있다는 전략적인 계산이다. 탈북자는 국내인들에게 '우리 체제 우수성'을 과시하는 한편 주민이 이탈할 만큼 못사는 '북한의 후진성'을 상징하는, 말하자면 일종의 '인간 전시물'로 이용되는 것이다. 이런 정치적 이용이 당사자들에게 얼마나 큰 상처가 될지에 대해 한국 통치자들은 물론 아무 관심도 없다. 탈북자 관련 사업으로 북한을 더더욱 약체화시키는 데만 관심이 있을 뿐이다.

한국의 첩보사업도 마찬가지다. 한국에서는 '간첩'이라면 애당초 '북한간첩'만을 의미한다. 간첩죄가 '적국을 돕는' 것으로 정의돼 있는데, 지금 '적국'은 한 군데뿐이니까. 2006년 영안모자 백성학 회장이 CIA요원으로서 한국 지배층 인사들의 의견을 모아 미국에 전달하고, 나아가 미국의 국익을 위해 한국 정계에 로비를 벌였다는 내용의 '미국 스파이 의혹'이 불거진 바 있다. 그런데 이런 첩보요원을 한국에서는 처벌하는 것 자체가 불가능하다. 중국 등과도 첩보전을 은근슬쩍 하긴 하겠지만, 언론에 노출되는 간첩이란 오로지 북한간첩에 한정된다(물론 대다수는 조작에 불과한 '관제간첩'이다).

한국 군대도 사정은 다르지 않다. 북한 이외에는 가상의 적이 있기라도 한가? 사실 '대북'이 아니라면 징병제로 동원되는 70만 대군 자체가 필요할 리 없다. 한국에 비해 인구가 거의 3배나 더 많은 일본의 자위대는 모병제이며 인적 규모도 한국군의 3분의 1에 지나지 않는다. 한국보다 인구도 경제규모도 훨씬 큰 독일도 군은 모병제로 운영되며 17만 명에 불과하다. '대북' 적대기조가 없어지면 한국군 장교의 3분의 2 정도는 예편하고 다른 일을 찾아야 할 형편이다. 또한 대북 적대가 키운 징병제 군대는 지금도 한국에서 일종의 '제2의 고등학교'로서 남성들의 인생주기를 결정하고, 훈육·복종 습관을 들이는 기관으로서 패권적 남성문화에 지대한 영향을 끼친다.

북한과의 화평이 이루어지면 감군으로 자리를 잃을—사실상 잉여 인력인—군 장교나 정보기관 관계자, 각종 공안계 전문가…… 한국에서 대북 적대 덕에 호의호식하는 직업적인 '반북 전사'들이 적어도 수만 명은 될 것이다. 국가의 기본틀에 대한 분단의 규정력이 이 정도로 크다면 '분단체제'라는 말이 일정 정도 적절할지도 모른다. 이미 굳어질 대로 굳어진, 대부분의 남한인에게 당연지사가 되고 만 이 체제를 과연 어떻게 변혁시킬 수 있는가? 정치인들이 남북교류 등에 신경 쓰는 사이, 이른바 '지식인'으로서는 북한에 대한 탈악마화가 급선무로 보인다.

체질화된
친미성

2016년 10월, 필리핀 대통령 두테르테Rodrigo Duterte가 대미 전략 결별('이혼'), 즉 사실상 미국과 중국 사이의 '중립'을 선언했다. 물론 이 선언의 배경은 상당히 복잡하고, 한국의 상황과 오버랩하기도 힘들다. 한국은 한국전쟁 이후 미국의 군사보호령으로 존재해왔지만, 필리핀은 1898~1946년에 정식 미국 식민지였다. 식민지화 과정에서 미군이 죽인 필리핀인의 수는 적어도 2만 명, 간접 타살 등을 포함하면 30만 명 이상으로 추산된다. 그러니까 굳이 비교하자면 두테르테의 대미 태도를 한국의 반일감정과 비슷한 것으로 볼 수 있다. 한국과 필리핀이 미국을 대하는 태도에서 오버랩되는 것이 있다면, 미군 주둔에 따르는—특히 심각한 미군 범죄문제에 대한—엄청난 피해의식이나 미국의 장기간 독재 지원에 대한 정치적 피해의식을 들 수 있다. 상당한 차이점 중의 하나는 중국과의 친소 관계다. 한국에서 화교 커뮤니티는 박정희 시절에 초강경 박해를 받아 경제력을 잃었지만, 필리핀 총인구의 약 1.6%나 차지하는 화교들은 그 경제의 상당부분을 좌우한다. 필리핀은 화교 커뮤니티의 역사도 한국보다 훨씬 길어 명나라 말기로 거슬러 올라간다.

필리핀과 한국 양국은 냉전 시절에 미군이 주둔하는 아시아태평양 지역에서 미군의 변국이었으며, 지금도 중국 포위정책에 중요한 역할을 한다. 그런데 필리핀이 이 대중국 포위 정책에 참여하기를 포기하는 순간 한국이 사드를 배치하는 등 그 참여의 정도를 높인다는 것은 분명히 대조적인 지점이다.

두테르테도 박근혜도 극우다. 한데 한국에서 '반미극우'를 만나볼 수 없는 반면, 필리핀뿐만 아니라 세계의 매우 많은 나라에서 극우 내지 우파의 상당부분은 반미적이거나 적어도 미 제국주의에 다소 회의적이다. 가까운 일본부터 살펴보면, 집권 가능성이야 없지만 자민당 내에 다소 아시아주의적 색채가 강한 반미우파도 조금 있다. 러시아에는 자유주의 진영 내에 친미 경향이 있지만, 오른쪽으로 가면 갈수록 노골적 반미성이 짙어진다. 서방에서는 푸틴을 반미주의자로 의식하지만, 사실 대미 태도로 보건대 푸틴은 '실용 중도우파' 정도가 될 것이다. 유명 칼럼니스트 막심 칼라시니코프Maxim Kalashnikov 등 러시아 내 진정한 의미의 극우파들은 대개 중국과의 동맹관계를 강화해 아예 대미 핵전쟁을 대비해야 한다는 입장이다. 물론 러시아는 미국의 가상 적이니까 그럴 만도 하다. 한데 미국의 우방이라 해도 오른쪽으로 가면 상당한 반미 기류를 감지할 수 있을 때가 많다. 독일의 극우정당 '독일을 위한 대안(AfD)'이 주독미군 철수를 거론하는 것처럼 말이다. 프랑스의 '국민전선(FN)'이라는 극우정당도 미국이 주도하는 나토보다 '프-독-러 삼각동맹' 아이디어를 더 선호하고, 프랑스어 위력의 강화, 영어 헤게모니 반대, 할리우드와 경쟁하는 프랑스영화에 대한 국책 지원 등을 공약으로 내세운다. 터키의 집권자인 극우 성향 에르도안Recep Tayyip Erdogan 대통령은 비록 나토를 탈퇴하지는 않았지만 미국의 이라크 침략에 참전을 거부하는 등 독립외교를 펼치며 미국과 러시아 사이에서 독자적인 이득을 취하려고 한다. 그러니까 미국의 하위 파트너(일본, 독일, 프랑스, 필리핀, 터키 등)를 보든 미국의 반대자(러시아)를 보든, 한국만큼 맹목적으로 친미적인 우파-극우파는 어디에서도 찾아볼 수 없다.

한국에서 반미는 좌파의 동의어이며, 친미는 우파의 동의어다. 물론 세계 여러 나라에서 이와 비슷한 경향이 없지 않지만, 한국만큼 절대적인 경우는 거의 없다. 그 이유를 두 가지 차원에서 관찰해볼 수 있다. 하나는 바로 분단체제라는 차원이다. 아무리 남북한 국민총생산이 40배 정도나 차이가 나고 군비도 남한이 북한보다 3배나 더 많이 쓰지만, 기본적으로 한국 지배층은 그 피통치자들의 체제수호 의지를 잘 믿지 않는 것 같다. 이미 신분상승 가능성이 거의 없는 '대물림사회'고 남미만큼이나 격차가 벌어진 사회고 대부분의 젊은이들이 가능하기만 하면 그저 이민을 가려는 사회라, 정말 전쟁이 나면 한국 병사들이 바로 전투의지를 잃고 대량탈영해 각자도생을 도모할지도 모르는 만큼 돈 받고 싸울 미군을 '최후의 보험'으로 여기는 분위기가 한국 지배층 안에 있는 것 같다. 글쎄, 기본적인 재분배도 제대로 못하는 국가라면, 그 피통치자들의 국가수호 의지를 믿을 만한 근거가 없기는 하다.

또 하나의 차원은 한국 경제모델, 그리고 전체적인 사회모델이다. 한국의 무역의존률은 일본보다 5배 높고 독일보다는 2배 높아 거의 100%에 이른다. 북한은 이미 수십 년간 미국으로부터 각종 제재를 당하고도 일단 생존에 성공했지만, 한국은 며칠간 심각한 수준의 무역차질을 겪게 되면 바로 아수라장이 될 것이다. 몇 주간 무역이 이루어지지 않으면 바로 국가부도가 날 것이다. 식량자급률이 50%에 불과하기에 식량물가 앙등부터 문제가 될 것이 뻔하다. 지금 같은 경제모델로는 '자유무역'의 틀 밖에서 단순 생존조차 불가능한데, 그 자유무역의 틀을 최종적으로 책임져주는 세력이 바로 미국이라고 한국의 지배층은 인식한다. 게다가 각종 경제·사회적 대미의존 프레임들이 얽히고설킨다. 영어 구사력과 미국 학위가 최고의 상징자본으로서의 지위를 지니며, 미국 자금 유입으로 증시가 유지되고, 미국 기술의 '창조적 복제'로 삼성 등이 장사를 한다. 영어유치원부터 시작해 '리타이어'해서 공기 좋고 물 좋은 미국 주택으로 옮겨가 편안한 노후를 보내기까지 한국 지배층의 삶은 거의 다 '미국'으로 통한다. 지구가 두 조각 나도 어떻게 이런 나라하고 '결별'하겠는가?

한국 주류의 최고의 취미는 종북몰이지만, 사실 무비판적 종미야말로 가장 위험하다. 사드 같은 미국의 군사주의적 프로젝트에 휘말렸다가는 한반도 생존부터 위험에 빠지게 돼 있기 때문이다. 원칙적으로 보아도 한 국가에 대한 지나친 의존은 대단히 위험한 일이다. 한국의 지배층에게 일말의 양식이라도 있었다면, 지금쯤 재분배가 더 잘

되고 수출보다 내수에 기대고 식량자급률이 더 높고 '오렌지'를 원어민처럼 발음하지 못해도 누구나 행복하게 살 수 있는 그런 사회 건설에 힘을 쓰지 않았을까?

북한의 눈으로
남한을 보자!

우리는 보통 개항기의 사회·경제·정치적인 변화를 근대의 시발점으로 삼곤 하지만, 지성사 차원에서의 엄청난 변화는 조선 사회에서 대략 18세기 중반에 일어났다. 바로 그때 근대적 지식체계를 처음으로 접한 조선인들은, 이 세계에 고정된 중심이 없다는 것을 비로소 인식하게 되었다. 한나라 시대에 한사군과 한반도의 준準국가들이 처음으로 관계를 맺었을 때부터 중국은 세계의 고정된 중심축으로 여겨지곤 했지만, 18세기 중반의 비판적 유교철학(후대에 와서 그 철학에 '실학'이라는 이름을 붙였다)은 이 오랜 전통에 종지부를 찍는 일을 본격적으로 시작했다. 홍대용(1731~1783)의 유명한 《의산문답醫山問答》(1766)에는 그가 북경에서 지구의와 서양 선교사들이 만든 세계지도를 본 소감이 나온다. 땅덩이는 둥글기 때문에 지구 위의 정계正界와 도계倒界는 정해진 것이 아니라는 사실이, 그에게는 가장 중요했다. 서양인에게는 서양인이 정계 즉 중심이고, 중국의 입장에서는 중국이 중심이지만, 그건 그저 하나의 주관적인 '입장'일 뿐이다. 이와 같은 탈중심화, 자기와 타자의 상대화가 가능해지고 나서야 개인이나 나라 차원에서의 주체성 확립을 이야기할 수 있게 됐다.

근대적 '중심의 상대화'야 18세기에 접어들어 가능해졌지만, 상대성 원리 자체는 동아시아 철학 속에서 수천 년 동안 발전해왔다. 불교도 자아와 타자를 연기론緣起論의 그물로 연결되어 있는 '둘이 아닌 하나'로 보고 주체를 상대화하지만, 유교나 도교에도 상대주의적 요소가 강하다. 《맹자孟子》의 '진심盡心' 편에도 공자孔子에 대해 "동산에 올라가 노나라가 작다고 했고, 태산에 올라가 천하가 작다고 했다"는 표현이 나오지 않는가? 고향 노나라의 동산에 올라간 견지에서는 노나라가 작아 보이지만 천하 제일이라는 태산에 올라가면 천하 전체가 작아 보인다. 결국 이 '견지'야말로 의식을 결정짓는 것이다. 도가 사상은 이 상대성 논리를 더욱더 심화시켰다. 이미 우리가 평소에 쓰는 언어의 일부분이 된 '우물 안 개구리' 같은 표현이 《장자莊子》 '추수秋水' 편에 나오는 개구리와 자라의 대화에서 따온 것이다. 우물 안의 즐거움이 최상이라고 생각하는 개구리는 자라의 바다 이야기를 듣고서야, 즉 자신이 선 견지를 남의 시선을 통해 한번 상대화·객관화하고 나서야 비로소 객관적인 진실에 약간이라도 접근할 수 있게 됐다.

그러면 우리도 우물 안 개구리 신세를 면하기 위해 우리 자신을 우리에게 가장 중요한 타자인 북한의 눈으로 바라보는 시도를 해보면 어떨까? 대부분의 한국인은 홍대용이 비판했던 18세기의 고루한 선비들과 크게 다르지 않게, 세계에 고정된 중심이 있다고 의식·무의식적으로 믿고 있다. 물론 중국이 아닌 미국이 바로 그 중심이고, 미국의 문물제도를 대체로 복제해놓은 한국은 그 중심에 꽤나 가까운 것으로 의식하기도 한다. 동시에 수많은 한국인들에게 북한은 '비록 같은 민족이지만' 이 중심으로부터 한참 벗어난, 18세기로 치면 '이적夷狄'에 가까운 것으로 보인다. 한데 이와 같은 중심과 주변의 구상은 어디까지나 주관적인 생각일 뿐 그 어떤 객관적인 실체도 아니라는 걸, 타자의 시각을 의식하면서 깨닫는 것이 중요하다.

이명박·박근혜 시절의 한국 매체들은 보통 북한의 군사와 유관한 움직임은 모두 '도발'이라고 규정짓곤 했다. 예를 들어 2012년의 광명성 3호 2호기 발사를 한국에서는 '도발'이라고 격렬히 비난했다. 물론 그것보다 3년 전에 한국이 나로호를 최초로 발사하려고 하던 때 이에 대한 KBS 보도의 타이틀은 "꿈과 도전의 기록, 대한민국 우주발사체 나로"였다. 우리가 하면 꿈과 도전이고, 저들이 하면 도발이다? '내가 하면 로맨스, 남이 하면 불륜'과 같은 논리지만, 남한 측에서 별생각도 없이 하는 이러한 행동에 대해 북한 측의 시선이 어떨지를 한번 생각해보자.

2016년 무렵부터 한국 보수언론들은 앞을 다투어 "김정은 제거 특수부대", "북한 지도부 참수작전"에 대해 보도했다. 2017년 초에는 "유사시 김정은 제거 임무를 맡을" 한·미 특수부대가 함께 훈련을 하고 있다는 소식도 심심찮게 들려왔다. 물론 그 어떤 보수언론도 이와 같은 소식에 토를 달 생각을 하지 않았다. 유엔에 가입된 주권국가의 원수를 죽일 준비를 공개적으로 하고 있다는 것은 침략행위를 금지한 유엔 헌장 제2조 제4항("모든 회원국은 그 국제관계에 있어서 다른 국가의…… 정치적 독립에 대하여…… 무력의 위협이나 무력행사를 삼간다")에 전면 위반되며 사실상 '국가적 테러리즘'을 방불케 하지만, 그 당시 보수언론에게 '내가 하면 로맨스'의 원칙은 철두철미했다. 그런데 만약 북측에서 특수부대를 창설하여 유사시 남한 3부 요인을 죽일 준비를 하겠다고 대서특필했다면, 남한의 반응은 과연 어땠을까? '도발'이라는 말이 또다시 모든 주류 매체 지면을 도배하지 않았을까?

그런 생각을 하면서 지난 10년간 남한이나 미국이 벌여온 행동에 대한 북한의 시각을 한번 상상해보자. 남한 언론들은 장성택 등 일부 권력층에 대한 숙청을 두고 대개 '폭군' 김정은의 '잔혹성'을 소리 높여 규탄했다. 사형당한 사람이 필부든 공경대부든, 사형은 잔혹행위임에 틀림없다. 그러나 장성택 등 북한 권력층에 대한 사형을 비판하자면, 한국인들에게 세계의 중심으로 인식되는 미국이야말로 매년 수십 명을 형장의 이슬로 사라지게 하는 국가라는 사실도 염두에 두어야 적절할 것이다. 한데 한 번 '중화 대 이적' 같은 공간적 서열화의 프레임에 갇힌 사람들은 이와 같은 객관화 시도를 하지 않는다. 자신의 모습도 바로 보려 하지 않는다.

2013년 9월 임진강을 넘어 북한으로 들어가려고 시도했던 한 한국인 남성이 한국군에 의해 사살되는 참극이 벌어졌다. 숙청이라는 목적을 위해 어지 논리로 재판을 해서 사형을 집행한 것도 정당하지 않았지만, 탈주 시도를 한 사람을 재판 절차도 없이 죽이는 것은 과연 정당했는가? 동네 언덕에 올라가는 데만 익숙해진 사람들에게 노나라가 세상의 전부로 보일 수 있듯이, 북한을 '이적·악마'로 보는 데 익숙해진 사람들에게는 북한으로 넘어가려는 사람을 죽이는 일도 당연지사로 보였을지도 모른다. 그렇다면 김정은을 "경애하는 최고사령관 동지"라고 부르는 데 익숙해진 사람들이 장성택 제거를 당연시한 것을 과연 탓할 수 있겠는가?

이 글을 읽고 나를 '친북파'로 볼 사람이 있을지 모르지만, 내 평생에 '친남'할 일도 '친북'할 일도 없을 것 같다. 내가 바라는 것은 한반도 평화와 민중의 행복일 뿐이다. 나는 남한의 우물 안 개구리식 편협한 미국중심의 세계관에 비판적이듯, 어떤 면에서는 18~19세기 위정척사 사상가들의 소중화론을 방불케 하는 종전 북한의 지나친 자국중심적인 시각에도 비판적이다. 편협함은 평화 만들기에 도움이 되기는커녕 해만 될 것이다. 우리가 평화를 원한다면 필히 '나'의 주관성을 넘어서야 한다. '나'와 '타자'를 아우르고 결국 만나게 하는 자기 상대화의 논리가 필요하다. 그래서 홍대용의 선구적인 중국 상대화야말로 현재를 사는 우리에게 시사하는 바가 크다. 그와 같은 방식으로 우리에게 공기처럼 익숙해진 미국중심주의를 상대화하고 북한과 우리를 평등하게 관찰해야 평화를 만들기에 훨씬 더 적합한 견지에 설 수 있을 것이다.

홍대용은 일찍이 청제국을 탈중심화시켰지만, 과연 한국에서 미제국을 탈중심화시켜 세상을 보는 것은 오늘날 어느 정도 보편적인가? 한국의 주류는 북한 숙청의 잔혹성에 비판을 퍼붓지만, 아무런 재판 절차도 없이 빈 라덴과 그 가솔을 죽인 미군 부대가 김정은까지 죽이겠다는 말에 아무 위화감도 느끼지 않았다. '세계의 중심 제국'의 폭력은 우리에게는 '불륜'이 아닌 '로맨스'일 뿐인데, 과연 그런 시각을 가지고 한반도의 중생을 전쟁의 참화로부터 지킬 수 있을까?

미해결 미스터리, 칼기와 천안함

나는 이 세상에 '완성된 민주주의'란 존재하지 않는다고 굳게 믿고 있다. 이유가 여럿이지만, 그중 하나는 민주주의를 간판으로 내세우는 나라마다 멀지도 않은 과거에 권력과 유관한 '미해결 미스터리'들이 꼭 몇 가지씩 있기 때문이다. 정말 민주주의가 완성단계에 이르면 '주'가 되는 '민'들에게 권력이란 완전하게 투명해질 테고 권력과 관계 있는 '비밀'은 있을 수가 없을 텐데, 지금 민주주의를 내거는 나라마다 권력자들이 답하지 못하는 현대사와 관련된 물음들이 너무나 많다.

예를 들어 독일에서는 지금도 적군파의 지도자 울리케 마인호프 Ulrike Meinhof(1934~1976)와 그 동지들의 사망에 대한 열띤 논쟁이 지속되고 있다. 국가 당국의 발표대로 정말 1976년 5월 9일에 옥중에서 '자살'을 했는지, 아니면 그들의 비전향 고수를 '위험'으로 보는 국가기관에 의해서 타살을 당했는지를 놓고 의견이 대립한다. 반파쇼 투사인 마인호프 같은 사람이 파쇼에 대한 승리의 날인 5월 9일에 자살을 했다는 것은 정말로 믿기 어려운데다가, 그날 이전에 그녀를 본

사람들 중 누구도 그녀에게서 '우울'의 기운을 보지 못했으며, 또한 그녀가 있었던 감옥에는 수인이 자살하지 못하게끔 만반의 방비가 돼 있었다. 게다가 마인호프 이외에 각자 독방에 수감돼 있던 3명의 적군파 동지들이 그날 밤에 다 같이(!) 자살했다는 게 공식발표 내용인데, 서로 연락도 불가능했던 저들이 어떻게 동시에 스스로 죽을 수 있었을지는 사뭇 궁금한 대목이다. 좌우간, 극좌운동 탄압과정에서 일어난 모든 인권침해사건에 대한 진실이 규명되어야 독일 민주주의가 보다 진척될 수 있으리라. 미국도 이러한 비판에서 자유로울 수 없다. 케네디John F. Kennedy(1917~1963) 암살조차 아직 제대로 규명되지 않은 처지이니 말이다.

그런데 최근의 대한민국만큼 미해결 사건이 많은 제도성의 민주주의 국가는 없을 것이다. 이 미해결 사건들에 대한 철저한 진실규명 없이 과연 한국에서 민주화의 진척이 더 가능할지 의문이다. 아마도 가장 규명이 시급한 것 중 하나는, 이제 30여 년이 지난 1987년 11월 29일의 칼KAL 858편 폭파사건이다. 이 사건의 여파는 실로 엄청났다. 북한은 이후 20년 동안이나 미 국무성의 '테러지원국가 명단'에 들어가 각종 제재라는 불이익을 당해야 했고, 한국에서 비행기 폭파가 부추긴 안보불안 심리는 노태우 정권의 탄생, 즉 군부권력의 5년 연장에 상당한 영향을 주었다. 외국인 승객은 거의 없고 오로지 중동에서 일하던 한국인 노동자만 태운 이 비행기를, 그 당시 25세에 불과했던, 지금은 전직 안기부 직원(!)과 결혼해 한국에서 호화로운 생활을 하는 김현희가 정말로 폭파시켰을까?

2004년 출간된 《김현희의 파괴공작》이라는 책에서 당시의 허점투성이 안기부 수사발표를 조목조목 비판하자, 국정원은 판매금지가처분 신청을 내는 등 대단히 예민하게(?) 대응했다. 2006~2007년에는 노무현 정권의 '국정원 과거사건 진실규명을 통한 발전위원회(진실위)'가 이 사건을 조사했으나 김현희 직접 조사에 실패하는 등 한계가 매우 많았다. 상당수의 유족이 여태까지의 공식적인 설명을 믿지 않으며 진실규명을 애타게 기다리고 있다. 나도 진실을 모르고 여러 가지 가능성을 열어놓고 생각할 뿐이다. 어쩌면 대선을 앞두고 안기부가 대형항공사고를 '북풍'으로 꾸며서 정치적으로 악용했던 것일 수도 있고, 사고 자체가 천인공노할 '공작'이었을 수도 있다. 제대로 된 재조사만이 의혹을 밝힐 수 있다.

한편 2010년 3월 26일의 천안함 침몰사건도 재조사와 진실규명을 기다리고 있다. 천안함 승조원 104명 중 46명의 병사들이 비명에 죽은, 너무나 비극적인 사건이었다. 대부분의 사망자가 병사인 데 비해 장교는 7명 중 1명이 사망하고 나머지는 구조된 것을 두고 지휘책임 회피문제도 제기된 바 있기에 진실을 끝까지 파헤치지 않으면 안 된다. 이명박 정권 당시 천안함 관련 공식발표에 의혹을 제기한 사람들에게는 고소·고발이 남발됐다. 대표적으로 이정희 같은 정치인이나 김용옥 같은 지식인이 고소를 당했으며, 의혹을 제기한 많은 누리꾼들이 내사를 당했다. 당국의 이런 태도도 의혹을 증폭시킬 수밖에 없지만, 그 밖에도 합동조사단의 조사결과를 합리적으로 수용하기가 대단히 힘든 이유들이 충분하다. 북한 잠수정이 한국군이나 미군의 정보탐지시스템에 잡히지 않고 백령도 가까이 올 수 있었다는 것부터 이해가 되지 않는다. 북한에서 쓰이지도 않는 '1번' 표시가 발견되었다든가, 어뢰피침이라면 일어났어야 할 물기둥이 없었다는 것도 의문이다. 정말 합리적으로 수용하기 어려운 내용을 이명박 정권이 '정보 분석'이라고 내놓았던 것이다. 혹여나 군 내부의 사고(기뢰 충돌, 암초에의 좌초, 폭발물 폭발 등) 원인을 '악마 북한'의 탓으로 돌림으로써 군 자체의 책임을 면피하는 것이 하나의 패턴이 된다면, 앞으로 병사 인권의 제고 등에 방해만 될 것이다. 일단 사고인지 아닌지 정확히 알아내는 것이 급선무라 하겠다.

진실규명, 피해자 명예회복과 보상, 가해자 처벌이 필요한 것은 앞에서 언급한 대형사건만이 아니다. 1970~1980년대에 150여 명에 달하는 재일 조선인들이 '북한간첩'이라는 누명을 쓰고 고문수사와 투옥 등 각종 국가폭력을 당했는데, 대부분의 경우 고문에 의한 허위자백이었다. 지금 한 사람 한 사람 다시 재판해서 무죄를 확정받고 있지만, 국가는 '재일 조선인 관제간첩 생산'의 메커니즘에 대한 종합분석을 내고, 가해자들을 처벌하고, 피해자들에게 공식사과와 보상을 할 의무가 분명히 있다.

우리의 최근 역사는 지뢰밭이다. 어딜 걸어도 국가폭력의 행사가 보이고 피해자들의 억울한 목소리가 들린다. 이제 그나마 상식이 있는 성권이 늘어섰으니 이 억울함을 속히 푸는 게 순서일 것이다. 진실규명과 가해자 처벌, 피해자 명예회복과 보상 없이 민주주의 진척은 불가능한 일이다.

대한민국의
저주,
군사주의

문재인 대통령의 취임 첫해 현충일에 다음과 같은 추념사를 듣고 나는 일대 충격을 받고 말았다. 심지어 내 귀를 의심할 정도였다.

"베트남 참전용사의 헌신과 희생을 바탕으로 조국경제가 살아났습니다. 대한민국의 부름에 주저 없이 응답했습니다. 폭염과 정글 속에서 역경을 딛고 묵묵히 임무를 수행했습니다. 그것이 애국입니다."

문 대통령은 베트남 파병을 생생히 기억할 수 있는 세대의 일원이다. 문 대통령 본인이 잘 알겠지만, 베트남에 파병됐던 군인들에게 "나라의 부름에 응답"할 여유는 주어지지 않았다. 그들은 대개 절대 가난 속에서 살던 징집병으로서, 파병의 대가로 제시된 경제적 보상에 눈이 멀어 침략전쟁에 지원한 것이었다. 베트남 침략의 주범국인 미국에서는 그나마 표현의 자유라도 존재했기에 미국 젊은이들은 전쟁에 대한 비판의 목소리를 비교적 쉽게 접했고 베트남에 가는 것을 양심적인 이유로 거부라도 할 수 있었다. 한데 박정희 시대의 폭압 속에서는 그런 비판까지 염두에 두고 "부름에 대한 응답"이라고 할 수 있는 합리적인 개인적 선택을 할 수 없었다. 게다가 "폭염과 정글 속에서" 이루어졌던 학살과 성범죄를 살짝 빼고, 노동자의 임금을 체불하면서 전쟁 폭리를 누렸던 재벌들의 치부를 '조국경제 부흥'이라고 부르는 것은 비판적 역사의식의 부재를 보여준다. 자국민을 남의 침략전쟁에 사실상 용병으로 보내 돈을 벌었다는 것이 과연 자랑스럽기만 한 일로 언급될 수 있는가?

문 대통령의 역사인식, 혹은 역사인식다운 역사인식의 부재는 한국 사회 전체의 한 가지 문제와 직결된다. 한국에는 자신의 신념·의사와 무관하게 건강한 남자라면 누구나 무조건 가야 하는 커다란 규모의 징병제 군대가 존재한다. 그리고 이 군대는 미국이 요구만 하면 언제 어디든 해외로 파병될 자세가 돼 있다는 사실이 너무나 당연하게 받아들여진다. 사실 식민주의적 침략을 저지른 과거가 없는 아시아 국가치고 대한민국의 해외파병 빈도는 꽤나 높다. 김대중·노무현 정권 시절만 해도 동티모르, 아프가니스탄, 이라크, 레바논 등에 파병했다. 미국이 침략하거나 미국의 이해관계가 걸려 있는 곳으로 한국군이 가는 것이 과연 당연한가? 하물며 한국의 자유주의자들도 한국군의 대외활동을 거의 문제 삼지 않는다.

징병제 군대와 잦은 해외파병 등 군사주의가 이토록 내면화된 것은, 한국이 그만큼 장기적으로 군사화돼왔기 때문이다. 예컨대 주민 1,000명당 현역 군인의 수는, 이미 반세기 넘게 자국 영토에서 전쟁을 치르지 않은 한국(14명)이 최근에 그런 전쟁을 치른 아르메니아(16명)에 가깝다. 산업화된 세계에서 가장 군사화된 이스라엘(25명)만큼은 아니지만, 그래도 세계 19위다. 지금 자국 영토에서 쿠르드 민병대와 싸우는 한편 시리아 내전에도 개입하고 있는 터키(8명)보다도 2배 가까이 높은 수치다. 물론 이처럼 군인의 수가 많을 수 있는 것은, 병사들이 받는 돈이 '월급'이라기보다는 속칭 '열정페이'에 더 가까워 '공짜 인력'과 마찬가지로 마구 징병해 부릴 수 있기 때문이다.

2018년부터 병장 월급이 40만 원까지 올랐어도 이는 최저임금의 절반에도 못 미친다. 병사에게 돌아가는 몫은 이처럼 적은데도 한국은 무기수입 등과 관련해 세계 굴지의 군사예산을 운영한다. 한국의 국민총생산은 독일의 절반도 안 되지만, 세계 10위나 되는 한국의 군사예산은 세계 9위인 독일 군사예산의 90%나 된다. 2017년 기준으로 국민총생산의 2.4%나 차지하는 한국 군사예산의 국내 경제상의 상대적 비중은 세계적인 군사패권주의의 본산인 미국(3.2%)보다야 낮지만, 어느 유럽 국가나 일본·중국·인도보다 높다. 참고로, 한국에서 늘 '위협'으로 거론되는 북한의 국민총생산액(한국 돈으로 약 25조 원 추정)은, 현재 알려져 있는 한국의 2018년 국방예산(43조 원 정도)의 절반을 약간 넘는다. 북한 입장에서 본다면 과연 누가 누구를 위협하는 것일까?

한편으로 군사화는 막대한 국부 유출을 의미한다. 박근혜의 실정이 한창이었던 2014년, 한국은 '세계 최대의 무기수입국'이 되는 신기록을 세웠다. 그해에 주로 미국 무기 생산자들에게 유출된 한국의 혈세는 무려 9조 원에 이른다. 상대적으로 2017년 청년 일자리 예산은 불과 2조 7,000억 원이었다. 구직 포기자와 가족에 얹혀사는 청년들까지 포함해서 실질적인 청년실업률이 약 30%에 달하는 오늘날의 상황에서 청년 일자리 예산보다 3배 이상 되는 돈을 미국의 '죽음의 상인'들에게 건네주는 건 너무나 큰 사치(?)가 아닌가?

예산이 축나는 것보다 더 큰 문제는 다수에게 정신적인 상처를 남긴다는 것이다. 앞에서 인용한 대통령의 연설이 보여주듯이, 한국에서는 한국군인들을 외국의 침략전쟁에 보내서 경제적인 이익을 취하는 것이 국가폭력이라기보다는 '조국경제 부흥'의 원천이나 '애국'으로 인식된다. 그런 인식은 자연히 생기는 것이 아니고 어릴 때부터 만들어지는 것이다.

몇 년 전 익사 사고로 반짝 사회문제로 떠올랐던 각종 '해병대 극기 훈련 캠프'는 지금도 전국에서 성업중이다. 2002~2013년 기간만 해도 이런 캠프를 거쳐간 초중고생이 무려 100만 명이다. 이런 캠프에서 배울 수 있는 '인생철학'은 과연 어떤 것인가? 군대는 가장 효율적인 조직이다. 윗사람의 명령을 가장 정확하게 가장 빨리 수행한 사람은 성공하고 그러지 못한 사람은 낙오된다. 복종과 자기통제는 살길이고 항명은 반역이다 운운하는 처세가 아닌가.

텔레비전에서 군복을 입고 행복하게 미소 짓는 연예인들의 모습을 자꾸 보고, 극우부터 온건 좌파까지 모든 대선후보들이 하나같이 '안보'를 최우선 국정과제로 내세우는 모습을 보다보면, 평범한 대한민국 사람은 징병제 군대를 당연지사로 받아들이고 '조국경제 부흥'을 위한 해외 침략 동참과 전시 폭리 행각을 '자랑스러운 과거'로 받아들인다. 그러나 비정상적으로 비대해진 군사예산은 복지예산의 억제를 의미하여 보통사람 대부분의 경제적·계급적 이해와 사실상 충돌한다. 한데 군사주의 문화에 길들여진 개인은 과연 자신의 계급적 이해관계를 바르게 이해할 수 있을까?

우리가 행복해지려면 안보보다 탈군사화가 국정의 핵심과제로 부상해야 한다. 탈군사화를 이루자면 한국 사회는 먼저 몇 가지를 이해해야 한다. 군복 입고 해병대 훈련을 받는 초등학교 꼬마들은 전체주의 사회에서나 볼 수 있다는 점, 상명하복하는 위계질서의 내면화는 개인과 사회를 황폐화시킨다는 점, 그리고 대한민국이 미군 무기상들에게 건네는 돈의 절반이라도 남북 경제협력에 썼다면 우리는 이미 남북 평화공존의 시대에 진입했을 것이라는 점 등을 인지해야 한다. 안보 위기? 한반도에서 군사적 긴장의 원인은 복잡하지만, 한국의 군사주의적 행보도 그 원인 중 하나임을 깨닫고, 남북 상호군축등 평화의 길로 우리부터 나아가야 한다. 그래야 군사주의의 저주를 풀고 나라다운 나라, 강제와 폭력으로부터 자유로운 나라를 만들 수 있을 것이다. 군사력이 아닌 평화력이야말로 행복의 원천이다!

우리에게
북한이란
무엇인가?

이명박·박근혜 적폐 정권이 몰락하자, 9년간이나 퇴보만 거듭해온 남북관계가 드디어 다시 평화공존의 길에 오르리라는 기대가 생겨났다. 한데 오랜 퇴보의 기간을 뒤로하고 남북관계를 다시 본궤도에 올리자면 우리는 먼저 한 가지 본격적 물음에 대한 답을 시도해봐야 할 것이다. 과연 우리에게 북한이란 무엇이었고 지금은 무엇인가? 우리 북한관은 어떻게 변천되어왔고 지금은 어떠한가? 과연 현재 남한의 북한관은 평화공존 모드 조성에 적합한가?

누군가를 상대할 때 대상에 대한 '나'의 생각부터 먼저 정리해보는 게 인생의 철칙이다. 외교·통일 문제에 접근할 때도 심성적 기반이 되는 상대에 대한 태도, 시각 내지 입장은 매우 중요하다. 그래서 어느 시기보다도 남북 간의 접촉이 다시 활기를 띠는 지금 바로 이 시점에 반성적 검토가 필요하다.

지금은 도저히 믿어지지 않지만 1950~1970년대만 해도 한국의 당국자들에게 북한이란 두려운 존재인 동시에 일종의 모방 대상이기도 했다. 두렵다는 것은 여러 차원에서였다. 군수기업 등 중공업까지 포함한 공업화를 남한보다 먼저 실행한 북한의 군사력도 두려웠지만, 무엇보다 이미 '제3세계형 복지국가'로서의 모습을 갖춘 북한의 매력적 면모가 남한에 알려질까봐 두려웠던 것이다. 이미 1950년대 말에 북한은 무상의료와 교육, 그리고 주거배분제 등을 자랑할 수 있었는데, 당시 한국은 돈이 없으면 병원 근처에도 가지 못하고, 아이를 대학은커녕 고등학교에도 보낼 엄두를 내지 못하는 일이 다반사였다.

게다가 일본군 장교 출신이 대통령인 나라에서는, 항일무장투쟁 경력이 있는 사람들이 요직에 두루 포진된 북한의 민족주의적 명분도 늘 눈엣가시였다. 그래서 특히 1970년대에 박정희 정권은 주체사상의 존재를 의식한 듯 '민족 주체성'을 내세우려 했다. 북한에서 이미 1950년대부터 국책사업이었던 고전 국역사업을, 민족문화추진회를 통해서 남한에서도 가시적으로 전개하고, 북한의 사회과학원을 의식해서 남한에도 한국정신문화연구원(현 한국학중앙연구원)을 세웠다. 북한의 '애국열사' 우대와 경쟁하듯, 박정희는 집권하자마자 독립운동 베테랑들에게 훈장 수여·추서를 시작했다. 물론 사회주의적 독립운동 관련자들은 대부분 제외되었다. 그러나 김일성의 '빨치산파'와 갈등을 빚은 여타 계파 출신 독립투사들이 숙청에 희생되거나 그늘진 곳에서 살아야 했던 건 북한도 마찬가지였다.

유명한 '양지축구단' 또한 북한에 대한 당시의 열등감과 대결의식을 상징하는 것이었다. 1966년 월드컵에서 북한팀이 강자 중의 강자인 이탈리아를 꺾고 8강전까지 올랐을 때 충격을 받은 박정희와 그

가신들은 국가 즉 중앙정보부의 집중 지원을 받는 최강의 '드림팀'을 만들겠다고 마음먹었다. 정보부 부장 김형욱이 "손수 챙겨주는" 속칭 '양지팀'에는, 군에 입대했거나 입대해야 할 나이의 선수들이 차출되어 전폭적 지원과 함께 대기업 임원 수준의 월급을 받게 되었다. 그 당시로서는 천당 국경이라고 할 수 있는 서유럽으로 전지훈련까지 가는 '특전'도 누렸다. 김형욱이 실각하면서 이 팀도 권력자들의 시야에서 멀어져 결국 북한 선수들과 맞붙기도 전에 흩어지고 말았지만, 이 팀의 존재는 당시에 한국 권력자들이 북한을 어떤 눈으로 바라보았는지를 잘 보여준다.

1980년대에 접어들어서는 한국의 경제규모나 전투력이 북한을 훨씬 능가하게 되었지만 한국 지배자들은 여전히 상당한 대북 공포의식을 지니고 있었다. 1985년만 해도 구로공단 전자업체 노동자의 임금은 잔업수당 등 각종 수당을 다 포함해도 10만~12만 원 정도였고, 노동시간은 주당 60~70시간이었다. 군사독재국가인 만큼 '시민'으로서의 권리도 사실상 박탈되어 있었다. 대북 무장충돌이 발발할 경우, 상당수가 지옥같은 조건에서 사는 한국 서민들이 정권에 얼마나 충성할지도 알 수 없는 상태였다. 하지만 1989~1992년 사이에 일어난 일련의 사태들이 남북한의 관계구도와 남한의 대북의식을 완전히 바꾸어놓았다.

북한 경제의 생명줄이었던 소련이 망한데다가 또 하나의 우방인 중국이 남한과 수교해버렸다. 북한은 대일 수교로 맞서려고 시도했지만 미국의 압력으로 수포로 돌아가 사실상 외교·안보 차원의 고립에 빠졌다. 동시에 남한에서는 임금이 상승하고 기초적 민주주의가 쟁취되는 등 국민통합에 필요한 여러 여건이 충족되기 시작했다. 관계가 이처럼 역전되는 순간, 남한 지배자들이 품었던 과거의 열등감은 바로 우월의식으로 바뀌고 말았다.

당시 소련에서 한국학을 공부하면서 1990년부터 한국인 방문자들을 만나기 시작한 나에게 북한에 대한 그들의 태도는 놀랍기만 했다. 운동권 출신들 중에는 소련에 소장된 자료를 이용해 북한 역사·사회를 더욱 깊이 이해하려고 노력하는 사람들도 있었지만, 대부분의 한국인 방문객들은 북한이 시한부 인생을 살고 있으며 머지않아 '자멸'해 한국에 자연스럽게 흡수되리라고 여겼다. 한때 '무서운 강적'이었던 북한이 이제는 '가련한 패배자'로 비쳤다.

지금도 기억에 남는 것은 김일성 주석의 사망이 알려진 날이다. 나는 그때 한국노동조합총연맹(한국노총)이 보낸 사절단을 안내하고 있었다. 그 구성원들 중에 한 명이 "아쉽다. 분단 이전의 상황을 기억이라도 하는 늙은이가 그나마 통일에 더 적극적이었을 텐데"라고 평했지만, 나머지는 주석 사망이 계기가 되어 '붕괴'가 곧 오리라고 기쁘게 내다봤다. 김일성 사망 이후에 끔찍한 대량 아사 사태가 뒤따른 '고난의 행군' 시기가 펼쳐졌지만, 사망자가 가장 많았던 초기 시절에 한국 정부는 인도적 지원조차 거의 하지 않았다. "빨갱이들을 자멸하게 놓아두어야 한다"는 신념이었던 셈이다.

하지만 '자멸'은 오지 않았다. 그러자 김대중 정권은 당장의 '흡수'가 아닌, 한국 경제권으로의 점차적이고 평화적인 '편입'을 목적으로 하는 햇볕정책을 가동했다. 상호인정과 평화공존을 지향한 것은 이 정책의 큰 공로였지만, 그 출발점 중의 하나 역시 '저개발국가 북한'의 저임금 노동력을 '선진국 문턱에 선 대한민국'이 이용해서 이윤을 남겨야 한다는, 지극히 자본주의적이고 우월의식에 가득 찬 구상이었다. 이명박 정권의 출범과 함께 '햇볕'은 보수 결집을 위한 적대심의 구름에 가려 더 이상 보이지 않았지만, 무한한 우월의식은 그대로 남았다. 단, 마치 1950~1970년대로 부분적으로 돌아간 듯, 핵·미사일 개발에 성공한 북한에 대한 '위협론'의 확산이 이 우월의식과 섞여들었다. 물론 1950~1970년대와 달리, 지배자들은 '북한 위협'에 대해 자신들이 퍼뜨린 프로파간다를 훨씬 덜 믿었다. 북한이 자살이나 다름없는 대남 선제공격을 하지 않으리라는 것은 알 만한 사람은 다 알았기 때문이다.

문재인 시대의 새로운 대북 접근이 성공하려면 우리는 무엇보다 먼저 우리의 대북 의식부터 반성적으로 재검토해야 한다. 북한 위협을 뻥튀기하는 일만큼이나 북한에 대한 거만한 우월의식 역시 허구적이며 백해무익일 뿐이다. 비록 생활 수준이나 체제는 달라도, 북한이 일찌감치 성취한 나름의 복지체계나 열강으로부터의 정치·외교적 자율성, 즉 진지한 의미의 주권도 경제개발 내지 제도적 민주주의만큼이나 중요한 근대적 가치임을 깨달아야 한다.

북한 인권에 문제가 대단히 많은 것은 사실이지만, 한국도 마찬가지다. 분단으로 양쪽이 병영화된 만큼 인권사회 실현은 구조적으로 불가능에 가깝다. 평화공존으로 가는 길은 바로 남북한 양쪽 인권개선의 길이기도 하다. 그 길로 가기 위해서는 우선 졸부 같은 오만한 마음을 버리고 상대방의 역사적 성취와 장점도 객관적으로 겸손하게 인정할 줄 알아야 한다. 지금도 상당수의 탈북자들이 부유한 남한을 떠나 다시 가난한 고향으로 돌아가고 싶어한다면, 그 고향의 공동체적 가치 중에는 우리가 배울 만한 점도 어느 정도 있지 않겠는가?

아우슈비츠,
그리고
트럼프의 망언

아들 학급의 수학여행 인솔자 노릇을 하느라, 잠깐 폴란드의 옛 수도인 크라쿠프에서 머무른 적이 있다. 홀로코스트 교육 차원에서 크라쿠프 근교 아우슈비츠 수용소 기념관을 가봤다. 정말 등골이 오싹해졌다. 집단학살당한 여성들의 잘린 머리카락으로 만든 방직물을 봤을 때, 피해자들의 억울한 영혼이 주위를 배회하는 느낌마저 들어 가만히 응시하기조차 힘들었다. 아들의 친구인 한 여학생은 울음을 터뜨리고 말았다. 그곳을 둘러보고 나서 나는 잠시 생각에 잠겼다. 인류 계급사회의 역사란 크게 보면 각종 범죄의 역사이자 학살의 연속인데, 왜 여기에서 일어났던 이 학살은 우리에게 이렇게 특별하게, 등골이 오싹해질 정도로 와 닿는 것일까?

계급사회의 역사는 전쟁사다. 전쟁의 참화 속에서 무기를 들 수 있는 '남정男丁', 즉 징병연령의 남성들이 서로 죽이고 죽는 것은 보통 역사에서 별다른 애도조차 하지 않았다. 오히려 각국의 역사 교과서들을 보면, 그 수많은 '대첩'들은 아예 자랑거리가 된다. 아군이 이겼다면 이긴 게 자랑이고, 졌더라도 잘 싸웠다고 쓰면 되기 때문이다. 여성과 아이까지 죽이는 것은 오늘날 국제법 차원에서는 '전쟁범죄'지만, 세계전쟁사를 보면 매우 자주 일어났던 일이다. 성경 구약에서 유대인들의 가나안 땅 정복과정만 보더라도 일부 도시들의 주민을 '전원몰살'하라는 야훼 신의 계시나 그런 행적에 대한 이야기가 꽤나 남아 있다. 전쟁이 아니더라도 각종 정변에서 여성과 아이들의 희생은 역사책에서 흔히 보인다. 20여 년 전 방영된 KBS 대하드라마 〈용의 눈물〉에서 조선 초기 왕씨 일족 몰살 장면이 화제였는데, 이는 실록의 기록대로 사실적으로 묘사한 것일 뿐이다. 그때도 여자, 아이들까지 무자비하게 죽임을 당했다. 왕당파들이 지금도 늘 미화하기 좋아하는 조선왕조의 군사들 손에 말이다. 그렇다면 아우슈비츠에서 일어난 범죄를 '특별하게' 만든 것은 과연 그 규모, 즉 5년간 130만 명을 죽였다는 기록적인 '규모'일까?

규모라든지 특정 민족집단들을 모조리 전멸시키려는 구상도 그렇지만, 가장 끔찍하게 느껴지는 건 산업화·기계화된 살육이다. 종래의 전쟁에서는 군인이 자신이 죽이는 '적'을 바로 직면하게 돼 있었기에 늘 죽임에 따르는 양심의 가책에 노출되었다. 그래서 적국의 군인이나 일반인을 봐주고 살려줄 수가 있었고, 전쟁의 참화를 피할 수 있는 길도 있었다. 한데 히틀러Adolf Hitler(1889~1945) 치하 악몽의 '제3제국'에서 살육은 철도의 기차처럼 피할 수 없을 만큼 '정확하게' 이루어졌다. 피점령지역 유대인이라면 거의 빠짐없이 '유대인 등록'을 당하고 게토로 강제이주당했으며, 그다음에는 결국 아우슈비츠 같은 죽임의 공장으로 옮겨졌다. 피해자들이 마주한 것은 인간이 아닌 '기계', 즉 기계처럼 움직이는 '완벽한' 근대적 관료제였다. 학살도 칼 내지 총이 아닌 '단추'를 누름으로써 이루어졌다. 단추를 누르기만 하면 독가스가 살포되고 살아 있던 사람들이 10분 내로 사물로 화하고 마는 것이다. 기계화·자동화된 도살장과 다를 바 없었는데, 유대인들에 대해 "인간이 아닌 가축 수준의 존재"라고 교육받은 나치친위대 대원들은 이런 '도살 노동'을 마치고서 커피를 마시며 바그너의 음악을 즐겨 듣곤 했다. 맹자는 인간에게 선심이 내재돼 있다고 했지만, 이들 대다수는 정말이지 자신들이 어떤 죄업을 짓는다는 인식을 하지 못했던 듯하다.

　오늘날 아우슈비츠는 내 아들의 학급처럼 유럽 각국의 젊은이들이 와서 '홀로코스트 교육'을 받는 성소가 됐다. 그런데 과연 홀로코스트에 대한 단죄는 세계를 바꾸었는가? 이런 교육은 새로운 홀로코스트를 예방했는가? 나는 2017년 9월 트럼프 대통령의 유엔 기조연설을 뉴스에서 들었을 때 그걸 깊이 의심하기에 이르렀다. 당시에 핵과 미사일을 둘러싸고 북한과 갈등하던 트럼프는, 유사시에 북한을 '전멸' 시키겠다고 공갈했다. 전멸이란 북한 총인구 2,500만 명을 전부 내지 상당수를 죽이고 그 나라를 깡그리 없앤다는 뜻이다. 트럼프의 일부 관료들은 아예 '선제 핵공격'까지 언급했다. 그러니까 이북지역에서 규모로만 봐도 유대인 홀로코스트보다 몇 배 더 큰 대량학살을 일으키겠다고 공공연하게 떠든 셈이었다. '기계화된 살육'이라는 차원에서도 아우슈비츠와 전혀 다를 바 없는 짓거리를 하겠다는 이야기였다. 아우슈비츠를 알면서도 그런 망언을 할 수 있었다면, 비극적이게 도 홀로코스트는 인류에게 '전환점'이 되지 못한 것이다. 물론 그후 북한의 화해지향적인 자세로 말미암아 전쟁 위기가 모면되고 반대로 평화모드가 조성됐지만, 나는 전쟁 위기설이 한창이던 때 트럼프가 한 망언들을 오랫동안 잊지 못했다.

　홀로코스트란 2차세계대전 중 나치에 의해 자행된 유대인 대학살 을 가리키는 고유명사로 알려져 있지만, 인간이나 동물을 대량으로 학살하는 행위를 총칭하기도 한다. 그런 의미에서 홀로코스트란 한 번 일어난 '사건'이기도 하지만 근대 후기의 어떤 '상태'를 뜻하는 용 어이기도 하다. 기계화·자동화된 학살은 근대 후기 자본주의 국가가 취할 수 있는 하나의 행동모드다. 앞으로도 언제든지 취할 수 있는 행 동패턴이다. 우리가 막지 않는다면 말이다.

한반도에서 홀로코스트를 막으려면

아우슈비츠 견학은 나뿐만 아니라 함께 그곳을 찾은 내 아들의 친구들에게도 의미심장했다. 그들이 아우슈비츠에서 전쟁과 학살이라는 단어의 의미를 몸소 체험한 것처럼 국내 아이들도 평화, 반전, 비폭력 교육 차원에서 현장을 찾아 둘러보는 기회를 가져야 하지 않을까? 예를 들어 대구 가창골처럼 '국부 이승만'의 하수인들이 보도연맹학살이라는 한국 사상 최악의 제노사이드를 저질렀던 현장을 찾아 비명에 돌아가신 분들의 넋을 위로하고 국가폭력의 추악한 모습을 그대로 들여다보아야 한다. 아우슈비츠의 한 팻말에 쓰인 조지 산타야나George Santayana(1863~1952)의 명언, "역사를 기억하지 못한 자, 그 역사를 다시 살게 될 것이다"라는 말은 진실이기 때문이다.

아우슈비츠를 둘러보면서 피해자들의 고통 이외에 나의 머릿속을 떠나지 않았던 것이 가해자들의 심리였다. 아우슈비츠 방문 전후에 나는 구할 수 있는 아우슈비츠의 나치친위대 소속 간수나 관리자들의 수기, 일기, 인터뷰 기사들을 다 읽었다. 가장 믿기지 않았던 것은, 그들 중 말년까지 "죄책감이 별로 없다"고 답한 이들이 생각보다 많다는 점이었다. 아우슈비츠 근무 당시에는 대다수가 죄책감은 물론이거니와 문제의식조차 별로 느끼지 못했다고 한다. 그들이 유대인이나 '빨갱이', 그리고 "감히 아군에 저항하는" 폴란드인과 같은 '열등한 슬라브 민족'들은 인간이 아니라는 교육을 철저히 받아 실제로 그렇게 믿었다는 것이 그 이유였다. 그들에게 특히 유대인 '전멸'은 인간의 모습을 갖고 있지만 실제로는 해충에 불과한 존재들에 대한 '청소'였다. 유대인에 대한 비인간화·악마화는 이렇게 학살자들을 낳았던 것이다.

아우슈비츠를 경험하고 나서 인류는 그 누구도 비인간화 내지 악마화하면 안 된다는 교훈을 얻을 만도 했다. 하지만 핵·미사일 위기 시절의 구미권, 일본, 한국 보수언론들의 북한 관련 보도를 볼 때면 홀로코스트의 비극이 인류에게 아무것도 가르쳐주지 못했다는 생각마저 들곤 했다. 두 차례 세계대전 사이 전간기(1918~1939) 유럽 극우파가 벌인 유대인 비인간화에 못지않은 북한인 비인간화가 미디어에서 판쳤다. 유대인들과 마찬가지로 북한인들은 자신들의 삶을 사는 정상적인 인간이 아닌 하나의 '위협'으로만 묘사됐다. 북한의 국민총생산은 미국 군비의 35분의 1에 불과하고, 북한이 핵을 갖는다 해도 그 보유량은 미국 핵의 20분의 1에도 미치지 못한다. 북한의 핵 개발은 잘못된 선택이라고 볼 수도 있지만, 자기방어를 위한 선택임에 틀림없다. 지정학적 역학관계나 여태까지의 패턴으로 봐도, 북한이 미국과 그 동맹국들을 위협한다기보다는 오히려 그들로부터 위협받고 있다고 스스로 인식할 만한 여지가 더 많다. 한데 핵·미사일 위기 당시 세계 주류 언론들의 서술을 보면 북한은 당장이라도 한·미·일을 공격할 괴물로만 묘사되곤 했다. 이는 악마화가 아니고 과연 무엇이었는가?

전간기의 유럽 극우파는 유대인을 종교적 근본주의자 내지 공산주의 '광신도'로 몰아세웠다. '광신도의 무리'인 유대인들이 유럽 문명을 위협한다는 논리였다. 최근의 세계 언론들은 북한인을 세뇌교육을 당한 로봇으로 묘사하곤 했다. 언론뿐인가? 2014년 12월 개봉한 미국 영화 〈인터뷰〉는 북한 김정은 국방위원장 암살을 소재로 삼았는데, 북한 지도자를 지키는 군인들은 가차 없이 죽여도 되는, 생각 없는 기계로 형상화되었다. 물론 그 어떤 악마화든 현실에 존재하는 일부 사실들을 이념적으로 주어진 프레임에 끼워 맞추는 방식으로 독자나 시청자의 신뢰를 얻으려 한다. 비록 과장된 표현을 쓰더라도 말이다. 굳이 따져보면 특히 유대인에 대한 편견과 적대가 많았던 동유럽에서 유대인들 사이의 집단결속이 근본주의적 종교의 형태를 취하는 경우가 많았다는 것까지는 사실이다. 마찬가지로 한·미·일의 적대나 중·러의 꽤나 패권주의적 행태로부터 자기방어를 하려는 북한이 주체사상이라는 일종의 강경 좌파민족주의를 기조로 하는 철저한 이념교육을 실시해온 것까지는 사실이다.

원칙상 국가적으로 어떤 이념을 강요하는 일이 결코 좋지는 않다. 한데 대한민국에도 국민의례와 같이 모두에게 무조건 강요되는 국가주의적 의례들이 있지 않았는가? 일본의 진보적 교사들이 지금도 히

노마루, 기미가요에 반대하며 힘겨운 투쟁을 하고 있지 않는가? 미국의 많은 학교에서는 매일의 교육과정을 성조기에 대한 충성 맹세로 시작하지 않는가? 굳이 국가적 이념 강요를 비판하자면 북한만이 아닌 세계 각국의 이념 강요 행태를 똑같이 비판하는 게 더 정당할 것이다. 그런데도 북한이라는 특정 집단만을 이념에 세뇌당한 로봇으로 묘사해온 것이 바로 악마화다.

유대인에 대한 비인간화 '메뉴'에서 절대 빠지지 않았던 부분이 유대인 사회의 지도자나 명망가, 유명인에 대한 개별화된 적대선전이었다. 나치는 "전 세계 지배를 노리는 유대인 자본가"를 비난하면서 로스차일드 일가 등 저명한 유대인 부호를 거명하곤 했다. 《시온 장로들의 의정서The Protocols of the Elders of Zion》 등 반유대주의 고전(?)에서도 보통 유대인 사회지도자들이 '세계지배 음모'를 꾸미는 것으로 서술되곤 한다. 나치즘의 또 하나의 중요한 원천은 바로 반공주의였다. 트로츠키Leon Trotsky(1879~1940)를 비롯해 유대계 소련 공산당 지도자나 동유럽 공산주의자들은 빠짐없이 "유럽의 미래를 위협하는" 괴물로 묘사됐다. 나치의 상상 속에서 일반 유대인들은 이런 '거물 악한'들을 무조건 따르는 좀비 같은 비인간적 존재에 불과했다.

과연 북한인에 대해 세계 주류 언론의 소비자가 갖게 된 이미지가 그와 다르리라고 생각할 수 있을까? 미국의 전직 대통령 조지 부시George W. Bush는 김정일을 "난쟁이pygmy"라고 불렀으며, 현직 대통령 도널드 트럼프는 김정은을 "꼬마 로켓맨little rocket man"이라고 조롱했다. 한 주권국가의 지도자에 대해 다른 나라 지도자가 신체적 특징을 거론하며 인종주의 색채가 강한 명칭을 사용한 경우는 전후 세계사에서 전례조차 찾을 수 없다. 전쟁 위기가 한창일 때에 국내외를 막론하고 보수언론들은 김정은을 도발만 일삼는 악한으로 묘사했다. 나치에게 로스차일드나 트로츠키 같은 자본주의적 혹은 공산주의적 '악마'들이 '모든 유대인'을 대표했듯이 주류 구미권, 일본, 한국 언론에게 '모든 북한인'은 '마왕 김정은'의 생각 없는 하수인에 불과했다. 물론 세습권력이라는 것 자체는 긍정적인 것이 아니다. 삼성의 세습권력도 북한의 세습권력도 마찬가지다. 한데 김정은은 정말 '악마'일 뿐인가? 2013년 8월, 서울대 통일평화연구소가 실시한 연례 탈북자 면접조사 결과에 의하면 응답자의 63%가 대부분의 북한 주민들이 김정은을 지지한다고 생각하는 것으로 나타났다. 가족농 제도를 도입하는 등 합리적 경제 정책으로 다수의 삶을 개선시켰기 때문이라는 것이다. 과연 언론들은 이런 이야기를 각종 '북한 도발' 서사에 비해 얼마나 다루었는가?

지금은 다행히 북한과 미국·한국이 평화를 향해서 같이 걷고 있지만, 북한의 비핵화가 이루어진다 해도 이는 오랜 시간이 걸리는 과정일 것이다. 그 과정에 미국의 이해관계에 따라 갈등 분위기가 다시 조성될 수도 있다. 만약 그렇다 해도 북한에 대한 악마화를 방지하는 것이 우리의 과제다. 악마화·비인간화란 결국 제노사이드로 연결되는, 타자에 대한 최악의 접근법이다.

유대인에 대한 비인간화는 홀로코스트라는 인류 최악의 범죄 중 하나를 준비하는 데 중요한 역할을 했다. 같은 방법으로 지금 진행중인 북한인에 대한 악마화는 결국 평양이나 원산에 민간인을 대량살상할 폭탄을 하등의 가책 없이 떨어뜨릴 잠재적 전범들을 키우고 있다. 한 사회를, 세계를 위협하는 악마적 지도자를 따르는 세뇌된 좀비들의 무리로 그린다는 것은 비윤리적이며 범죄적이다. 우리가 또 다른 홀로코스트를 막고자 한다면 우선 상대방이 우리와 똑같은 존엄성과 이성을 가진 인간이라는 점부터 인정해야 한다.

러시아혁명에서
평화를 배우자

2017년 11월 7일은 러시아혁명 100주년 기념일이었다. 정확히 100년 전에, 춥고 음울한 페트로그라드(내 고향이기도 한 현 상트페테르부르크)에서 세계사의 분수령이 된 엄청난 '사건'이 발생했다. 세계사상 최초로 피억압계층을 기반으로 하는, 비시장적이며 국민국가의 한계를 넘는 대안적 미래를 지향하는 급진정파가 국가권력을 쟁취하는 데 성공했다. 그러나 볼셰비키들이 기대했던 세계혁명은 불발로 끝났고 신생 소비에트공화국은 고립되었다. 레닌Vladimir Ilich Lenin(1870~1924)이 애초에 꿈꾸었던, 직접 생산을 담당하는 주체들이 생산과정을 통제하는 민주적 사회주의 사회도 결국 제대로 실현되지 못하고 말았다.

그럼에도 러시아혁명은 러시아뿐만 아니라 전 세계의 역사적 흐름을 바꾸었다. 소련이 제공한 대안적 산업사회의 모델, 그리고 소련과 그 동맹국의 지원이 없었다면 과연 1945년 이후의 식민지 해방운동이나 쿠바혁명, 베트남혁명 등이 성공할 수 있었겠는가? 조선도 예외가 아니었다. 1920년대 초반부터 유입된 사회주의 사상은, 그때까지 복벽론(조선왕조 복구론)과 공화론의 대립으로 점철되었던 독립운동의 판세를 바꾸었다. 사회주의가 가장 대중적인 독립운동세력이 되었고, 그 외의 정파들도 그 영향을 다분히 받았다. 헌법상 대한민국은 임시정부의 법통을 계승한다고 되어 있는데, 1941년 임시정부의 건국강령은 러시아혁명과 사회주의 사상의 영향으로 토지와 대생산기관의 국유화를 명시한 바 있었다. 그러니까 우리가 임시정부의 법통을 제대로 이어받자면 삼성전자와 현대자동차를 국민기업으로 만드는 게 맞을 것이다.

물론 1917년 혁명 이후의 러시아와 박근혜 퇴진 이후의 대한민국 상황이 다른 만큼 러시아혁명 때의 정책을 그대로 오늘날에 적용하기는 불가능할 것이다. 온 나라가 1차세계대전으로 황폐화되고 대도시에는 기근이 임박하고 농촌에서는 지주의 토지를 하루빨리 무상몰수, 무상분배하려는 농민들이 지주의 저택에 방화를 하곤 했던 그 당시의 상황을, 오늘날 상상하기는 힘들 것이다. 그럼에도 지금 보아도 본받을 만한 정책을, 혁명 시절에는 꽤나 많이 찾을 수 있다.

가장 대표적인 것이 체제가 다른 타국들과의 공존공생과 평화를 위한 외교였다. 사실 평화 문제야말로 혁명 당시 러시아에서 민중과 엘리트 사이 갈등의 핵이었다. 민중은 3년 동안 지속된 1차세계대전이라는 도살극에 지칠 대로 지쳐 더 이상 전쟁할 의지도 여력도 없었다. 한데 우파나 중간파뿐만 아니고 혁명정당 안에서조차 다수의 정치 엘리트가 '조국 방위'의 입장에서 적국이었던 독일과의 즉각적인 평화협정 체결에 결사반대했다. 러시아 총인구의 3분의 1이 살았던 광활

한 영토를 독일에 내주면서 독일과 브레스트리톱스크 평화조약을 맺은 레닌은 볼셰비키당 안에서조차 동료들로부터 '역적' 소리를 들어야 했다. 한데 그 조약이 체결된 8개월 후 독일에서도 1918년 11월 혁명이 일어나, 조약은 무효화되고 독일 군대는 러시아 영토를 떠났다. 레닌은 평화를 향한 외교로 국제적으로는 노벨평화상 후보로 추천됐으며, 국내적으로는 전쟁을 혐오하는 대중으로부터 엄청난 인기를 얻었다. 러시아의 동맹국이었던 영국, 프랑스 등의 정권들은 훼방공작과 무장간섭을 통해 평화협정을 방해했지만, 레닌은 평화외교를 굽히지 않았던 것이다.

1918년 11월 11일 1차세계대전이 종식되었지만, 평화외교는 끝나지 않았다. 이 외교의 일차 상대는 바로 당시 세계무대의 약자들이었다. 볼셰비키 정부는 상대방의 이념을 따지기 전에 일단 열강이 지배하는 세계에서 소비에트 러시아와 세계 약자들 사이의 '공통분모'부터 모색했다. 예를 들어 일당 체제인 소비에트 러시아와 다당제 의회주의 국가인 바이마르 시대(1919~1933) 독일은 전쟁으로 얼룩진 과거를 넘어 1922년부터 수교해 대단히 밀접한 관계를 맺었다. 무스타파 케말 아타튀르크Mustafa Kemal Atatürk(1881~1938) 치하의 터키는 공산주의에 적대적인 민족주의 국가였지만, 열강에 공동으로 맞서는 반제국주의 전선의 일부분이 될 수 있었기에 소비에트 러시아로부터 영토를 양보받았으며 1930년대 말까지 대단히 가까운 관계를 유지했다. 소비에트 러시아는 심지어 봉건왕국이었던 아프가니스탄과도 1919년에 일찌감치 수교해 기술원조 등을 아끼지 않았다. 영국에 맞선 아프가니스탄의 독립투쟁이 이념의 차이를 넘을 수 있는 공통분모였기 때문이다.

한데 소비에트공화국은 주요 열강인 영국, 프랑스와도 1924년에 수교했다. 좋은 관계를 유지하기 위해 영국 노동당과 프랑스 사회당 등 온건 사회주의자들을 상대로 정당외교를 펼쳤다. 단, 영국이 소비에트 공화국에 인도 독립운동을 지원하지 말 것을 요구했을 때는 그 요구를 거절했다. 마찬가지로 1925년에 일본과의 관계를 회복했지만, 조선 공산주의자들에 대한 비공식적 지원도 지속했다. 심지어 조선 사회주의자들에게 코민테른 지원금을 전달하기 위한 장소로 경성(서울)의 영사관을 이용하기도 했다. 평화와 협력을 지향하되 결코 혁명적 이상을 포기하려 하지 않았던 것이다. 스탈린Iosif Stalin(1879~1953)의 독재가 한창이던 1930년대 말 소련 외교에 제국주의적 특색이 다시 나타났지만, 그 전까지는 조선의 〈조선일보〉나 〈동아일보〉도 평화유지 및 약자와의 연대를 중심에 둔 소련 외교에 대체로 긍정적이었다.

우리가 레닌의 외교에서 배울 만한 교훈은 무엇일까? 무엇보다도 평화를 염원하는 민중에 대한 배려, 그리고 이념과 체제를 뛰어넘는 공존과 상생의 기술이다. 바이마르 시대의 독일과 1920~1930년대의 터키, 아프가니스탄 등은 소비에트 러시아와 이념이나 체제를 달리할지라도 그런 외교적 노력의 결과로 좋은 협력자가 될 수 있었다. 볼셰비키와 영국 노동당은 이념을 달리하는 부분이 적지 않았지만, 특히 노동당 좌파와 평화지향 등을 공유할 수 있었던 만큼 상당히 우호적인 관계를 만들수 있었다.

오늘날 한국과 북한의 차이가 크다고 해서 꼭 서로 대립해야 하는가? 차이도 크지만, 그보다는 양쪽이 지불해야 하는 엄청나게 비싼 분단과 적대의 비용을 줄임으로써 초래될 공동이익이 훨씬 크다. 북한 젊은이들은 세계에서 유례를 찾기 어려운 10년간의 징병의무를 짊어져야 하지만, 한국의 징병제도 젊은이들에게 다대한 피해를 준다. 군 사망사고가 줄어드는 추세지만 2016년 한 해만 해도 군 복무 중에 81명의 젊은이가 귀중한 목숨을 잃었다. 병영에서의 구타도 줄었다고 하지만 예비역들을 대상으로 조사하면 여전히 약 절반 정도는 폭력행위를 경험했다고 답한다. 북한이라고 해서 군에서 폭력이 전혀 없는 것은 아니라는 증언들도 나온다.

상호대치 상황이 주는 압박감은 폭력적이고 억압적인 병영질서를 유지시킨다. 북한은 '선군先軍'이라는 이름으로 군에 주안점을 두어왔지만, 문재인 정부의 2018년 국방예산도 9년 만에 가장 큰 폭의 증가율(6.9%)을 보였다. 북한은 의료부터 기본 인프라까지 다 추가투자를 필요로 하고 한국은 복지예산이 태부족한데, 왜 천문학적인 돈을 동시에 무기경쟁에 낭비해야 하는가? 레닌 외교의 선례대로 과감하게 남북 군 관계자들이 접촉하여 군축을 논할 수 있는 신뢰모드 구축에 함께 돌입하면 양쪽에 훨씬 더 좋지 않을까?

레닌은 세계 무산대중, 식민지의 피억압대중에게 호소하면서 독일과 같은 과거의 적을 친구로 만들 줄 알았다. 우리도 한반도에서 평화, 공존, 군축 정책을 추진하면서 세계의 양심에 호소할 수 있다. 냉전과 신냉전을 거쳐 최악의 피해자가 된 분단 한반도의 평화 정책을 지지해달라고 호소하면, 미국의 양심적 유권자들은 얼마든지 지금 진행중인 한반도 평화프로세스를 응원할 것이다. 일본 극우들이야 북핵문제를 이용하려 들지만, 한반도의 평화모드는 일본의 군사화를 반대하는 일본의 양심적 시민들에게도 큰 지지를 받을 것이다. 혁명은 폭력적 측면을 내포한다 해도, 세계성과 평화 지향이야말로 바로 지금 러시아혁명으로부터 배워야 할 교훈이 아닐까.

평화의
적기

최근 한반도 상황에 대해 노르웨이 공립방송 라디오에서 인터뷰하던 도중에 재미있는 질문이 나왔다. 만약 북미 정상이 만나 평화를 향해 의미 있는 걸음을 나아간다면 그 두 정상에게 노벨평화상을 줄 필요가 있겠느냐는 것이었다. 나는 일 초의 주저 없이 "그렇다, 김정은과 트럼프 두 사람과 문 대통령 등에게 노벨상을 주는 게 당연히 필요하다"고 즉답했다. 방송국 해설자는, 특히 김정은과 트럼프의 평판이 "아시는 바와 같이 좀 문제가 많은데……" 하며 그런데도 이런 이야기가 현실적이냐고 반문했다. 나는 굳이 '인격'이나 '경력' 문제로 따진다면 그 상의 창시자인 폭발물 장사꾼 노벨Alfred Bernhard Novel (1833~1896)부터 문제가 많은데다가 여태까지 그 상을 받은 키신저 Henry Alfred Kissinger, 라빈Yitzhak Rabin(1922~1995), 오바마Barack Obama 등에게도 국제법 위반과 무법 살인 등의 많은 범죄 경력이 있으니, 그 상에 무슨 '순결성'을 찾아내기는 힘들다고 답했다. 상은 그저 '방편'일 뿐이다. 그 방편을 써서 한반도에 평화를 건설할 수 있다면 대단히 좋을 터인데, 지금이야말로 어쩌면 적기가 아닌가 싶다고 첨언했다. 왜 적기인지 한번 논해보겠다.

한반도 불안의 원천인 분단체제는 1990년대 초반의 국제 냉전 종식과정에서 역설적으로 한층 강화되었다. 소련은 대남 수교 전에 교차승인, 즉 미국과 일본의 대북 수교까지 중재해주었어야 했는데, 미처 그러지 못하고 몰락하고 말았다. 소련과 중국의 대남 수교로 북은 국제체제에 편입하기는커녕 반대로 고립이 됐고, 아무리 미국과 일본에 러브콜을 보내도 그쪽 반응이 없자(가네마루 신金丸信 등 일본의 일부 정계 실세들이 북-일 수교론을 폈지만, 미국은 비토를 놓았다) 어쩔 수 없이 핵무장으로 갔다. 그 갈등은 1994년에 김일성-카터Jimmy Carter 회담으로 간신히 무마됐지만, 사실 북에서 바랐던 것은 카터 방북뿐만 아니라 당시 현직 대통령이었던 클린턴Bill Clinton의 방북과 미국과의 수교였다. 1990년 중반 고난의 행군 시절에 대북 원조 상당부분을 미국이 대주고 북한은 이를 흔쾌히 받아주었는데, 북-미 수교의 기미는 남한의 햇볕정책 가동 이후에야 겨우 보이기 시작했다. 2000년에 올브라이트Madeleine Albright 국무장관이 방북한 후 북은 클린턴의 방북을 학수고대했다. 그러나 그게 무산되고, 그다음 부시의 취임과 "악의 축" 운운하는 미국의 발악적 태도로 인해 사태는 벼랑 끝을 향해 치닫기 시작했던 것이다.

미국이 부시 취임 이후에 촉발시킨 기나긴 갈등의 클라이맥스는 바로 2017년의 대륙간 미사일 시험 발사와 수소탄 시험 등 북한이 '확실한 대미 억제력'을 과시하는 것이었다. 2000년에 북-미 수교와 북한의 국제자본주의체제 편입이 이루어졌다면, 애당초 핵·미사일 문제가 생기지도 않았을 터인데, 지난 17년간 미국 측의 (초)강경책은 이런 결과를 낳고 말았다. 한데 대미 억제력은 억제력일 뿐이고, 오늘날 자본화돼가는 북한 지도층의 최종 목표는 억제를 넘어선 대미 관계 정상화다. 그래야 예컨대 중국과 베트남처럼 자본흐름의 국제 네트워크에 편입되고 투자를 받아 연간 6% 이상의 성장률을 이룰 수 있을 테니까. 그래서 억제력이 어느 정도 완결성을 갖추자 북의 지도부는 1990년대 초반부터 숙망해온 사업, 즉 대미 정상화 사업에 착수한 것이다. 때마침 남한에서도 정상적이고 대화 가능한 사람들이 집권해, 남한이 1990년대 말처럼 '가교 역할'을 해줄 수 있게 되었다. 그렇게 해서 김정은-트럼프 회담 제안이 이루어졌는데, 딴 건 몰라도 북한의 대외 정책은 철저하게 일관성이 있다. 목표, 방향이 시종일관 아주 분명하다. 쉽게 이야기하면 '체제존속 보장-적대세력 억제'와 '자본주의세계 체제 편입'이라는 쌍두마차다.

그렇다면 미국의 노림수는 무엇인가? 아주 간단하다. 사실 지금 북한은 필리핀이나 베트남, 태국처럼 '양다리 국가'로 분류된다. 필리핀은 형식적으로 미국의 준동맹국이지만 중국 쪽으로 대단히 기울어 있고, 북한은 형식적으로 중국의 동맹국이지만 실상 최근까지의 북-중 관계는 1990년대 초반 이후 가장 소원한 지점에 있다. 북한의 국가이념은 '자주'이다. 라오스, 캄보디아, 네팔 등 이미 중국중심의 국제정치적 체제에 편입된 주변 약소국들과 달리 북은 '중간적 위치'를 원하며 중·미 사이의 '어부지리'를 노리고 있다. 그 롤모델은 베트남같이 역사적 관계가 깊은 나라들이다. 대미 수교가 성공하면 중국의 관점에서 북한의 '몸값'은 엄청나게 높아진다. 그렇게 된다면 대중 관계에서 여러모로 보다 유리한 조건을 차지할 수 있을 것이다.

분명히 말하지만, 사회주의자인 나의 입장에서는 북한 지도부의 '자본화 전략'도, 미국 지배자들의 '중국 주변국 떼어내기 전략'도 결코 지지할 만한 것은 아니다. 다만 그렇게라도 해서 한반도 평화를 되찾을 수 있고 남북관계 정상화, 남북 교류 활성화, 나아가 양쪽 간의 자유왕래와 군축 등으로 갈 수 있다면 대환영할 일이다. 그리고 솔직하게 말하자면, 성조기에 대한 일방적인 '충성'을 과시하는 한국 지배자들을 보노라면, 차라리 중국과 미국 사이에서 자국 실리 극대화 노선을 잘도 걷고 있는 북한의 노련한 외교술이 부럽기만 하다.

북한, '구국'의 과제 짊어진 동아시아의 새로운 '용'?

2018년 6월 12일 싱가포르에서 김정은 국무위원장과 트럼프 대통령이 악수하는 모습을 보는 순간, 내 머릿속에 또 한 명의 미국 대통령과 동아시아 국가 지도자의 악수 장면이 떠올랐다. 46년 전, 마오쩌둥毛澤東(1893~1976) 주석과 닉슨Richard Nixon(1913~1994) 대통령의 악수였다.

어떻게 보면 그때와 현재의 미국 사정은 엇비슷하다. 1970년대 들어 전후 호황기의 종식과 베트남전쟁 등으로 인한 인플레이션, 그리고 세계적으로 날로 확산되는 반전·반미운동의 열기 등은 미국 헤게모니의 위기를 의미했다. 마치 오늘날 중국이나 러시아, 이란 등의 지역적 패자覇者로서의 부상과 미국 중산층의 붕괴, 천문학적인 국가예산 저자 등이 미국의 세계 패권을 위협하고 있듯이 말이다. 1970년대 초반에 공화당의 노회한 정객 닉슨은 중국과의 화해와 데탕트, 베트남전쟁의 종식 등을 통해서 미국의 재정·이미지를 개선시켜 추락해가는 미국의 위상을 다시 살려야 했다. 현재는 같은 공화당 소속의 노회한 사업가 출신 트럼프가 신보호주의로의 회귀와 북한·러시아 등 일부 경쟁·적대세력들과의 선별적인 관계 개선을 통해서 마찬가지로 미국 헤게모니의 쇠락을 방지하려 한다.

다른 쪽의 사정은 어떤 면에서 유사하기도 하고 어떤 면에서 다르기도 하다. 46년 전에 닉슨을 맞이한 마오쩌둥과 저우언라이周恩來(1898~1976)는 여전히 미국 제국주의를 중국을 비롯한 제3세계 전체에 대한 위협으로 간주했다. 한데 1969년에 우수리강의 젠바오섬에서 중국과 며칠간 국경전쟁을 벌인 소련은 지리적으로 가까운 만큼 그들에게 미국보다 더 큰 위협으로 인식됐다. 중국은 반미에서 친미로 돌아설 일이야 없었지만 미국 등 서방세력과의 관계에서 절실히 필요한 '실리'를 취하려 했다. 특히 대미 관계 정상화에 따를 대일 관계 정상화, 그리고 그 뒤를 이을 일본 원조·투자·기술 등을 기대했다.

오늘날 북한도 '미제'를 돌연히 좋아할 일은 없을 것이다. 사실 '미국 패권주의'에 대한 비판적 언급은 여전히 북한 공식매체에서 눈에 띈다. 단, 비록 북한 매체들이 극도로 말을 아끼지만, 가까이에서 공고화돼가는 동아시아에서의 중국 패권도 북한 지도부의 심기를 불편하게 만든다. 북한만 그런 것이 아니고 북한이 '벤치마킹' 대상의 하나로 보고 있는 베트남 역시 그렇다. 북한도 베트남처럼 이제 중·미 사이에서 등거리와 실리를 추구하려 하는 셈이다. 그리고 46년 전의 중국처럼 북한도 대미 정상화에 뒤이을 대일 정상화를 통해서 새로운 경제적 도약의 발판을 마련하려 한다. 단, 문화대혁명의 여열이 아직 남았던 46년 전의 중국과 달리, 북한은 이미 20여 년 전부터 사실상의 시장화를 시작해 오늘날 이미 반쪽 자본주의 국가가 됐다. 그만큼 북한의 차후 경제개발이 더 쉽고 빠를 것이라고 예상되기도 한다.

북한의 자본주의적 개발이 속도를 낼 수 있는 데는 또 다른 본질적인 이유도 있다. 많은 한국인들은 일상적으로 '공산주의'를 '자본주의'와 정반대되는, 유토피아적이며 극도로 평등지향적인 것으로 상상하곤 한다. '공산주의'를 표방해온 중국이 구매력평가 기준으로 계산된 국민총생산으로 이미 미국도 유럽연합도 다 추월해 자본주의 세계 전체를 이끌고 있음에도 불구하고 말이다. 그런데 중국이나 북한을 탄생케 한 혁명들은 꼭 '공산주의적'이기만 한 것은 아니었다.

물론 마오쩌둥이나 김일성은—마르크스주의뿐만 아니라 '경자유전耕者有田'이나 '항심恒心'의 원천으로서의 '항산恒産', 그리고 '민생'을 강조해온 유교사상의 영향 등으로—'인민들을 챙기는' 국가의 건설을 지향했다. 김일성은 체 게바라Che Guevara(1928~1967)가 '낙원'이라고 평가한 나름의 '제3세계형 복지국가'를 1950~1960년대 북한에서 만들기도 했다. 한데 마오쩌둥이나 김일성에게는 '인민들을 챙기는 나라'를 '인민'들과 상당히 다른 삶을 사는 과거의 백관百官들에 비견되는 '간부'들이 인민들의 이렇다 할 참여 기회 없이 알아서 '관리'하는 것도 자연스러웠다. 그리고 무엇보다도 그들의 혁명은 '민생' 이전에 '구국', 즉 외세 배척과 국가주권 확립, 그리고 근대 민족국가에 필요한 인력 배양, 생산력 향상이었다. 예컨대 중국의 대약진운동 시절(1958~1962년)에 볼 수 있었듯이 이 현대판 '식산흥업殖産興業'에 민생이 커다란 희생을 치르는 비극을 겪기도 했다.

'식산흥업'은 꼭 자본주의만을 의미하지 않는다. 이윤 추구를 '사리 私利에 급급한' 추한 일로 여겨온 유교적 기반의 동아시아 혁명가들로서는 당연히 국가화된 경제, 즉 '적색 개발주의'가 이념이나 관리 편의 차원에서 훨씬 더 바람직해 보였다. 그런데 중국에서도 북한에서도 소련식 내부 자원 동원 위주의 국가화된 경제는 이미 1970년대에 그 한계를 노출했다. 소련만큼 동원 가능한 자원이 많은 것도 아닌데다 자본과 기술이 태부족하고 대미 대립이 초래하는 군비 부담도 너무나 버거웠다.

결국 마오쩌둥과 닉슨의 46년 전 악수가 하나의 계기가 되어, 중국은 1970년대 말에 이르러 국가화된 자급자족 폐쇄경제 모델에서 국가 관료 주도의, 외자 동원형 자본주의 모델로 갈아탔다. 말은 '중국 특색의 사회주의'였지만 실은 관료 감독하의 자본주의였다. 그럼에도 이와 같은 엄청난 경제체제 변화가 대다수 인민과 간부들에게 지지를 받은 까닭은 무엇이었을까? 국가화된 경제든 통제형 자본주의든 생산력 발달이 '민생'에도 '구국', 즉 민족국가의 주권 공고화에 핵심적 역할을 해주리라고 믿었기 때문이다. 북한도 중국의 경험을 참고해서 1984년 외국 자본과의 합작회사 설립을 허용한 합영법 반포 이후로는 꾸준히 제한적인 개방을 추구해왔다. 2002년 7월 '경제 관리개선 조치'는 상품들의 시장 유통을 공식화했으며, 김정은 시대에 접어들어 중국과 같은 방식의 가족농 도입으로 만성적인 식량난이 해결되었다. 한데 마오쩌둥과 달리 김일성에게도 김정일에게도 미국 대통령은 손을 내밀어주지 않았다. 따라서 북한의 개혁개방이 여태까지 '반쪽'

일 수밖에 없었던 것이다.

반쪽임에도 최근 북한의 연간 성장률은 약 4% 정도로 추측된다. 중국의 경우, 1970년대 말부터 최근까지의 평균 연간 성장률은 9∼10% 정도였다. 대외적인 조건만 성립되면, 혁명을 거친, 이당치국以黨治國을 이념으로 하는 대중적 기반 위의 일당제 국가들의 성장은 이처럼 빠르다. 이유는 간단하다. 중국이나 북한 같은 국가들은 '민생'과 '구국' 차원에서 교육·과학 투자를 집중적으로 해왔으며 양질의 숙련공·기술자 인력들을 양성해왔다. 게다가 당은 업적주의적 방식으로 '우수한 일꾼'들을 간부로 발탁해 자원배분의 합리성을 높이고 부가가치가 높은 첨단부문에의 집중적 투자를 유도하면서 산업 구조의 지속적인 '업그레이드'를 주도한다. 그렇게 해서 중국은 40여 년 전의 방직물 수출국에서 오늘과 같은 첨단전자제품과 금융 수출국으로 발돋움했다.

미국을 비롯한 서방 열강과 일본 등이 북한의 개발을 더는 방해하지 않고 대북 투자와 기술이전을 허용한다면 공업 전통이 강하고 고급 인력이 풍부한 북한은 어쩌면 이 궤도를 더 빨리 나아갈 수 있을지도 모른다. 우리가 통상 '공산혁명'으로 알고 있는 것이 실제로는 민중을 좀 더 적극적으로 동원하는 압축적 근대화를 의미하는 만큼, 적색 개발주의에서 국가 관료 자본주의로 갈아탄 동아시아 국가들은 매우 쉽게 자본주의 체제의 '용'이 된다. 북한도 얼마든지 그렇게 될 수 있으리라고 본다.

다만 간절히 바라는 게 있다면, '구국' 즉 시장적 방식을 통한 생산력 향상의 열기 속에서 혁명 당시에 의미를 지녔던 '민생'의 가치들이 묻히지 않았으면 좋겠다. 민생은 꼭 의식주의 해결만을 의미하지 않는다. 과거 농업사회 평민 마을처럼 다수가 화목하게, 큰 격차 없이 어울려 산다는 것을 뜻하기도 한다. 북한은 오랫동안 모두가 나라에서 주거를 배분받고 아프면 병원에 가서 무상으로 치료를 받고 재능이 있으면 대학에서 무료로 공부할 수 있는 나라였다. 아무리 '강성대국 건설' 차원에서 자본화가 불가피하다 해도 이런 훌륭한 성취들은 그대로 남기를 바란다.

2

방향등을
켜라

'인분 교수 사건'의
교훈

2015년에 세상을 놀라게 한 일 중 하나가 '인분 교수 사건'이었다. 한 사립대 교수가 자신이 주도하는 학회에 자신이 취직시켜준 제자를 상습적으로 폭행했을 뿐만 아니라 노예처럼 부리고 심지어 인분을 강제로 먹이는 등 각종 희귀한 폭력을 일삼았다는 것이 그 골자였다. 교수에 의해 피해자 월급이 미지급되는 일이 다반사였고, 교수의 다른 제자들도 폭행에 가담했다. 그 사건이 일으킨 공분은 이미 가라앉았지만, 답이 없는 질문들은 여전히 남아 있다. 사회로부터 격리된 오지의 군부대도 아닌 도심 한복판의 학회나 대학에서, 중세의 봉건영주가 농노를 착취하고 폭행하는 것과 똑같은 일이 벌어져도 왜 몇 년간이나 바깥으로 알려지지 않았는가? 제자이자 동료를 고문하는 '지식인'들은 어떻게 해서 만들어지는가? 바꾸어서 이야기하면, 인간이 어떻게 야수가 되었으며, 한 무리 인간들의 야만적 행동을 사회는 왜 방지하지도 말리지도 못했는가? 우리가 스스로에게 던져야 할 질문이다.

성선설·성악설을 넘어, 인간의 구체적 행동을 좌우하는 것은 환경, 즉 무엇보다 개개인을 둘러싼 권력관계다. '나의 권력이 무한하다'는 느낌은 특히 남성들에게 테스토스테론의 분비를 촉진해 공격성을 부추긴다. '이러면 안 된다', '이러면 너도 다친다'라는 내면의 경고메시지가 들리면, 즉 뇌에서 공격성 충동 견제장치들이 가동되는 경우라면, 그나마 폭행·추행이 발생하지 않을 수도 있다. 하지만 장기적인 권력중독은 뇌의 자기제어 기능을 치명적으로 손상시킨다. 즉 인간의 행동을 자제시키는 뇌의 부분들이 특정한 상황, 예컨대 권력관계가 분명한 '아랫사람'과의 상호작용 상황에서 제대로 작동하지 않게 되는 것이다. 이럴 때 횡포를 부리는 일은 상습이 되지 않을 수 없다. 즉 장기간 견제되지 않은 권력행사는, 뇌기능의 차원에서 본다면 마약과 같은 효과를 발휘한다. 몇 년간 그 누구의 감시도 통제도 받지 않는 권력을 행사하다보면 자아가 변질되지 않을 사람은 극소수일 것이다.

아직도 수직형 인간관계를 넘어서지 못하고 있는 인간사회로서는 이와 같은 현상에 대한 유일한 대책이란 '무소불위의 권력'이 없게끔 하는 것이다. 모든 권력이 모든 층위에서 견제되고 상쇄되며 밑에서도 위에서도 통제받는 것이야말로 현실적으로 인간다운 사회의 기초적인 전제조건이다. 문제는, 이 이야기들이 한국의 대학—그중에서 특히 사립대학—이나 학회의 현실에 전혀 해당되지 않는다는 것이다. 원리원칙상 가장 참신하고 '선진적'이어야 하는 곳이 대학교나 학회건만, 역설적으로 권력관계의 차원에서는 선진은커녕 봉건제도 아닌 고대 노예제에 차라리 더 가까운 곳이다. 노예주와 같은 절대권력이 일상적으로 통하는 토양 위에서 '인분 교수'들의 확대재생산은 필연적이다.

한국 기업가들도 '아랫사람' 폭행 등 각종 갑질로 유명하지만, 그들의 권력은 미약하게나마 다른 주주들이나 노조들이 견제할 수 있다. 군은 오랫동안 각종 폭력의 온상으로 기능해왔지만, 징병제 국가인 만큼 군 폭력 문제에 대한 사회의 뜨거운 관심도 있고, 장교의 극단적 일탈행위를 어느 정도 예방할 수 있는 군법 질서도 있다. 대통령이나 국회의원들은 아무리 폭군 체질이라 해도 '표'를 의식해야 할 때가 있다. 한데 '교수님'들은 한국 사회의 그 어떤 갑들보다 '자유롭다'. 사립대의 경우는 해당 대학을 쥐락펴락하는 파벌과만 잘 지내면 만사형통이다. 서울의 일부 이른바 '명문대'를 포함해서 한국 사립대학의 절반 정도는 개교 이래 교육부의 종합감사를 한 차례도 받은 적이 없다. '교수님'들과 대학을 장악한 조직폭력배 같은 학내 패권세력들이 '작은 왕국의 군주'처럼 군림해도 걸리는 게 없다는 이야기다. 최근 10여 년 동안 일부 대학에서 조교 및 대학원생 노조를 결성하려는 시도가 있었지만, 아직 대부분의 대학에는 노조가 없다. 더욱이 대학원생이라면 '교수님'에게 반발하는 행동은 꿈조차 꾸기 어렵다. 결국 위에서도 밑에서도 그 어떤 견제를 받지 않는 '실세급 교수님'은 성추행이나 상습폭언 및 악질적인 폭행을 일삼고 '아랫사람'의 노동을 비양심적으로 착취하며 대필을 강요하기가 매우 쉽지 않겠는가? 교수 집단의 극단적 권력화·귀족화가 결국 괴물들을 낳은 것이다.

'인분 교수 사건'의 전개과정을 한번 눈여겨보자. 가해자가 피해자

를 노예화시키기 위해 그에게 던진 미끼는 바로 '교수 채용 가능성'이
었다. '고분고분 굴고 굴종만 잘하면 나는 너를 기사의 갑옷 시종에
서 진짜 기사로 만들어주겠다……' 중세 봉건귀족이 시종에게 할 만
한 종류의 묵시적 약속이다. 다른 제자들의 폭행가담 동기도 크게 보
면 바로 이것이었으리라. 그들은 자기 동료를 고문하는 과정을 통해
서라도 '시종'에서 '기사'가 되고자 했다. 문제는 이와 같은 개인적 예
속관계를 일정 수준 수용하지 않으면 한국 대학의 정규직 교원이 되
기 어렵다는 사실이다. 공공기관인 대학의 교원 충원과정이 사실상
공공성이 결여돼 있으며, 교수들과 대학 관리자들의 마피아성 짙은
사적 이해관계에 맡겨져 있다는 것은 공공연한 비밀이다. 대학과 마
찬가지로 학회도 많은 경우 공공 조직으로서의 성격을 잃어 사조직화
되고, 특정 '실세'를 추종하는 집단으로 변질된다. 특정 개인이 봉건
영주 노릇을 맡고 그 하수인이 가신처럼 행동하는 사조직은, 자연스
럽게 폭행·폭언·추행부터 시작해서 각종 범죄의 온상이 되는 게 순
리가 아니겠는가?

　'교수님'뿐만 아니라 그 교수님 밑에서 '인생의 지혜'를 깨쳐야 하
는 젊은 사람들도 봉건기사단인지 조폭인지 알 수 없는 사적 패거리
로 전락한 대학사회의 특징을 빨리 배우고, 어떤 경우에는 일찌감치
'스승'들을 닮아가기 시작한다. 2016년 봄에 보도된 '서울 명문대 악
마 대학원생' 사건을 기억하는가? 교수인 아버지의 '빽'을 믿고 교수
아버지 없는 동기생을 폭행하면서 노예처럼 부리던 한 대학원생이 입
건된 사건이었다. 그의 범죄수법도 '인문 교수'의 그것과 본질상 비슷

했다. '내가 내 아버지의 뒤를 이어 교수 자리에 오르면 너에게 한자리를 마련해주겠노라'고 호언장담하면서 동기생을 괴롭히는 한편 사실상 무보수 조교로 이용해온 것이다. 이런 유의 사건들은 '교수사회'가 사실상 신분세습이 가능한 유사봉건적 카르텔이 되었음을 뜻한다. 그런 사회에서 사디즘 경향이 강한 현대판 귀족이 현대판 농노에게 또다시 인분을 먹이는 종류의 사형私刑을 집행하지 않으리라고 보장할 수 있는가?

'아랫사람'들의 생사여탈권을 쥔 절대군주 같은 '교수님'이라는 괴물을 낳은 것은 결국 권위주의적 국가와 신자유주의의 한국 특유의 결합이다. '교수님' 집단의 귀족화를 이끈 것은 박정희의 유신 독재였다. 1977년, 대학의 비판기능을 무력화하려는 독재정권의 목표에 따라 교원사회가 양분돼 분리통치책 적용의 대상이 됐다. 강사가 '잡직'으로 분류되는 등 교원으로서의 지위가 박탈되어 전임교수에게 예속되는 동시에, 전임교수는 보수도 높아진데다 각종 '교수평가단'이 꾸려져 국가기구 참여 기회도 많아졌다. 정권이 주도해서 만들어낸 대학 내의 극도로 불균형한 권력관계는 결국 많은 전임교수들을 권력 중독자로 만들었다. 게다가 신자유주의가 도래하고 나서는 경쟁본위의 새로운 학계 구도에서 이들이 대학원생과 강사 등의 (준)노예 인력들을 동원할 수 있는 논문 생산 주체로 부상하여, '아랫사람'들의 무보수 노동을 착취하면서 각종 대형 프로젝트 수주에 성공할 수 있는 풍토가 만들어졌다. 이렇게 해서 한국의 대학사회는, '인분 교수'의 탄생이 가능한 봉건농장과 착취공장의 결합물이 된 것이다. 과연 이

곳이 다수에게 해방으로서의 계몽을 가능하게 하는 지식인사회인가?

'인분 교수 사건'은 대학·학계 민주화가 얼마나 시급한지를 일깨워

주는 계기였다.

인문학 위기?
인문학 위축·통제
전략이다!

학술회의 참석차 러시아인 동료 몇 명과 같이 서울에서 머무르던 때의 일이다. 숙소에서 회의장소로 이동하느라 다 같이 소형버스를 탔는데, 운전대 옆에 《한 권으로 읽는 사기史記》라는 책이 놓여 있었다. 러시아 동료들에게 운전사가 약 2000년 전 중국 사가의 저서를 읽는다고 말하니 반신반의하는 분위기였다. 러시아에서 운전사가 고대사를 탐독하는 것은 소련 시절에나 있을 법한 일로, 현재로서는 거의 상상하기가 어렵다. 인문학 교양을 쌓을 여유가 점차 증발해가는 신자유주의 시대에, 한국 대중의 인문학에 대한 애정은 세계에서 거의 독보적이다. 내가 사는 노르웨이만 해도, 인문학도 이외에 내가 아는 대부분의 일반인들은 그 유명한 '바이킹 시대'에 대해서 관심이나 지식이 별로 없다. 중세 노르웨이에 대해서도 마찬가지며, 관심을 갖는 게 있다면 현재성이 강한 현대사 정도다. 그러니까 노르웨이 사람들에게 한국에서 《한 권으로 읽는 조선왕조실록》 같은 중세사 교양서가 거의 200만 부나 팔렸다고 이야기하면 아무도 믿으려 하지 않는다. 이러한 판매부수를 기록하는 것은, 북유럽에서는 오로지 추리소설과 아동물이기 때문이다.

조상들의 '못 배운 한' 때문인지, 집단의식의 상당부분을 역사 담론이 차지해서인지, 한국인의 인문·교양 열풍은 대단하다. 문제가 있다면 자본과 친자본 지식인들이 이를 이용하는 것이다. 서점가에서 늘 베스트셀러 코너를 점령한다 싶은 자기계발서들을 보면 그야말로 인문학의 탈을 쓴 자본주의 이데올로기의 선전이라는 생각이 든다. 자기계발서 대부분은, 근대 초기에 일본과 조선 개화론자들 사이에서 히트한 새뮤얼 스마일스Samuel Smiles(1812~1904)의 《자조론Self Help》의 아류를 벗어나지 않는다. 그 핵심 주장은 대체로 여전하다. "노력하면 다 된다, 사회는 어차피 바꿀 수 없으니까 자신부터 바꿔라, 감정을 조절하여 긍정적으로 사고하기만 하면 길이 열린다……"

취업포기자나 취업준비자까지 포함하는 체감 청년실업률이 이미 30%를 넘은 참극 같은 상황에서 '노력 만능론'은 비현실적이거니와, "아프니까 청춘이다" 같은 표현은 심히 반사회적이며 비도덕적이다. 청춘들까지 포함해서 납세자들이 국가에 세금을 납부하는 이유는, 국가가 청년고용 대책 등을 마련해 시장이 불가피하게 끼칠 '아픔'을 완화해줄 거라 믿기 때문 아닌가? "아프니까 청춘이다"는 국가의 책임 유기에 대한 합리화에 지나지 않는다. 아무리 "멈추어서 자신의 내면을 들여다보기" 하고, 아무리 "내 안의 분노를 조절하기" 하고, 아무리 "마음 비우기"를 잘해도, 가장 영적인 개인도 청년실업이나 '열정페이' 등 착취 문제를 해결할 수 없다. 이처럼 개인적 해결을 권고하는 것은 넓은 의미에서 대중에 대한 기만에 불과하다. 물론 노력도 의지력도 명상도 욕망을 줄일 줄 아는 지혜도 개개인에게 필요하지만, 이런 자기조절이 사회 속에서 다수의 비극을 공유할 수밖에 없는 개개인의 운명을 획기적으로 바꿀 수 있다고 주장하는 것은 정로환으로 암을 치료해보려는 시도와 같다.

자본의 이념가들까지 편승하여 자신들의 이념 선전을 '인문학'이라고 포장할 정도로 한국인에게 인문학은 중요하다. 그렇다면 과연 무엇이 '위기'인가? 인문학에 '경쟁력이 없다'고 하지만 인문학이 예컨대 자연과학과 '경쟁'한다는 것은 한 인간의 머리와 손이 서로 '경쟁'해야 한다는 이야기와 다르지 않다. 인문학과 자연과학은 그저 서로 기능이 다른 두 분야이며, 정상적인 사회에서라면 상호보완하면 된다. '경쟁력 부족' 이야기는 결국 '인문대 출신 취업률 저조'로 귀결되곤 한다. '취업률 저조'라는 말을 보다 직설적이며 현실적인 표현으로 바꾸자면, 대기업이 솔선수범하여 인문학 전공자들을 차별한다는 이야기가 된다. 실제 이른바 '4대 그룹'의 신입사원 채용정보를 분석해보면 70~80% 정도가 이공계 출신이다. 다른 기업들도 대체로 재벌기업들의 관행을 따르는 추세이니 인문학 전공자들은 한국 사회의 수많은 피차별집단 중 하나가 되는 셈이다.

차별을 해소하는 방식은 사실 여러 가지일 수 있다. 예를 들어서 사회는—여러 가지 명목으로 각종 국고 지원금을 받고 이런저런 세제 혜택을 받는—대기업들에 신입사원 공정채용을 요구할 수도 있다. 특별한 기술지식을 필요로 하는 순수기술직이 아닌 이상, 기업이

각 계열의 전공자들을 균형등용하는 것도 사회정의를 구현하는 방법이 아닐까? 이와 동시에 인문계 출신에 대한 고용대책 마련을 국가에 요구할 수도 있다. 사실 내가 재직하는 오슬로대 인문학부 졸업생 경우는 학사 졸업자의 43%, 그리고 석사 졸업자의 59%가 공공부문에 취직한다. 각종 박물관이나 아카이브, 공공 평생교육센터나 공공 연구기관에서 인문학 전공자들을 필요로 하기에 인문학부 취업률이 80%에 달한다. 그러니까 취업률 저조가 '위기'의 내용이라면 인문학도에 대한 국가적 고용창출이 이루어지도록 투쟁을 벌이는 것이 바람직하다.

한데 세금을 납부하면서도 부당하게 차별을 당하는 이들이 그 세금을 받아먹으면서 아무런 차별해소 대책도 취하지 않는 국가에 항거하는 것은 정상 사회에서나 가능하다. 대한민국의 사정은 정반대다. 인문학 전공자들이 차별을 받는다면 한국에서 그 해소 대책은 차별받는 집단을 더더욱 위축시키는 것이다. 사실 한국은 이미 이공계 대졸자 비율이 세계적으로 대단히 높아 30% 이상이나 된다. 내가 사는 노르웨이는 15%밖에 안 되고, 한국인들이 그렇게도 우러러보는 미국은 아예 그 이하다. 굴지의 제조업 국가인 브라질은 10%보다 약간 높다.

이처럼 자본의 확대재생산, 그리고 기업의 이윤 뽑아내기와 직결되는 전공들의 비율이 이미 높은데도, 국가가 앞장서서 인문학을 더 위축시켜왔다. 2016년 정부는 3년간 2,012억 원을 투입해 '인문사회·예체능계열 정원을 이공계열로 조정하도록 유도하는' 프라임이라는 사업을 추진한다고 발표했다. 21개 대학을 선정하고 그 어마어마한 돈을 투입해 2,626명의 인문사회계열 정원을 포함한 각종 '비경제적인' 학과 정원을 줄여보겠다고 나선 것이다. 인문학 특유의 반란성이 이 국가로서는 이미 소수인 집단을 돈 들여 더 줄일 정도로 그렇게도 두려운가?

같은 돈을 사회를 위한 인문 인프라 구축에 투자했다면 어땠을까? 예컨대 공공부문에서 운영하는 각종 아동교육 기관, 인문학 동아리 등을 통해 아이들에게 인문사랑의 씨앗을 뿌렸다면 좋지 않았을까? 나만 해도 평생 역사와 인연을 맺게 된 이유 중 하나가 중·고등학교에 다니던 5년간 국가에서 운영하는 고고학 동아리에서 매주 2회 국립대학 역사학부를 나온 선생님의 지도를 받으면서 역사 공부에 푹 빠질 수 있었던 데 있다. 한국보다 훨씬 가난한 북한만 해도, 국가가 이와 같은 방식으로 어릴 때부터 인문학 소양을 쌓을 기회를 제공해준다. 국내 보수층은 소련이나 북한을 통상 '전체주의'라고 매도하지만, 모든 교육기관들을 고시원이나 취업학원처럼 일률적으로 운영하는 것이야말로 전체주의적 발상 아닌가?

1990년대 후반 이후의 'BK(두뇌한국)'나 'HK(인문한국)' 사업처럼 주로 비정규직을 양산하면서 인문학도들을 논문 생산 기계로 만드는 것은 인문학 위기의 해소가 아니다. 인문학을 관의 통제 밑에 두어서 그 영혼을 죽이는 일일 뿐이다. 거듭 이야기하자면 인문학 위기는 존재하지 않는다. 정부의 정책들이 계획적으로 심화시키는 인문학에 대한 관·기업의 차별이 있을 뿐이다. 인문학도들이 이와 같은 상황을 직시하여 인문학의 공공가치에 중점을 두어서 '인문학 하기 좋은 사회'를 위한 싸움에 나서야 할 때다.

대학 위기의
본질

북유럽 일한학회(NAJAKS)를 마치고 오슬로에 돌아왔다. 학회에서 동료들과 이런저런 이야기를 나눴는데, 가장 많이 나온 이야기가 '감원 바람' 타령이었다. 호주국립대, 코펜하겐대, 헬싱키대…… '철밥통 중의 철밥통'이었던 대학 교직원이 이제 상당수 나라에서 필요할 때 언제든지 잘라도 되는 일반 회사원 신분이 되었다. 열심히 시간 외 근무까지 하지 않으면 내 책상이 없어질 수도 있다는 공포가 정규직 연구자들에게도 점차 일상이 될 것으로 전망된다.

이러한 감원 외에도 대학과 일반 기업체의 차이가 점차 사라져간다. 많은 대학들이 교내에 쇼핑몰을 조성하고 '부대사업'에 열을 올리는 대한민국에서 가장 뚜렷이 느껴지긴 하지만, 미국 '명문' 사립대들도 너나 할 것 없이 중국에 캠퍼스를 세워 중국 학생 등록금으로 장사하려 든다는 면에서 다를 바 없다. '대학업계', '고등교육업계' 같은 표현이 이제는 전혀 이상하지 않게 된 것 같다.

대학 위기의 본질은 대학 기업화를 강요하는 체제의 압력이다. 국가 지원이 감소하고 프로젝트 단위의 비정기적 지원만 이루어지는 경우, 대학은 교직원 봉급과 운영자금 등을 확보하기 위해 기업화를 선택할 수밖에 없다. 한데 이런 압력은 절대 우연이 아니고, 특정 권력자의 음모나 무지의 문제도 아니다. 이는 후기자본주의 시대의 한 특징을 나타내는 현상이다.

자본주의는 자본 확대재생산을 위해 계속해서 '확장'을 모색하지 않을 수 없는 체제다. 신시장 점령, 신상품 개발, 새로운 욕망 창출, 새로운 자원 침탈이 그러한 확장의 방편이다. 자본의 경제영토가 늘어나지 않는다면 바로 과잉생산이나 원료값 등귀, 마진 증발 등의 위기가 야기된다. 그런데 1990년대 초반에 동구권과 중국, 베트남 등이 자본주의 체제로 편입되고 나서는 지리적으로 새 경제영토 획득 가능성은 희박해졌다. 물론 북한이 남아 있지만, 그 시장 규모는—아무리 이제 개방한다 해도—얼마 되지 않는다. 인터넷·전자 관련 1990년대 이후 신상품들도 이미 한계를 드러내 과잉생산 단계에 진입했다. 이런 상황에서는 자본이 지리적으로 확산되지 못하는 만큼 부문적으로라도 확산돼야 하는 것이 이윤체제의 논리다. 그래서 최근 20여 년 동안 한국 자본의 운동을 보면 다음과 같은 부분이 괄목할 만하다.

• **대학에 대한 자본의 식민화** '산학협력'이라는 아름다운 말로 꾸며지지만, 자연과학계-이공계 등은 자본의 기술개발센터 역할을 강요받는다. 이윤창출에 필요 없는 인문사회계열은 고사당하거나 '기업인문학' 차원에서 기업가-임원들의 '교양'으로 이용된다. 대학

스스로도 기업화해, 졸업과 동시에 바로 기업의 이윤창출 재료인 '인력'이 될 수 있는 완벽한 '인간제품', 즉 취업확률이 높은 졸업생을 배출하는 것을 그 존재의 의미로 삼게 된다.

- **의료에 대한 경제영토화** 영리병원 설립 허용 쪽으로 계속해서 의료 정책을 밀고 간다. 대한민국에서 의료관광을 중점사업으로 키우는 것도 이 노선과 직결돼 있다.
- **아동·청년층에 대한 체계적 사고 발달 차단** 각종 게임으로 청년층의 소비자화·탈지식화를 유도한다. 동년배 사회에서 배척받지 않으려면 시간 나는 대로 컴퓨터게임을 하는 문화를, 게임을 스포츠로 인정한 신자유주의적 국가가 주도적으로 만들어내고 업자들이 확산시키고 있다.
- **대민 폭력 민영화** (옛날에는 안기부가 하던) 노조파괴를 이제는 컨설팅회사가 해주고, 노동자에 대한 직접 폭력도 (경찰보다) 용역업체 직원들이 휘두르게 되었다.

더 이상 신시장, 신상품, 신기술, 신소재로 확대재생산이 어려워진 한국자본주의라는 괴물이 이제 새로운 부의 원천으로 교육, 의료, 레저·웰빙, 폭력·폭압 관련 '서비스'까지 노리는 것이다. 대학이 위기에 빠졌다기보다는, 말하자면 자본의 새로운 먹잇감으로 그 수라상에 올려진 것이라고 하겠다. 그리고 대학이 자본에 먹혀버리는 과정은 시간이 많이 걸리지도 않는다. 우리가 행동으로 저항하지 않으면 가까운 미래에 (주)○○대학이 "우리 학교를 다닌 고객님들이 졸업과 함께 바로 취업이 되지 않으시면 등록금의 △△%를 돌려드립니다" 같은 광고로 호객행위를 할지 모른다. 늦기 전에 우리가 이런 논리에 당당하게 '노'를 외쳐야 한다!

소왕국들의 나라, 한국 대학가

논란이 되었던 국정 한국사 교과서의 집필자들 실명이 공개됐을 때, 그중 한 이름을 보자마자 나도 모르게 트라우마로 손이 떨리는 것을 느꼈다. 1990년대 말에 나와 굉장히 특별한(?) 인연을 맺은 바로 그 사람! 그 이름을 보자마자 그 당시 일이 머릿속에 다시 떠올랐다.

그때 나는 국내의 한 사립대학에서 계약직으로 교편을 잡았다. 임금이라고 해봐야 제조업 근로자의 평균임금에도 미달했다. 궁여지책으로 다른 대학에 출강하기도 했고, 한·러 통번역 일도 가끔 맡았다. 그중 하나가 바로 모 연구소가 의뢰한 한 사학자의 교과서 번역이었다. 서면계약은 없었고, 그걸 요구하기도 심적으로 힘들었다. 내 주위에 그런 일을 맡은 비정규직 중에서 서면계약까지 챙길 수 있는 위치에 있는 사람은 거의 없었기에, 요구해도 될지 계속 망설이다 끝내 포기했다. 약속한 대금은 100만 원 정도였던 것으로 기억한다. 약 석 달 정도 소요되는데다 역사용어 때문에 무척 까다로운 작업임을 고려하면 그다지 후하지 않다고 느꼈지만, 그래도 한 달 월급의 60%에 해당되는 액수이기에 나로서는 '거액'이었다. 더군다나 그중 절반은 발주와 함께 선지급돼 고마울 따름이었다.

문제는 남은 반액이었다. 일을 다 끝내고 번역본을 들고 갔을 때 나는 그 교과서를 집필한 사학자로부터 당황스러운 이야기를 들었다. 번역 사업이 어떤 프로젝트 자금 지원을 받기로 했는데, 그 프로젝트가 중단됐다는 것이다. 그래서 내가 일을 마쳤는데도 나에게 줄 돈이 없다는 이야기였다. 내가 실망한 기색을 보이자 교과서의 저자는 일단 원고에 대한 감수 등 출판 준비부터 하라고 이야기했다. 출판을 하고 나서 돈을 어떻게든 마련해보겠다는 말도 덧붙였다.

그 당시 내 기분은 당황 그 자체였다. "번역만 끝내면 돈을 지급하겠다"던 애초의 약속을 저자가 지키려 하지 않았기에 "먼저 출판 준비를 해놓으면 그다음에 돈을 찾아보겠다"는 약속도 믿기가 어려웠다. 이럴 때 미수금을 받아내려면 어떤 공적 절차를 밟아야 하는지가 나에게는 그저 커다란 수수께끼였다. 일단 노동을 해놓고 노임을 받지 못한 셈이니까 이 일을 처리하는 기관은 아마도 노동부일 거라고 생각했다. 그래서 노동부에 전화해서 "한국에서 체류하는 외국인 계약직 교원노동자다. 번역일을 하고 대금 체불을 당했는데, 이런 일을 담당하는 분을 바꾸어달라"고 했다. 한데 내 전화를 받은 담당 직원은 나에게 "야, 나 너 한국말 못 알아들어. 돈을 못 받았다는 공장 이름부터 똑똑히 다시 발음해봐"라고 반말로 응대한 다음 바로 전화를 끊고 말았다. 번역일을 의뢰한 연구소 소장에게 전화해서 "미수금을 지급해달라, 그렇지 않으면 법적 절차를 밟겠다"고 말했지만, 돌아온 것은 글로 옮기기 어려운 욕설들과 "협박·공갈죄로 고소하겠다"는 이야기였다. 법적 절차를 언급하는 것이 대한민국에서 '협박'일 수도 있다는 사실을 나는 그때 처음 알았다.

법적 절차를 밟고 싶어도, 서면계약이 없는 상태에서는 쉽지 않았다. 결국 번역대금의 잔액을 받지 못한 채 노르웨이에서 직장을 잡아 출국하게 됐다. 그런데 더 큰 충격은 그다음이었다. 몇 년 뒤에 러시아에 가게 됐는데, 그곳의 한 학술서점 판매대에서 내가 번역한 바로 그 교과서를 발견했다. 한데 놀랍게도 표지에 실린 번역자의 이름은 내 이름이 아닌 다른 사람의 이름이었다. 나 대신에 출판 준비를 한 그에게 번역물에 대한 저작권마저 넘어간 셈이었다. 그의 이름을 보자마자 머릿속에 맨 먼저 떠오른 생각은 과연 '이 사람은 노동의 대가를 정당하게 받았을까' 하는 우려였다.

나는 석 달에 걸친 노동의 결과물에 대한 권리를 박탈당했는데, 문제의 교과서 저자가 재직하는 학교에는 이러한 명백한 연구윤리 위반에 대해 호소할 수 있는 기관이라고는 존재하지 않았다. 나는 그 당시에도 각종 '실력자'에 의한 약자 권리 침해를 바로잡을 수 있는 기관이나 절차의 부재가 한국 대학 내지 학계의 엄청난 문제라고 생각했다. 실제로 이 문제의 규모는 당시 나의 생각보다 훨씬 더 크다.

내가 당한 노동권 및 저작권 침해는 한국 대학의 실태에 비추어보면 극히 미미하다고 할 수 있다. 정말 심각한 경우에는 해당 힉과나 단과대학의 '실세'로 통하는 '실력자'가, 취직 추천권이나 교원 임용권 등을 무기로 삼아 대학원생이나 소장학자를 아예 21세기판 노예로 만든다. 이런 관계가 폭력적 양상을 띨 경우 가끔 법적 처벌의 대상이 되기도 한다. 예를 들어 거의 사적 노예처럼 부린 '제자'에게 인분까지 강제로 먹인 악명 높은 '인분 교수'는 결국 2심에서 8년형을 선고받았다. 하지만 물리적 폭력이 아닌 심적 강제나 강요에 의한 사적 착취의 경우에는 유죄판결을 찾기가 힘들다.

2010년에 해당 대학에서 '힘깨나 쓰는' 지도교수를 위해 논문을 54편이나 대필해야 했던, 그러나 애당초의 약속과 달리 끝내 교수 임용에서 제외된 광주 모 대학의 한 시간강사는 결국 자살을 택했다. 그런데 교수 임용을 미끼 삼아 논문 54편을 대필시켰던 '교수님'은 과연 처벌이라도 받았는가? 천만의 말씀이다. 대학은 '자기 사람'을 보호해주는 데만 바빴고, 법원은 유가족들의 손해배상 소송을 기각해버렸다. 지속적인 착취를 당한 시간강사의 자살이 그저 "교수 임용 실패에 대한 좌절감"에서 나온 행동이었다고 판시한 거다. 극단적 선택을 해서 스스로 목숨을 끊어도 대학에서의 사적 착취나 대필 강요 피해자의 억울함을 풀어주는 '공적 기관'은 존재하지 않는 곳이 대한민국이다.

수십 편의 논문 대필을 강요당하거나 여러 권의 저서에 대한 저작권을 편취당하는 한국 대학의 수두룩한 피해자들에 비해 내가 입은 피해는 새 발의 피다. 내가 얼마간 했던 무급 노동이 한국 대학에서는 그저 '일상'에 불과하다. '적당한' 사역은 '관행'이라는 미명하에 계속된다. 언론의 일시적 관심이라도 받으려면 이 무급 사역의 양이 지나친 정도가 되어야 한다. 예를 들어 서울의 한 대학원생이 한 해 동안 약 8만 장에 이르는 저술들을 스캔하라는 명령을 받자, 이 양이 하도 과도하기에 언론에서 잠깐 보도한 일이 있다. 물론 학생에게 이 현대판 '팔만대장경 사업'(?)을 시킨 '교수님'은 처벌은커녕 징계조차 제대로 받지 않았다. 해당 대학의 인권센터마저 이 사건에 대해 조사를 벌이려 하지 않았다고 한다. 대학생활의 당연지사인데, 왜 별도로 공을 들여 조사까지 하겠는가?

한국 대학이 기본적인 인권이나 노동권이 존재하지 않는 범죄구역이 된 이유는 과연 무엇인가? 답은 자명하다. 기초적인 공공성이 없기 때문이다. 특히 사립대학의 경우에는 '오너' 일가나 재단 유력자들이 대학을 사적 소왕국처럼 경영하는 경우가 허다하다. 그런데 노동권이나 인권침해의 빈도로 보면 사립대학과 공립대학의 차이는 미미하다. 즉 국가가 명목상 대학의 주인이 되어도, 국가 자체도 대학의 공공성을 보장할 만큼 공공성과 합리성을 보유하지 못한다. 재벌들의 돈을 사적으로 거두고 대기업의 '고민해결사'로 전락한 국가가 대학의 공공성을 보장할 수 있겠는가?

결국 대학가 소왕국들을 본질적으로 바꿀 수 있는 것은 피해자들의 연대와 투쟁뿐이다. 각자 혼자 당하지 말고 착취자들의 소행을 공개하고 집단 대응에 나서는 것이 문제를 풀어나갈 단서가 될 수 있다. 한국 대학가는 긍정적 의미의 '문화대혁명'을 필요로 한다. 일상적 갑질의 모든 피해자들이 함께 모여 가해자들에게 당당하게 "노"라고 외치며, 대학 운영의 민주화와 인권·노동권 보장을 요구하는 그런 혁명 말이다.

한국,
폴리페서들의 천국

2017년은 1917년 러시아혁명 100주년이었다. 동시에 1927년 트로츠키파 대대적 탄압의 90주년이기도 하고 1937년 대숙청의 80주년이기도 했다. 1927년이 되자, 1917년 혁명으로 집권한 볼셰비키 당내에서는 이념·노선·권력 갈등이 노골화되었다. 당내에서 보수적인 '일국 사회주의파', 즉 사실상 개발주의 노선을 선호하는 스탈린 등의 주류파는 '세계 혁명'과 '당의 민주화'를 요구하는 트로츠키 등 비주류파를 탄압하기 시작했다. 트로츠키는 출당당하고 그의 많은 지지자들이 해직과 유배, 체포의 쓴맛을 보았다. 1917년 혁명 이전에 제정러시아의 권력자들이 혁명가들을 탄압했던 수법으로, 혁명정당의 보수파가 그 라이벌인 급진파를 탄압하기 시작한 것이다. 1937년에 이르자, 그 탄압은 상상할 수조차 없었던 끔찍한 정점에 달했다. 급진파를 포함하여 약 50만 명이 총살형에 처해지고, 혁명 초기에 소수자 우대 정책의 수혜자였던 고려인 등은 죄도 없이 강제이주를 당해야 했다. 말하자면 1927년과 1937년에 1917년의 혁명에 대한 반혁명이 이루어진 셈이다.

나는 역사 속의 인간 심리 차원에서 이 부분에 대해 늘 궁금증을 가져왔다. 1927년과 1937년에는 피해자뿐만 아니라 가해자도 혁명가 출신이었다. 스탈린은 결국 숙청·공포정치의 대명사가 됐지만, 본인도 혁명 이전에 감옥과 유배지를 전전한 정치 탄압의 피해자였다. 또한 1913년에 근대적 의미의 '민족'이 자본주의 발전과정에서만 탄생한다는 점을 분명히 하여 민족주의자들의 '민족' 신비화를 강력하게 반박한 명저를 낸 나름의 이론가이기도 했다.

1927년에 당내의 급진파 탄압을 주도한 당시 비밀경찰의 수반 겐리흐 야고다Genrikh Yagoda(1891~1938)는 일찍이 15세의 어린 나이에 '직접 행동'을 도모하려고 공산주의적 무정부주의자들의 행동대에 가입한 '혁명 청년' 출신이었다. 마찬가지로 1937년에 소련 원동에서 비밀경찰 총책임자로서 고려인 강제이주를 주도한 겐리흐 류시코프 Genrikh Lyushkov(1900~1945) 역시 15세부터 지하에서 위험천만한 혁명활동을 시작한 터였다. 1937년 대숙청을 주도한 당시 비밀경찰의 수반으로, 수십만 명을 총살형에 처한 희대의 살인마 니콜라이 예조프 Nikolai Yezhov(1895~1940)는 10대 초반부터 고된 육체노동을 하면서 독학에 열을 올린 전형적인 '선진 노동자' 출신이었다. 한때 나름대로 이상주의 기질을 보이며 목숨을 내놓고 혁명에 참여했던 이들이 과연 어떻게 최악의 탄압자로 거듭나게 된 것인가? 나로서는 이것이 늘 불가사의하게 느껴졌다.

한데 답은 아주 간단할지도 모른다. 아무리 15세부터 혁명에 투신한 이상주의자며 독학으로 마르크스주의를 학습한 노동자 출신이라

해도, 한 번 권력을 쥔 사람의 세계관은 대개 바로 바뀌게 된다는 것이다. 인간은 약한 존재다. 트로츠키와 그 일부 지지자처럼 집권하고 나서도 급진성을 잃지 않은 예외도 있지만, 보통은 권력을 누리게 되면 권력의 유지·확대야말로 초미의 관심사가 되곤 한다. '권력이 인간을 타락시킨다'고 하는데, 정확하게 이야기하면 그 '타락'의 내용은 정치적인 보수화와 민초들의 아픔에 대한 관심의 증발 등이다. 그 어떤 위계질서에 따른 체제에서든 권력의 세계와 민초들의 세계는 확연히 분리돼 있으며 한 번 전자에 몸담으면 후자와 담을 쌓게 돼 있다.

권력이란, 어쩌면 마약보다 더 강하고 빠르게 개체의 생각뿐만 아니라 인성이나 인격, 사람을 대하는 태도도 바꾸고 만다. 사실 마야콥스키Vladimir Vladimirovich Mayakovsky(1893~1930) 같은 혁명시인들이 1920년대에 가장 많이 다루었던 소재 중 하나가 바로 '공산당원의 오만심'(러시아어로 'komchvanstvo') 같은 것이었다. 몇 년 전만 해도 옥중이나 유배지에서 모두가 평등해지는 세상을 위해 싸웠던 과거의 혁명가들이, 혁명 이후 관료가 되고 나서는 자신보다 신분이 낮다 싶은 사람들에게 무작정 반말질해대고 술김에 식당 웨이터에게 손찌검하는 등 파렴치의 극치를 보여주는 상황을 마야콥스키의 풍자시에서 찾을 수 있다. 이런 시들을 읽으면 권력보다 더 무서운 게 없다는 생각이 든다.

권력은 위험천만하다. 인권변호사 출신이든 민주화운동가 출신이든, 권력을 쥐고 나서도 인권과 억압받는 민중을 위한 정치를 하리라는 보장은 없다. 굳이 1920~1930년대 소련 이야기를 하지 않아도,

억울한 감옥살이를 한 민주화운동 인사들조차 나중에 공기업 사장 등이 되어 노동탄압을 자행한 적이 있지 않은가? 그래서 우리에게 진실로 필요한 것은 단순히 '진보 인사'들을 요직에 두루 임명할 '진보 대통령'이 아니다. 아무리 출발점은 '진보'였다 해도 집권 이후의 보수화는 거의 불가피하다. 우리에게 진실로 필요한 것은 그 어떤 권력자에게도 압박을 가할 수 있는 권력 견제 시스템이다. 권력으로부터 자유로운 견제 메커니즘이 있어야 권력자들의 기득권 옹호 등에 대응해 그나마 약간이라도 균형 잡을 수 있다. 그런 메커니즘이 1920~1930년대 소련에 존재하지 않았던 것이 사회주의 혁명의 왜곡과 변질을 그 누구도 막지 못한 주요 이유 중 하나였다.

그렇다면 우리에게는 그런 메커니즘이 과연 존재하는가? 보통 정치권력에 대한 견제를 언론에 기대하지만, 몇 가지 예외를 제외하면 한국 주류 언론들이 거의 다 경제권력에 종속돼, '밑'의 이해관계를 표방하며 정치권력의 비판자가 되기는 어렵다. 종교계에도 그 어떤 기대를 보내기 힘든 것은, 한국 사회에서 주류 종교계야말로 정치권력 이상으로 강고하고 비민주적인 기득권을 이루고 있기 때문이다. 그렇다면 학계는 어떤가? 사실 한국에서 대학 전임교원의 신분은 예외적이고 특권적이다. 상당한 상징자본을 손에 쥐고 있는데다가 보기 드문 정년보장을 받고, 다른 직종에 비해 자율성과 시간 여유도 갖는다. 언론인이나 종교계 인사에 비해서도 눈치를 덜 봐도 되는, 부러운 신분이다. 그렇다면 권력 견제를 학계에 기대해도 될 것인가? 아쉽게도 그렇지 않은 것 같다.

대학교수 출신들을 특히 경제·기술분야의 정부 요직에 임명하고 교수평가단에 국정 관련 과제들을 맡기며 전임교수 임금을 대폭 인상하는 반면 시간강사들의 교원 지위를 박탈한 박정희 시절 이후로, 한국에서 '관학官學' 유착은 하나의 전형적인 패턴이 됐다. 교수들은 권력을 견제하기보다는 자신들이 가진 상징자본을 발판으로 하여 스스로 권력자들의 대열에 참가하려 한다. 최근 20년 동안 역대 내각들의 구성을 보면, 보통 교수 출신 장관의 비율이 4분의 1에서 3분의 1 정도 되곤 한다. 보수정권과 진보정권의 차이는 그다지 없다. 한국만큼 교수들의 정부 요직 임명이 잦은 나라를 찾기가 어려울 정도다.

왜 속칭 '폴리페서'들이 유독 한국에서 판을 치는가? 한국 학계에서 국가권력은 견제의 대상이라기보다는 너무나 친근한 유착의 대상이기 때문이다. 이미 사회에서 귀족이 된 이른바 '명문대'의 전임교수들은 정치·행정 엘리트들과의 네트워킹을 떠나서 존재할 수 없다. 교수에게 정계는 많은 경우에 로비를 잘해서 대형 프로젝트를 따올 수 있는 '파트너'이자 '시혜자'다. 정치인들과 가깝다는 것이 장점이 되고 자랑이 되는 교수사회에서 폴리페서들은 비판받기는커녕 소속 학교에서 '대접'을 받는다.

폴리페서들이 관계官界 출세가도를 달리는 동시에 '명문대' 교수층을 위시한 '교수사회'는 기득권의 세계에 안주하게 된다. 그러나 특권화되는 만큼 민중으로부터는 존경을 잃게 되기 마련이다. '교수님'이라는 말이 안하무인의 오만, 속물적인 권력지향, 스스로 통제 못하는 물욕 등의 동의어처럼 들릴 시대가 곧 올 것이다.

21세기의 새로운 무산계급: 대학 교원

런던대학 동양아프리카대(SOAS)에서 워크숍을 하느라 2018년 1월에 영국에 잠깐 다녀왔다. 오랜만에 만난 영국 동료들은 대단히 흥분한 상태였다. 다름이 아니고 영국 대학 역사상 제일 길게 이어질 파업을 준비하느라, 전국 대학 선생들이 몇 주 전부터 열을 올렸다는 것이다. 문제는 연금이었다. 최근까지만 해도 대학 선생들에게는 연금이라는 비교적 좋은 조건이 주어져 있어, 민영부문에 비해 임금이 좀 낮아도 '안정된데다가 연금이 보장된 직장'이라는 나름의 장점이 있었다. 한데 대학 교원들의 연금제도 개악이 예고된 것이다. 이제부터 연금은 각자의 기여도를 정확히 반영할 예정인데, 대학부문은 임금도 연금재단에의 기여액수도 비교적 낮기 때문에 교원들이 실제로 퇴직 이후에 다달이 받을 돈이 현재보다 약 20~40% 깎이게 되는 셈이었다. 그러면 퇴직 이후 교원이 '빈민'으로 전락할지도 모르는데, 영국 동료들은 그와 같은 상황을 막아보려고 활기찬 계급투쟁을 펴려는 참이었다.

한때 영국에서도 대학교수는 '사회귀족'쯤 됐는데 요즘은 전혀 아니다. 실질임금으로 따진다면, 영국 대부분의 노동자들과 마찬가지로 대학 교원들의 소득은 지난 15년 동안 소폭 하락했다. 소득 금액 자체도 높다고 할 수 있는 수준이 결코 아니다. 다소 예외적이라고 할 수 있는 옥스퍼드나 케임브리지 등의 정교수급 교원을 제외한다면, '보통'의 영국 대학 교원이 받는 평균연봉(약 5만 파운드)은―평균전국임금(약 2만 7,000파운드)보다 다소 높긴 해도―특히 런던같이 엄청나게 비싼 도시에서 살기에는 빡빡하다고 할 수준이다. 만약 아이까지 키우자면 런던에서는 맞벌이부부여야 가능할 정도다. 영국에서 10년 정도 경력을 가진 법률가는 대학 교원보다 두 배나 많은 연봉(약 10만 파운드)을 어렵지 않게 받는 터라, 대학의 법학부들이 교원을 구하는 데 어려움을 느낀다는 것은 이해하고도 남을 일이었다. 실은 내가 몸담고 있는 오슬로대의 법대도 교수 '구인난'에 시달린 지 오래다.

　돈만 문제인가? 본래 대학 교원의 특징은 다른 직종에서 보기 드문 '자율성'이었는데, 이 자율성은 이제 찾아보기도 힘들다. 영국은 1986년부터, 노르웨이는 2006년부터 교원들의 학술논저 발표 실적을 계량화하여 그 숫자를 반영해 재정지원 결정을 한다. 즉 논문을 써서 발표하는 것이 이제 단순히 연구자로서 개개인의 '관심'이나 '자아실현'의 문제라기보다는 '돈벌이'의 문제가 되는 것이다. 과거에 교원은 많은 경우에 '논객'이기도 했는데, 대중적인 글이 더 이상 '업적'이 될 수 없는 현시대에 많은 교원들이 매체의 기고 요청을 거절하지 않을 수 없다. 논문을 쓰고, 역시 인원에 따라 '돈'으로 환산되는 학생들을 지도하느라고 자율적으로 사용할 수 있는 시간이 없어서다. 미국의 대학 교원노조가 실시한 조사에 의하면 미국 대학 교원들의 실질적인 주당 노동시간은 평균 55~60시간 이상 되는데, 노르웨이도 그보다 약간 밑돌거나 비슷한 정도다. 고등교육 부문이 한국식으로 이야기하자면 거의 '3D직종'처럼 된 터라, 노르웨이 토박이들은 아예 일하려 하지도 않는다. 노르웨이의 교원과 연구자 중에서 4분의 1은 이미 외국인이며, 특히 '어렵다'는 평이 있는 자연과학에서 외국인의 비율은 45% 이상이다. 아마도 차후 구미권 연구노동자의 전형적인 상像은 중국이나 인도, 한국, 러시아 등지로부터의 이주노동자일 것이다.

고등교육 노동의 악조건은 점점 나빠져가는 대우, 일상화된 과로, 학술적 실적을 내놓으라는 지속적인 압박과 업적에 대한 부단한 통제 등에 그치지 않는다. 세계의 연구·교수 노동자들을 우울하게 만드는 것은 고등교육·연구분야에서의 상상 이상의 노동 불안화다. 노르웨이 경제 전반으로 보면 비정규직이 전체 임금노동인구의 9%도 안 되지만, 내가 재직하는 오슬로대에서는 24%나 된다. 노르웨이에서 건설부문과 대학부문은 노동 불안화 차원에서는 최악이다. 그만큼 대학에서 시간강사는 별로 없어도—정기적으로 강의를 하는 사람이라면 정규직이어야 한다는 원칙은 그나마 관철된다—각종 프로젝트 연구원과 포스닥(박사이후과정생) 등이 많다는 거다. 독일의 경우 박사학위를 획득하는 평균연령은 33세 정도인데 정규직이 되는 평균연령은 약 42~43세다. 즉 각종 포스닥과 프로젝트 연구원을 10년 가까이 하는 것이 이제 학계의 '통과의례'처럼 됐다. 연구원 자리는 보통 2~3년씩이고, 다음 임시직은 얼마든지 바다 건너 다른 나라에 날 수도 있다. 정규직이 되기 전까지 4~5개 나라를 경험해보는, 요즘 학계의 많은 구성원들에게 다반사인 '유랑학자'의 삶은 부부생활이나 동거·육아에 전혀 친화적이지 않다. "연애도 사치고, 연애를 해도 결혼은 사치"라는 한국 대학가의 최근 '명언'(?)들이 구미권 학계 하급 구성원들의 신세에 그대로 들어맞는다. 비정규성의 늪을 평생 벗어나지 못할 가능성이 결혼보다 더 큰 관심거리며 걱정거리다. 고등교육 노동의 불안이 가장 심화된 미국의 경우에는, 최근 신규 임용의 70% 정도가 정규직(정년트랙, 풀타임) 아닌 각종 비정규직(파트타임, 임시직, 기한이 있는 계약직 등)인데, 비정규직들은 많은 경우에 퇴직할 때까지 '만년 비정규직'으로 남는다. 즉 '긴 통과의례'는 평생의 멍에가 될 수도 있다는 뜻이다.

속칭 '명문대'의 일부 고급 정규직 교원을 제외한 대부분의 고등교육 부문이 이처럼 '무산계급화'되는 이유는 무엇인가? 이유는 복합적이다. 일면으로는 신자유주의 국가의 의식적인 전략이 중요한 원인을 제공하기도 한다. 학생수가 급증해도 대학예산에 투입되는 국가의 고정지원금은 제자리이거나 줄어들고, 그 대신 산업화가 가능한 결과를 내놓을 수 있는 연구프로젝트 지원금은 기업들의 요구에 따라 늘어나는 것이다. 결국 돈이 궁해진 국·공립대학들은 비정규직을 양산하고, 프로젝트 지원금을 받으려고 서로 경쟁하는 연구자들은 연구업적 늘리기에 몰두한다.

또 일면으로는 수급의 논리가 작용하기도 한다. 해방 당시에는 한국의 대학생 수가 총 1만 6,000명에 지나지 않았다. 그런데 요즘 국내외 대학 박사학위 취득자 수를 종합해보면 대체로 이 정도 숫자의 박사가 해마다 쏟아져 나온다. 신자유주의 국가들이 '돈을 아끼느라' 교육 인프라에 크게 투자하지 않는 상황에서 교육·연구분야 지망생들은 계속 증가하니 이 분야 종사자 전체의 일종의 무산계급화는 불가피한 것으로 보인다.

분명히 악조건이긴 하지만, 이런 상황에서 필요한 것이 내가 런던에서 본 동료들의 행동 같은 것이다. 우리가 파업을 비롯한 연대로 신자유주의 국가의 가장 포악한 개악 시도라도 분쇄할 수 있다면, 그 연대의 힘으로 언젠가 국가에 압력을 넣어 상황을 조금이라도 개선시킬 수 있을지 모르기 때문이다.

교육정상화의 길: 탈학벌

대한민국은 아마도 이 세상에서 가장 '지능적인' 사회일 듯하다. 지식의 유통이 매우 활발하고 지식이 가장 중요한 재화로 통하는 사회다. 예컨대 한국만큼 고난도의 수학을 학교에서 가르치는 사회는 세계적으로 아주 드물다. 평균적 한국인의 머릿속 교양, 지식량은 평균적 서구인에 비해 훨씬 클 것이다. 한데 동시에 한국만큼 지식이 '문화자본'이 되는 사회도, 지식이 사회적 신분이 되고 권력이 되는 사회도 아주 드물다. 지금 문재인 정권도 그렇지만 보통 한국의 평균적인 내각에서 교수 출신의 비율이 적어도 25~30%는 꼭 된다. 그러니까 하버드대학 등에서 받은 박사학위와 대학 재직증명서가 바로 '권력'으로 연결되는 셈이다. 그리고 한국만큼 '학벌'이 모든 사회생활의 중심이 되는 사회도 어디서든 찾기가 힘들 것이다.

지난 15년간 한국 사회에서는 정권이 두 차례 매우 극적으로 바뀌고, 인권변호사 출신 대통령도 두 명 탄생했지만, 탈학벌에는 계속 실패했다. 역대 정부 고위직 중 서울대 출신 비율(정부 출범 100일 기준)을 비교해보라. 노무현 정권에서는 45%였으며 현재 문재인 정권에서는 42%다. 오히려 박근혜의 적폐정권 때는 육사 출신 비율이 높았던 터라 33%로 떨어졌으니 참 아이러니한 일이다. 좌우간 권력을 극우가 잡든 자유주의자들이 잡든, 심지어 대학 졸업증이 없는 노무현이 집권하든, 그 어떤 경우에도 학벌 엘리트 기득권은 그대로 유지되었다. 그리고 극우진영을 보든 자유주의진영을 보든 학벌주의 지속현상은 그다지 큰 차이가 없다. 2016년 총선 결과를 보면 253개의 지역구 당선자들 중 서울대 출신이 67명이나 됐다. 새누리당이든 더불어민주당이든 서울대 출신 당선자 비율은 크게 다르지 않았다. 이건 초당파적인 현상이라고 볼 수 있다. 강남우파가 해먹든 강남좌파가 해먹든 학벌 엘리트들이 여전히 한국 사회를 요리하고 있는 것이다.

학벌피라미드 문제가 미해결 상태로 남아 있는 이상 교육정상화는 불가능하다. 어떤 '개혁'을 해도 금수저 자녀들의 SKY행과 학력을 통한 신분세습을 도저히 막을 수 없다. 대학 입학 심사에서 봉사, 대외활동, 면접 등의 비중을 늘리면 컨설팅업체 등을 통해 자녀들의 활동을 뻥튀기하는 방식을 찾아 자녀들을 어떻게든 SKY에 집어넣을 것이고, 옛날대로 수능성적 중심의 시스템을 운영하면 입시학원들의 배를 계속 살찌우는 것이니, 말 그대로 진퇴양난이다. 그러니까 초등학교 고학년부터 입시지옥이 시작되는 상황을 타파하는 유일한 길은, 학벌위계질서 그 자체에 대한 완전하고도 철저한 파괴에 있다.

블라인드 채용, 학벌기재 금지만 가지고도 안 된다. 서울대는 일단 지구상에서 사라져야 한다. 즉 제주대가 국공립대 통합네트워크의

'제1호대학'이 되고 서울대가 '제19호대학'이 된다면, 그리고 모든 국공립대학에 대한 국가의 교육·연구비용 지원이 아무 차등이 없다면, 오늘날과 같은 서울대왕국을 해체시켜버릴 수 있을 것이다. 그리고 그다음에는 블라인드 채용 차원을 넘어, 일정기간 아예 국고의 보조나 세금혜택을 받는 모든 기업·기관에 '인재 균등등용'을 의무화해야 한다. 즉 구 수도권 명문대 출신 한 명이 신입으로 채용되면 반드시 지방대 출신 한 명도 같이 그 조직에 들어오게 하는 것이다. SKY와 수도권 명문대의 독점권을 혁명적 수단으로 파괴하지 않으면 현재의 교육참사는 무제한 이어질 뿐이다.

정말 교육혁명이 필요하다. 학벌피라미드가 사라지지 않는 이상 이 나라는 영원히 한 많고 근심 많은 대한민국大恨悶國으로 남을 것이다.

자본의 논리

기만의
언어

한 가지 고백하자면, 나로서는 주류 신문을 읽는다는 것 자체가 고문 같은 일이다. 일단 그들이 쓰는 언어를 도저히 수용할 수가 없는 것이 문제의 발단이다. 내가 보기에 그들의 언어는 기만 그 자체다. 그 기표들은 처음부터 독자를 오도하게끔 만들어졌다. 그런 기만의 언어가 대중 사고의 틀을 이루게 되는 것이야말로 근현대의 대비극이 아닌가 싶다.

예를 들어 '북핵 문제' 같은 용어를 살펴보자. 사실 '북핵'이 문제 되기 이전에 북한으로서는 소련이라는 종전의 안보책임자가 사라져버린 것이야말로 '문제'였다. 남한은 여전히 미국의 핵우산 밑에 있는데 북한은 더 이상 그 누구의 핵우산도 빌려 쓸 수 없는 처지가 됐다. 평양에서 볼 때는 엄청난 불균형이 생긴 것이다. 그래서 1994년에 1차 핵 위기가 발생했는데, 그 결과로 체결된 북-미 협정을 미국이 성실히 이행했다면 '북핵'은 애당초 생겨나지도 않았을 것이다. 한데 미국에서 정권이 민주당에서 공화당으로 바뀌었고, 결국 북-미 협정의

'성실한 이행' 대신 북에 돌아온 것은 "악의 축" 발언과 지속적인 무역제재, 그리고 이라크·아프가니스탄 침공에 대한 텔레비전 속 끔찍한 그림들이었다. 그렇게 2006년의 핵무장이 야기된 셈이다. 북핵이 문제라기보다는 북핵을 불가피하게 만드는 한-미-일 동맹의 북한봉쇄 정책이 문제인데, '봉북 문제'라고 쓰는 신문은 그다지 없으니 기이하게 생각할 수밖에 없다. '북한 도발' 같은 용어도 과학적 중립성이 완전히 결여돼 있다. 북한의 입장에서 보면 '팀스피리트' 같은 대규모 훈련들이 분명 '남한의 도발'일 텐데 말이다. 팔이 안으로만 굽는다는 게 이런 것인가?

그런가 하면 '저출산-고령화 문제'란 말을 한번 보자. 저출산-고령화란 산업사회 발달에 따른 자연발생적 측면도 있지만, 분명히 한국 국가-자본이 추진한 일련의 정책들의 결과이기도 하다. 피고용자 거의 절반이 비정규직이고, 전체 가구의 절반 가까이가 월세나 전세로 남의 집을 빌려 사는 무주택자 신세고, 사교육비 등을 포함한 양육비가 천문학적인 숫자로 솟아오르니, 결국 현대판 절대-상대 빈곤이 저출산을 가져오는 것이 당연하다. 게다가 국가의 이민 정책은 초강경이고 노동이민도 단기취업 위주로만 받아들이는 게 정책의 기조다보니 구미권과 달리 이민을 통해서 고령화를 완화시킬 수 있는 것도 아닌 셈이다. 결과적으로 문제는 한국형 자본주의의 구조적 빈곤과 이민통제책인데 이걸 '저출산' 문제로 돌리면서 은근히 출산을 주저하는 여성들을 비난하는 뉘앙스를 풍기는 것은 야비하기만 하다.

압권은 '다문화'라는 표현이다. 대한민국에 명실상부한 다문화, 즉 여러 문화의 공존이란 존재하지 않는 현상이다. '다문화'가 아니라 '이민'은 분명히 존재한다. '합법적' 이민자들은 크게 보면 순수 외국인 (남성) 노동자와 재중-구소련 동포, 그리고 (주로 여성) 결혼 이민자로 분류된다. 한국 관료들은 순수 외국인 (남성) 노동자들을 '통치하기 어렵고 동화도 어려운 대상'으로 파악하여 보통 3~4년 취업허가만 주고 그다음에는 강제로 쫓아낸다. 레몬처럼 쥐어짜고 나서 껍데기를 버리는 것이다. 저임금지대 출신의 해외동포들도 착취하는 건 마찬가지지만, 보다 장기적인 이용의 대상으로 여긴다. 그에 비해 결혼 이민자들은 철저한 동화 정책의 대상이다. 그 자녀들은 다 '완전한 한국인'처럼 한국어를 모국어로 해야 한다는 것이 국가 정책의 목표다. 그들은 한국 학교에서 베트남어나 필리핀어(타갈로그어)를 배울 수 있는 기회조차 없는데 도대체 뭐가 '다문화'란 말인가? 한국에서 '공식적인' 문화는 하나뿐이다. 학교 교과서들이 규정하는 '주류 한국문화' 말이다. '이민자 노동력 이용'이라든가 '결혼 이민자 동화' 같은 보다 솔직한 용어를 쓰는 건 좀 부끄럽긴 부끄러운 모양이다.

한편 기만적인 용어 말고도, 아무런 의미도 없는 용어들의 명단도 아주 길다. '세계화-국제화'(신자유주의적 시장개방+영미권 주류에 대한 무비판적 추종), '구조조정'(대량해고와 노동조건 악화), '노동개혁'(노동조건의 지속적 개악), '노동시장의 유연성 제고'(대량적 비정규직화)…… 가끔 이 사회의 언어가 작정해서 약자들을 괴롭히는 듯한 느낌마저 든다. 비정규직 착취의 법적 기반을 이루는 악법의 이름이 '비정규직 보호법'이라면, 도살장의 도살 집행자들을 '가축 보호요원'이라고 불러야 하지 않나, 이런 생각이 들 정도다.

좌우간 이런 용어들을 무비판적으로 써대는 '주류' 지라시들은 차마 읽을 수 없는 지경이다. 미디어 전공도 아닌데, 안 읽어도 괜찮겠지 생각해본다.

최악의
빈곤 형태,
타임푸어

전통사회나 초기 산업사회 같은 경우 '빈곤'의 정의가 간단했다. 의식주 해결이 언제 어려워질지 모르는 사람, 즉 언제 끼니를 거르고 언제 유랑민 신세가 될지 모를 정도로 물질적으로 가진 게 없는 사람이 바로 '빈민', '궁민'으로 분류되곤 했다. 사실 이런 전통적 의미의 빈곤이 한국에서도 1970년대까지, 즉 보릿고개가 존재했던 시절까지 꽤나 일반적이었다. 그후 지금까지 '나라'와 '기업'들은 부유해졌다. 그러나 민중의 삶이 그만큼 좋아진 건 전혀 아니라서 지금도 약 15~20%의 한국인이 전통적 의미의 빈민으로 분류될 수 있다.

신자유주의 도입으로 전통적 의미의 빈곤이 구미권과 일본에서도 다시 증가해왔지만, 대체로 산업사회의 발전에 따라서 다수에게 빈곤의 의미는 달라진다. 유럽의 복지국가라면, 기본적 의식주 해결을 국가가 어느 정도 보장해준다. 한데 신자유주의는 다수가 고루 잘살게 하는 것이 아니라 부를 극소수에 편중시켜 평균보다 낮은 생활 수준의 중하층을 양산했다. 이들은 눈앞의 굶주림은 면했을지라도 미래에 대한 불안에 시달리게 된다. 당장은 비정규직으로 일할 수 있어도 계약은 1년이고 그다음은 알 수 없다. 해고되면 실업급여를 받으며 몇 달은 버틸 수 있지만 계속 '1년 단위' 비정규직으로 사는 인생은 불안해서 그 어떤 계획도 세울 수가 없다. 은행에서 주택융자를 받기도 어려우니 주거 개선은 요원하다. 자꾸 월세를 밀리고 임대주택을 전전하게 된다. 그러니까 신자유주의 시대의 가장 전형적인 빈곤의 모습은 아마도 '제도화·구조화된 불안'일 것이다.

불안은 중하층의 생명을 갉아먹는다. 그런데 자본의 먹이사슬에서 그보다 지위가 약간 더 높은 중중·중상층을 보면, 불안은 줄어드는 대신 '시간적 빈곤'이 그 자리를 메운다. 언제 잘릴지 몰라 전전긍긍하지 않아도, 나 자신을 위해 쓸 수 있는 시간이 없다. 광적으로 빠른 업무 리듬 속에서 자신도 모르게 이런저런 질환들을 얻어가면서, 시간적 압박 속에서 하루하루를 지옥처럼 보내는 것이 중중·중상층 '타임푸어'들의 모습이다. 보수신문들은 가끔 한국의 중중층이라고 할 수 있는 대기업 정규직 노동자들의 '화려한 연봉' 이야기를 해가면서 교묘하게 노동자 사이의 갈등을 키워 분리통치 효과를 노린다. 그러나 실제로 이 '귀족노동자'들이 한 달에 300만~400만 원을 손에 쥐기 위해 주당 60시간 정도 일해야 한다는 사실, 그래서 대부분은 골병이 들어 40~50대가 되면 건강이 거의 망가진다는 사실은 일부러 누락한다. '잘사는 노동자'라는 게 바로 자기 시간은 거의 없고 깨어 있는 시간의 대부분을 '기업'에 지배당하는 노동자라는 점을, 제도권 언론들은 이야기하려 하지 않는다. 국제사회조사프로그램(ISSP)의

2014년 조사에 따르면 한국인 87%가 직장 스트레스에 시달린다고 답해 OECD 평균 78%를 훨씬 웃돌았다. 이러한 한국의 직장인들에게는 가족과 함께 저녁식사를 한다는 것조차 이루기 어려운 꿈이다. 2015년 연말 잡코리아의 직장인 대상 설문조사에 나타난 한국 직장인의 평균 귀가시간은 7시 5분이며, 평균 하루 노동시간은 거의 11시간이다. 평균 주당 야근일은 3.5일이다. 심지어 평균 6시간밖에 자지도 못한다. 한국 직장인들은 '슬립푸어'이기도 한 셈이다.

우리는 그렇게 이야기하지 않지만, 사실 '빨리빨리'와 '바쁘다 바빠'는 현대판 가난의 상징이다. 시간적 가난, 여유의 빈곤을 뜻하는 것이다. 1인당 국민소득이 3만 달러가 되든 5만 달러가 되든, 온갖 스트레스의 근원인 직장을 잊고 휴식할 수 있는 연례휴가가 평균 10~11일뿐이라면, 그 달러뭉치 숫자가 개개인에게 도대체 어떤 의미가 있을까? '3만 달러'라는 숫자가 그 10~11일 동안도 제대로 쉬지 못하는 사람에게 과연 행복감을 줄까? '타임푸어' 삶은 많은 경우에 각종 병리로 귀결된다. 스트레스 대응책으로 술과 담배가 선호되고, 매일매일 파김치돼 돌아오니 가정불화·가정폭력이 쉽게 발생하고, 만성수면부족과 스트레스로 면역력이 떨어져 질병에 걸리는 것이 예사가 되고…… 이런 삶의 모습은 현대판 빈곤의 최악의 형태다.

신자유주의는 시간적 빈곤을 고착화시키고 말았다. 세계적 신자유주의 노동분담 체제에서 한국의 위치란 여전히 제조업 위주의 착취공장이다. 이 착취공장에서 시간 여유를 누릴 수 있는 사람들은 지배층 일부 이외에는 거의 없을 것이다. 다른 나라에서도 비슷한 현상들이 일어나지만, 한국만큼 타임푸어가 많고 일상이 고된 나라는 찾아보기가 힘들다. 신자유주의 체제를 반대하는 혁명으로 나서자면 "여유 있고 자유로운 삶을 위하여!"라는 구호를 외쳐야 할 것이다.

대한민국,
너무나
약한 거인?

내 밥벌이는 한국학이다. 전공은 역사지만, 학생들을 가르치거나 노르웨이 언론 내지 각종 기관들을 상대할 때 주로 이야기하는 부분이 현재의 대한민국과 조선민주주의인민공화국이다. 후자의 경우는 국가적 통제 때문에 가보지도 못해서 전문가로서 판단하기 어려운 점이 많다. 그러나 전자는 입적까지 하고 자주 다니니까 나름대로 '감' 같은 게 생긴 듯싶다. 그런데 알면 알수록 대한민국이라는 수수께끼는 더 풀기 어려운 것으로 느껴진다.

수수께끼의 핵심은 이것이다. 사실 여러 가지 국제지수로 보면 대한민국은 '작은 강국'이라고 볼 수 있다. 예를 들어 2007년 종합적인 국가능력지수Composite Index of National Capability로 치면 8위 정도 된다. 독일과 영국 사이에 낀 순위다. 참고로 프랑스 같은 정통 유럽 열강은 10위 정도 되고, '곧 붕괴된다'고 국내외 극우들이 떠들어대던 시기의 조선민주주의인민공화국은 16위 정도로, 이란과 멕시코 사이에 있다. 이런 지수는 군사 차원에서 핵심적인 동원가능 인구, 철강 생산, 국민총생산 대비 군비 등을 종합적으로 고려해서 산출된다. 군사학 이야기가 나온 김에 언급해두자면, 대한민국의 군비 절대액은 세계 10위로 독일과 브라질 사이를 차지한다. 이탈리아 같은 정통 열강보다 더 많이 쓴다. 국민총생산이라든가 무역총액 등의 각종 지수를 함께 고려한다면, 절대 만만한 곳이 아니다.

한데 이처럼 강한 국가가 가끔씩 불가사의할 정도의 곤경에 빠지곤 한다. 박정희의 죽음과 '서울의 봄'으로 이어진 1979년의 슬럼프도 있었지만, 가장 대표적인 것이 1997~1998년 'IMF사태'였다. 그 정도의 위기는 예외적이라고 반박할 수 있지만, 그 사태 바로 11년 후에 비록 규모는 더 작지만 상당한 위기가 다시 찾아왔다는 점을 기억해보라. 2009년, 해외 경제공황 쇼크로 한국 경제는 4%나 마이너스 성장을 했다. 곧 그걸 '극복'했다고 하지만, 극복 방식은 대부분의 노동자들을 더 가난하게 만든 화폐가치절하였다. 쉽게 이야기하면 한국산 물건들을 더 싸게 만들어서 수출본위의 경제 정책으로 일관한 것이다. 2011년에 이르러 한국의 무역의존도(국민총생산 대비 무역총액 비율)는 아예 113%에 달했다. 제조업 제품 무역을 전문으로 하는 동아시아 국가치고도 엄청난 비율이다. 참고로 일본의 무역의존도는30% 정도고, 중국은 50% 정도다. 한데 2016년에 이르러 무역의존도가 약 84%까지 줄어들어버렸다. 조선업의 치명적 위기, 해양운송업의 위기, 전자산업 부진 속에서 수출이 마이너스성장을 거듭했기 때문이다. 내수에 기반한 성장도 전망하기 어렵다. 국내 가계부채의 이자부담만 계산해도 1분기당 무려 38조 원 정도 되기 때문이다. IMF사태

이후 딱 20년이 지난 시점에서 그때와 같은 충격이 다시 오지 않아도, 한국 경제의 장기침체 그리고 다수의 점진적 빈곤화를 예상하지 않을 수 없다.

바로 이게 수수께끼다. 대한민국을 적어도 수치상으로 유럽 열강 수준의 '작은 군사대국'쯤으로 만든 한국 지배층은, 왜 경제를 이 모양 이 꼴로 만들었을까? 왜 몇몇 특권 재벌의 몇 안 되는 수출상품에 엄청나게 의존하는 상황을 그대로 방치하고, 명목상의 중산층을 포함하여 국내 가구의 대부분이 빚쟁이가 되도록 방치했을까? 노동자 실질임금이 최근처럼 1년에 1~2% 올라가도, 동아시아에서 최악인 가계빚과 이자부담 등으로 내수가 늘어날 리 없다. 수출감소와 함께 내수 부진이 만들 결과는? 마르크스주의 경제학 교과서대로 과잉생산 위기다. 정부의—토건예산 등을 통한—경기부양 능력도 이제 거의 한계에 도달해, 앞으로 장기적 침체-위기가 올 것이 불 보듯 뻔하다. 안 그래도 빡빡한 한국인들의 삶이 해마다 더 각박해질 것으로 예상된다.

다시 애초의 수수께끼로 돌아와보면, 단서는 대한민국이 '재벌'이 통치하는 나라라는 데 있다. 이명박이니 박근혜니 바지사장들을 내세우지만, 실은 여태까지 대한민국의 주인은 삼성과 현대, LG 등이었다. 그들의 관심사란 오로지 단기이익과 배당이지, 내수 진작 같은 장기적인 '국익'이 아니다. 내수를 진작하자면, 재벌이 임금착취하는 비정규직들을 대대적으로 정규직으로 만들어야 하고, 부유층 과세율과 대다수에게 돌아가는 사회임금(연금 등)을 상당히 높여야 하지만, 재벌기업들은 자발적으로 자신들의 머슴을 정규직으로 만들 생각도 없고, 구미권이나 일본만큼 고세율로 세금 낼 생각도 절대 없다. 오로지 관심사는 금년과 내년의 배당뿐이다. 그런 조타수들이 운항하는 대한민국호가 머지 않아 좌초되지 않는다면 그야말로 기적일 것이다.

진정으로 강한 나라란 단순히 명목상의 국민총생산이 많고, 무기를 많이 사들이며, 군인 머릿수가 많은 나라가 아니다. 진정으로 강하려면 그 나라의 경제구조가 다수의 정당한 욕구를 제대로 만족시켜야 한다. 빚지지 않고는 먹고살 수 없는 사람들이 수백만 명에 이르는 비정규직화와 노동착취의 지옥 대한민국은, 그 구성원들의 정당한 경제적 욕구를 만족시켜주지 못하고 있다. 그런 차원에서 아무리 지금 건장해 보여도 속이 병들어 있음을 깨닫고, 머지 않아 다가올 위기를 대비해야 한다.

갑질의
뿌리

주체사상의 'Juche', 'Kimchi', 그리고 'K-pop'…… 영어사전에 그다지 많지 않았던 한국어 계통의 외래어 목록에 요즘 하나가 더 추가되게 생겼다. 바로 'Gapjil'이다. 영어 인터넷 사이트를 보다보면 예컨대 한국 대학에서 석·박사 공부하면서 '교수님'의 아이를 자기 차로 학원에 데려다주는 등 사역에 시달리는 한국인 대학원 동료들의 갑질 피해사례를 소개하는 외국인의 글들을 볼 수 있다. 영어 아닌 러시아어 인터넷 사이트까지 본다면 한국계 자동차공장에서 일하면서 맨 먼저 배운 한국어 단어가 바로 "개새끼"라고 자신의 경험을 털어놓은 글도 읽을 수 있다. 착취·억압에 극심한 인격모욕, 아니 하급자의 인격부정까지 포함하는 이런 현상을 정확히 표현하는 단어를 외국어에서는 찾기가 쉽지 않다. 그러니까 'Gapjil'이라는 개념어를 도입하지 않을 수 없는 셈이다.

갑질이란 대한민국에서 모든 비대칭적 사회관계에서 다 감지된다. 고래로 국가가 지배해온 사회인지라 갑질 문화도 국가가 이끌어왔다.

예컨대 한상균 민노총 위원장의 징역형 등 여러 사례에서 볼 수 있듯이 노동계에 대한 대한민국 통치권자들의 태도는 갑질의 전형에 가깝다. 위에서 국가가 선도하고 있을뿐더러, 아래에서 가맹점 주인을 상대로 갑질을 벌이는 '미스터피자' 회장 같은 기업인들, 아르바이트생에게 갑질을 해대는 가맹점 사장들을 흔히 본다. 온 사회가 갑질의 끈으로 묶여 있는 느낌이다.

대한민국이 어째서 이렇게 되었나? 왜 국가부터 시작해서 '갑'의 위치가 되기만 하면 '을'이나 '병', '정'들과의 관계를 법이나 양식이 아닌 강자의 편의대로만 구성하는가? 근대사회에서 약자 보호를 위한 이기利器가 돼야 할 법이 왜 대한민국에서는 한상균 같은 양심수들을 양산하는 흉기凶器로 둔갑했는가? 왜 형식적 민주화가 시작된 지 30년 가까이 된 시점에 파업하는 노동자들이 여전히 구시대적 폭력에 시달리고, 아르바이트 노동자들이 "임금 떼여도 신고하지 않는 게 공동체 정신" 운운하는, 못 믿을 정도로 오만하고 폭력적인 훈계를 법률가(!) 출신의 국회의원으로부터 들어야 하는가? 왜 갑질은 한국 사회를 설명하는 만능 코드가 됐는가? 갑질의 뿌리를 이해하자면 한국 근대국가의 역사와 한국 자본의 특징부터 살펴봐야 할 것이다.

한국의 근대국가는 식민화 이후부터 외삽성이 강했다. 아래로부터의 합의가 아닌 외부로부터의 폭력으로 만들어진 국가였다. 식민지국가는 비록 국내 지주층이나 일부 상인·관료층을 성공적으로 포섭했다 하더라도 궁극적으로 외부의 힘, 즉 일본군의 총칼로 유지됐다. 한데 남한이라는 신생국가의 외삽성은 같은 친미 독재정권 중에서도 특기할 만했다. 사실상 미국의 힘으로 성립된 이승만 정권은 미국의 돈으로 유지됐다. 1945~1961년 미국이 냉전의 최전선이 된 한국에 투입한 원조액은 약 31억 달러로, 아프리카 전체에 쏟아부은 원조액과 맞먹을 정도의 액수였다. 물론 이 원조가 자선은 아니었다. 이승만 시대의 60만 한국군 대군은 유지비용의 약 58%를 미국이 조달해 사실상 동북아에서 미군의 보조병력 역할을 했으며, 박정희 집권기에는 미국의 베트남 침략에 총알받이로 이용돼야 했다. 미군기지는 그때나 지금이나 한국 정부에 치외법권의 영토다. 그러나 한국 정부는 기지와 보조병력을 제공한 대가로 원조분배권을 독점해 미국이라는 '슈퍼갑' 그늘 아래에서 일반인뿐만 아니라 자본 위에도 군림하는 '갑'이 됐다. 박정희 시절에 원조가 차관 등으로 대체됐지만, 정부가 궁극적으로 미국의 힘으로 유지되고 국외자금을 독점적으로 배분하면서 사회 위에 폭력적으로 군림하는 정부의 위상은 그대로 남았다. 이런 상황에서 국가의 초대형 갑질은 당연지사였다. 또한 미국 자금이 들어오는 원천적 이유가 반공과 냉전적 대립이었던 만큼, 특히 좌파민족주의 경향의 운동을 분쇄하는 것이 한국 심층국가Deep State(국가 특수보안기관들의 총칭)의 존재 이유처럼 되고 말았다.

1980년대 말의 형식적 민주화로 재벌들이 국가만큼, 또한 그 이상의 갑이 됐다. 그러나 이 기업들이 '재벌'이 될 수 있었던 이유는 일차적으로 기술혁신도 상재商才도 아니고 바로 국가와의 '특수' 관계와 특혜금융이었다. 재벌들은 국가와 유착돼가면서 군사정권의 병영문화를 그대로 받아들여 공장을 군부대처럼 운영하는 등 독재국가와 닮

아갔다. 또 하나의 자본축적 원천이 바로 핵심부(구미권과 일본)에서 유해성 등으로 더 이상 운영할 수 없는 산업부문들을 한국 기업만의 틈새로 가꾸는 것과 임금착취였다. 1987년 대투쟁 이후로 민주노조를 갖게 된 직영공장의 정규직들을 더 이상 초과착취할 수 없게 되자 임금착취의 중심이 점차 하도급 중소기업과 비정규직 등으로 옮겨졌다. 그런가 하면 유해성 물질 생산으로 자본축적이 이루어진 가장 대표적인 부문은, 현재 삼성전자와 SK하이닉스 등이 74%의 기록적인 세계 시장 점유율을 갖고 있는 반도체다. 반도체 생산 공정에 쓰이는 EGE(에틸렌, 글리콜, 에테르) 등 독성물질들이 노동자 건강에 얼마나 치명적인 영향을 미치는지 알려지고 미국의 생산업체들이 노동자 집단소송에 직면하자 반도체 생산의 중심이 한국으로 옮겨졌다. 한국 반도체공장 생산직의 대부분이 무노조 기업에서 일하기에 집단소송의 위험이 훨씬 더 낮을 것이라는 포석이었다. 노조를 지속적으로 파괴하고 한상균 위원장 같은 활동가들을 구속시키는 한국 자본과 국가의 갑질은 그런 차원에서 경제적 의미가 크다. 노조가 아예 없거나 위축돼 있어야 한국 자본의 수익모델이 잘 돌아가기 때문이다.

고급관료와 재벌가로 이루어진 한국의 지배연합에서 또 한 가지 빠질 수 없는 요소가 바로 법조다. 검사와 판사, 고수익 변호사들이 고급관료나 재벌 대주주 내지 임원들과 혼맥을 맺고 이웃에서 살며 같이 골프를 치고 아이들을 같은 학교, 같은 학원에 보낸다. 우리가 이제 알다시피 법적으로 말도 안 되는 대통령과 대법원장 사이의 '재판거래'도 한국에서 충분히 이루어질 수 있는 일이었다. 그래서 검사와 판사의 손을 빌려 한상균 위원장 등을 감옥에 보내는 일이 한국 국가·자본으로서는 그다지 어려운 일도 아니었다. 지배연합의 너무나 가시적인, 대대적인 갑질은, 수많은 중소기업인이나 심지어 돈이 있는 개인 소비자들에게도 하나의 롤모델이 된다. 삼성 반도체·LCD 직업병 피해자 중 79명이나 사망해도 공장이 별다른 법적 문제 없이 계속 돌아갈 수 있다면, 아르바이트생의 임금을 체불하고 대학원생에게 대필을 강요한들 무엇이 무섭겠는가? 큰 도둑들이 지배하는 사회에서는 작은 도둑들도 그 흉내를 내게 돼 있다.

외삽성이 강하고 사회 위에서 군림하는 폭력적 국가와 독점기업들의 배타적 지배는 갑질이라는 사회 코드를 낳았다. 이 악순환을 끊는 유일한 방법은 약자의 조직화와 갑질에의 집단적 저항이다. 아르바이트 임금 체불이 당연하다는 막말을 해대는 국회의원의 낙선을 보장할 만큼 알바노조가 위풍당당하다면 헬조선이 그래도 조금 더 살 만한 나라가 되지 않겠는가?

'파편화'라는
함정

자본주의 세계체제의 최근 역사를 보다보면 한 가지 커다란 모순을
발견하게 된다. 사실 마르크스Karl Marx(1818~1883)가 《자본론Das
Kapital, Die Kritik der politischen Ökonomie》에서 이미 다 해석한 다수
직접 생산 담당자의 무산계급화, 그리고 무산계급의 상대적 빈곤화
과정은 계속해서 매우 빠른 속도로 진행돼왔다.

최근 학계의 사정도 '무산계급화'를 빼고 이야기하기가 힘들다. 영
국은 인플레이션을 감안할 경우 최근 17년간 대학 교원의 실질임금
이 거의 15% 깎인 셈이 되어 최근에 대학 교원이 전국적 파업을 하
기도 했다. 파업할 만도 하다. 실제로 런던처럼 전 세계의 큰손들이
다 몰려 집값이 천정부지로 솟아오른 도시에서는 교원 월급만 가지고
살기가 힘들다. 단신이면 모를까, 초임으로 가족을 먹여 살리기가 힘
들 정도다. 정규직 교원도 이런 상황이니 비정규직 이야기를 하자면
훨씬 더 절망적이다. 심지어 노르웨이처럼 교원들을 포함한 노동자들
의 실질임금이 깎이지 않고 조금씩 꾸준히 오르는 나라에서마저 노동

자 평균임금과 최고경영자 평균소득 격차가 계속 더 벌어지고, 노동자들은 고소득 직종(투자가, 변호사, 금융분석가 등)에 비해 계속 상대적으로 가난해진다. '무산계급화'와 '격차의 증가'는 어딜 가도 존재한다.

한데 동시에 상당수 국가들에서 선거정치의 중심축은 좌측이 아닌 우측으로 이동한다. 트럼프의 출현이 가장 상징적이지만, 급진좌파가 부흥하고 있는 일부 남유럽 나라(스페인, 그리스 등)를 제외하면 많은 경우 유럽에서 사민당을 비롯한 좌파진영 전체의 몫이 줄어들고, 동시에 중도좌파도 우파도 우향우하고 있다. 극우정당에 투표하는 노동자의 모습을 여러 곳에서 심심치 않게 볼 수 있다. 노동계급이 단결해서 급진화해 싸울 만도 한 상황인데도, 즉 계급 전체로 보면 그 입장이 점점 곤란해져가는 상황인데도, 왜 상당수 노동자들은 '단결'과 '급진화'를 멀리할까?

여러 가지 원인을 지적할 수 있지만, 우리는 그중 하나를 최근에 목도할 수 있었다. 위대한 투쟁의 역사를 지닌, 하지만 주로 정규직 교원으로 이루어진 전교조가 "기간제 교사들의 일괄적이며 즉각적인 정규직 전환"을 반대한다고 입장을 정리한 것이다. 명시적인 이유는 예비교사들과의 이해충돌이지만, 사실 절실히 필요한 만큼 교사를 충원하면 그런 충돌을 최소화할 수 있을 것이다. 기간제 교사라고 하지만 사실상 정규직과 거의 같은 일을 한다. 담임도 맡고 행정도 같이 하는 동료다. 그러나 일단 (준)교육공무원 신분이 아닌 이상, 정규식 집단의 입장에서는 기간제 교사를 일종의 '완충지대'로 여기는 것이다. 교육공무원이라는 타이틀이 있든 없든 간에 그 어떤 월급쟁이 교사도 사회학적 의미에서는 광의의 '노동계급' 구성원이다. 한데 그 신분 차이라는 '벽'이 같은 직종 안에서조차 '같은 노동계급' 사이에서의 단결과 연대를 불가능하게 한 셈이다.

이를 계급의 파편화라고 한다. 이런 파편화야말로 한국에서든 어디에서든 신자유주의 시대의 도래를 가능케 한다. 같은 건물에서 같은 일에 종사하는 대략 같은 학력의 소유자들마저도—그들이 표방하는 이념의 진보성에도 불구하고—신분 차이를 넘어 단결하지 못하면, 예컨대 자동차공장의 생산직 남성 정규직과 주방에서 일하는 여성 비정규직의 연대는 과연 가능할까? 국적과 언어가 다른 외국인 노동자들과의 연대는 가능할까?

계급의 파편화는 어느 사회에서나 다 볼 수 있는데, 학력차별이 거의 물신화된, 그리고 시험을 통한 개인적 '성공'을 여전히 그 어떤 연대보다도 우선 가치로 보는 대한민국에서는 더더욱 세세한 차원에서도 파편화가 일어난다. 같은 대학의 서울캠퍼스 학생들이 지방캠퍼스 학생들을 대놓고 차별하고 출신대학은 물론 출신고교까지도 엄연히 따져 편을 가르는 사회에서는, 임용고시를 패스한 정규직이 자신과 비정규직 동료는 '종류가 다르다'고 충분히 느낄 만하다. 대한민국은 아마도—일본과 함께—정규직 대학 교원과 비정규직 대학 교원의 노조가 다르고, 양 노조 사이에 협력도 거의 없는 유일한 사회일 것이다. 애초부터 그 성질상 '신자유주의 하기 쉬운 사회'인 셈이다.

결국 피착취계급의 파편화는 영화 〈설국열차〉에서 나온 것과 같은, 계급 사이의 벽이 절대화된 지옥으로 이어질 뿐이다. 진보적 노조의 조합원마저 임용고시를 통과한 나와 그렇지 못한 동료 사이의 차별이 당연하다고 여긴다면, 우리 사회에는 미래가 없다고 봐야 한다. 바람직한 미래는 연대에 의해 만들어지는 것이지 파편화에 의해 만들어지지 않는다.

한국의 민족주의 : 국익주의

2000년대 초반 국내에서 '민족주의 비판'이 한창이었을 때, 내가 민족주의 문제와 추세에 대해 모스크바대의 옛 스승인 미하일 박 (1918~2009) 선생에게 말씀을 드린 적이 있다. 선생의 반응이 좀 의외였다. 그는 "정상적인 부르주아 국가의 이데올로기가 바로 민족주의인 만큼 부르주아 국가가 존재하는 이상 민족주의만 떼어놓고 비판한다는 것이 과연 본질적이며 생산적인 비판이냐?" 하고 반문하며 이렇게 덧붙였다. "한국은 아직 정상적인 부르주아 국가라고도 할 수 없다. 실은 한국 지배자들에게는 민족주의보다 '세계화'나 '국제화' 따위가 더 위에 있으니까. 한국 지배층은 민족화된 적도 없고 되기도 어렵다."

그때는 솔직히 고령의 동포로서 민족주의적 보수성을 드러내는 의식이 아닌가 싶었는데, 지금 생각해보면 고려인 3세로서 직업상 부단히 대한민국과 '접촉'해야 했던 선생이 피부로 절실히 느낀 부분을 그런 방식으로 내게 전한 게 아닌가 싶다. KBS로부터 '자랑스러운 동포상'을 받고 늘 '공훈동포', '원로동포'로서 대접받았지만, 그는 자신이 한국 지배자들에게 '타자'임을 누구보다도 실감했던 것 같다.

한국은 공식적으로 혈통민족주의 사회다. 이스라엘이나 독일과 같이, 그리고 노르웨이나 스웨덴과 달리, 한국에서 혈통은 법제화돼 있다. 미국에서 태어나 미국여권만 소지하는 노르웨이계 미국인은 노르웨이에서는 그냥 일개 '외국인'에 불과하지만, 한국은 '동포'와 여타 외국인을 법적으로 구별한다. 재외동포비자(F-4)나 방문취업비자(H-2)는 3대까지의 '혈통적 한국인'에 한해서만 주어지고 '우리 혈통'이 아닌 '나머지' 저임금국가 출신의 외국인들은 고용허가제처럼 훨씬 더 불리한 방식으로 한국과의 인연을 맺어야 한다. 고용허가제로 들어오면 가족동반입국이나 직장이동은 불가능한데, '해외동포'라면 그런 불편이 없다. 해외동포의 업적이 해외에서 인정되면 앞 다투어 취재경쟁을 벌이는 국내 언론들의 태도만 봐도 분명히 혈통민족주의의 특징을 실감할 수 있다. 노르웨이에서는 200만 명 넘는 노르웨이계 미국인에 대해 별다른 관심이 없는 것과 분명히 대비된다. 한데 '혈통민족주의'라고 할 수 있는 건 딱 여기까지다. 여기서부터 혈통민족주의를 대표하는 이스라엘이나 독일 사회와도 구별되는 부분들이 시작된다.

1960~1970년대의 북한은 이스라엘이나 독일처럼 해외동포들의 '귀환'과 영구정착을 매우 적극적으로 장려했다. 재일동포만 해도 9만 3,000명이 북송되었고, 몇백 명의 사할린 동포 등도 북한행을 택했다. 어떻게 보면 이스라엘이 늘 장려하는 해외 유대인들의 '알리야',

즉 (이스라엘로의) '귀환' 같은 것인데, 전형적인 혈통민족주의 정책이다. 그런데 같은 시기에 남한은 반대로 유럽이나 남미 등지로의 이민을 국가적으로 허용·관리했다. 병영사회에서의 이민허용은 사실 좀 모순적인데 이유는 단순했다. 박정희 정권이 이민자들의 '외화송금'을 절실히 노렸던 것이다. 재일동포들에 대해서도, 북한처럼 민족교육을 장려하기는커녕 오히려 그 반대였다. 박정희 집권 당시 2인자였던 김종필을 통해 비공식적으로 '좋은 일본인이 돼라'고 재일 조선인들에게 동화 강요 발언을 했다. 동시에 롯데 같은 재일 조선인계 대기업들의 국내투자를 열렬히 환영했다.

사실 오늘날 동포비자 발급도 혈통민족주의적인 발상이기 이전에 무엇보다 경제우선주의적 발상이다. 구소련과 중국 동포들에게 내주는 방문취업비자의 경우, 마음대로 원하는 데 취업해도 된다는 뜻이 전혀 아니고 법무부장관의 고시에 따라 38개 단순노무 분야 업종에서'만' 취업이 가능하다고 규정한다. 농축산업, 어업, 제조업, 건설업, 도소매업, 운수업, 숙박 및 음식점업, 서적 및 기타 인쇄물 출판업, 사업시설관리업, 여행서비스업, 사회복지서비스업, 수리업, 기타 개인서비스업, 가구내 고용활동 등이다. 특히 농축어업과 건설업은 국내 취업자들이 꺼리는 업종들인데, 일단 한국어 지시를 보다 빨리 알아들을 수 있는 저임금지대 출신 동포들을 거기에 투입시키는 것은 무엇보다 '경제 정책'이다. 반면 동포비자로 들어오는 '부국 출신 동포'들에게는 투자나 전문지식인으로서 또 다른 '기여'를 기대한다. '우리 핏줄'이라고 해서 자선을 벌이는 것이 아니라 '동포를 활용하는' 전략을 세워 실행하는 셈이다.

이스라엘이나 독일은 '귀환한' 자기 민족 성원들에게 국적을 부여해 국민화시킨다. 그에 비해 한국은 한때 가졌던 국적을 '회복'하는 절차도 까다롭거니와, 일제강점기에 고향을 떠난 사람의 자손들이 중국, 구소련 동포로서 '귀화' 절차를 밟아 한국인이 된다는 것은 아예 하늘의 별 따기다. 한국인과 결혼하지 않고서는, 즉 한국 '가정'의 일원이 되지 않고서는 말이다. 그리고 앞으로 법이 바뀔는지 모르지만, 지금까지는 법적인 '동포'의 정의는 '3대'까지다. 독일이나 이스라엘에서는 상상하기도 어려운 제한이다. 한국에서 그런 제한을 두는 이유는 뭘까? 실질적 이유라면 4대 이후로는 한국어 구사능력 등이 현저히 떨어져 어차피 국내 직장 환경에 적응할 수 있는 능력이 여타 외국인 노동자와 크게 다르지 않기 때문이다. 그러니까 여기에서도 핵심은 '핏줄'이 아니라 자본의 입장에서 본 '국익'인 것이다.

한국의 주류 민족주의는 혈통주의적 요소도 이용하긴 하지만 무엇보다 자본의 이윤을 중심으로 돌고 돈다. 동포들이 인력 또는 투자, 기술이나 정보 등 한국 국가와 자본에 필요한 '뭔가'를 갖고 있다면 그걸 적극 활용하는 게 한국 자본과 국가의 전략이며, 그 이상은 결코 아니다. 동포들을 '한국인'으로 인정하여 국내에서 정착시킬 생각이 전혀 없다. 혼종성이 강한 동포들의 문화는, 한국 관료들의 시각으로 본다면 사회의 통치성을 떨어뜨릴 테니까. 한국학계만 봐도 동포문화나 문학, 언어(고려말, 연변 방언) 등의 연구는 비교적 흔치 않은, 많이 게토화된 주제들이다. 한국의 지배자들은 동포들의 역사적 운명을 책임지거나 그들의 다양한 문화, 언어 등에 관심 가질 생각이 그다지 없다. 그저 '경제적 활용'을, 즉 저들의 언어로는 '국익', 국가의 이익을 우선으로 한다. 그러고 보면 태생적인 한국 국민이라 하더라도 돈 이외에 아무것도 알고 싶어하지 않는 기업국가에서 산다는 게 과연 편안한 일인지, 의문이 들긴 한다. 외부자들에게 잔혹한 국가는 결국 국내인들에게도 잔혹하기 마련이다.

'헬미국'과
'헬조선'?

오슬로대학교에서 《한국전쟁의 기원The Origins of the Korean War》 저자인 저명한 한국사 연구자 브루스 커밍스Bruce Cumings 선생을 초청해 특강을 진행했다. 여러모로 아주 재미있는 강의였는데 한 가지가 특히 기억에 남았다. 그는 본인이 김대중 선생을 지원하며 가까이서 지켜본 한국이 1980년대에 비해 못 알아볼 정도로 달라졌다면서, 한국이 "미국보다 훨씬 더 자유롭고 진보적인 사회"라고 진단했다. 일례로 든 것이 미국에서 전례를 찾기가 어려운 〈한겨레〉 같은 '좌파언론'의 메이저 일간지로서의 위치나 진보정당의 의회 진출 등이었다. 언론도 의회도 보수주의자나 자유주의자, 혹은 자유주의적 보수와 보수적 자유주의자가 장악한 미국에서는 그와 같은 일을 상상하기 어렵다는 설명이었다.

한국사람(?)으로서 칭찬을 들으니 기분 좋았는데, 근거 없는 과찬도 아니었다. 미국도 1960년대 말~1970년대 초에 베트남전쟁 반대 운동 등으로 요동쳤지만, 한국은 1987년에 미완의 혁명을 경험한 나라인 만큼 그 여열이 분명 지금도 좀 남아 있다. 〈한겨레〉의 뿌리도, 정의당 등 의회 진보정당의 뿌리도 결국 '그 시절'에 있다고 봐야 한다. 많이 '온건화'됐지만 지금도 〈한겨레〉는 예컨대 〈뉴욕타임스〉에 비해 조금 더 '왼쪽'에 있다고 판단할 수 있다. 그런 유산이 존재하기에 박근혜 대통령의 실정과 폭정에 반대하는 여러 세력이 촛불항쟁으로 공동전선을 펴서 결국 성공할 수도 있었던 것이다. 트럼프의 패악질을 매일매일 지켜봐야 하는 미국인으로서는 부러울 수도 있는 대목이다.

물론 한국이 전투적 노동운동과 민주화투쟁의 유산이라는 근대적 '전통'이 있어 지금도 사회에서 대항헤게모니의 잠재적 주체들이 나름의 역량을 가지긴 하지만, 많은 면에서 미국과 한국은 생각보다 비슷하다. 현재 미국 의회에는 공화당·민주당이라는 '극우'와 '자유주의자' 이외에 그 어떤 정당도 없다. 2016년 구성된 한국 의회는 300명 중 단 6명이 진보정당 소속일 뿐 나머지는 극우 각파 아니면 거대 자유주의 정당 소속이다. 미국에서 사민주의 성향의 샌더스Bernie Sanders가 정치적 돌파구를 찾기 위해 민주당에 몸담아야 했는데, 한국의 사정은 별반 다른가? 박주민 의원은 내가 보기에 분명히 중도 사민주의 지향의 정치인이지만, 그의 당적은 더불어민주당이다. 그렇지 않았으면 과연 의회에 입성할 수 있었을까? '남한사회주의노동자동맹(사노맹)' 출신의 은수미도 정치노선으로 보면 중도 내지 좌파 사민주의 정도 되겠지만, 역시 결국 민주당으로 갈 수밖에 없었다. 진보가 거대 자유주의 정당에 포섭되는 패턴이야말로 가장 미국적 패턴이다. 유럽은 그렇게 되지 않을 정도로 진보의 주체적 정당조직들이 강력하다. 한데 한국에서 '대중적인 진보정당'은 아직도 희망사항일 뿐이다.

미국에서도 한국에서도 진보가 자유주의 정당에 포획당하는 구조적인 이유는, 진보정당을 뒷받침할 만한 노동조직이 취약하기 때문이다. 실은 놀랍게도 노동자 조직률은 미국(10.6%)과 한국(9%)이 거의 같다. 미국이나 한국보다 노조가입률이 더 낮은 산업국가를 찾으려면 터키(6%)쯤으로 가야 한다. 유럽에서라면 스웨덴의 노조가입률은 여전히 67%고 노르웨이는 50%를 약간 웃돈다. 미국과 한국은 노조와 진보정당이 약한 만큼 상당부분의 사회지수에서 부정적인 양상을 보인다. 빈부격차의 경우 미국은—중남미와 터키, 러시아 등 다음으로 높은 수준이라서—산업화된 나라 중에서는 최악에 가깝고, 한국은 가면 갈수록 미국과 닮아간다. 그에 비해 유럽은 재분배를 통해 격차의 폭을 줄이고 있다. 지니계수의 경우 미국은 0.378, 한국은 0.315지만, 노르웨이는 최근에 나빠졌어도 아직 0.250 정도다. 그런데 성장주의적 배경을 가지고 최근 20년 동안 신자유주의 정책을 일관성 있게 집행해온 한국은 분배 관련 지표에서 미국보다 저조한 성적을 보이기도 한다. 예를 들어 국민총생산에서 국가복지지출이 차지하는 몫이 한국은 불과 10%지만 미국만 해도 19%나 된다. 둘 다 프랑스(31%) 등과 비교하면 낮지만, 한국은 '복지후진국' 미국도 따라잡기가 힘들어 보인다.

경쟁사회, 돈이 지배하는 교육, 과로와 고용불안, 그리고 피곤한 노동자들의 마지막 안식처로서의 근본주의적 교회 집단…… '헬미국'

과 '헬조선'은 생각보다 닮은 부분이 많다. 단, 한국은 국내자본 잉여가 미국보다 적고 내부 구매력이 약하고 기술력이 떨어지고 국가 재분배시스템이 잘 돌아가지 않는 만큼, 헬조선은 늘 헬미국보다 지옥불이 더 세지 않을 수 없다. 또 그만큼 헬조선 피해자들의 투쟁도 더 치열하지 않을 수 없다. 결국 이 투쟁만이 '헬' 탈출의 희망이다!

결혼이라는
이름의 시장

'근대'에 대해서 이야기할 때 우리는 '상상'이라는 단어를 자주 쓴다. 옛날부터 있어온 것처럼 대중에 알려진 수많은 근대적 개념·제도들이, 사실 근대인들의 집단적 상상의 산물이라는 의미에서다. 가장 흔한 사례라면 '상상의 공동체'로 명명되는 '민족'이라는 근대적 개념이다. 아득한 고대부터 있어온 소속집단이라고 생각하기가 쉬우나, 조선시대 사대부와 노비가 정말로 서로를 같은 민족에 속한 동등한 구성원이라고 여겼을까? 사실 nation을 일본식으로 번역한 민조쿠みんぞく라는 단어의 한자 民族을 들여와 조선에서 쓰기 시작한 것도 1898년, 불과 120년 전의 일이다. '민족' 뿐만 아니라 '가족', '사회' 등도 마찬가지다.

'민족', '사회'와 함께 근대의 도래를 상징했던 또 하나의 신조어가 '연애' 혹은 '자유연애'다. 부모나 문중이 자녀의 혼약을 맺어주었던 전통사회 상류층의 관습과 달리, 젊은 남녀가 배우자를 스스로 찾고 얼마간의 교제기간을 거쳐 자유롭게 혼인을 맺을 수 있다는 상상은 매력적이며 요즘 말로 하자면 '쿨'했다. 스스로 배우자를 선택할 줄 아는 독립적인 개인이 결국 독립 국가, 강한 민족을 뒷받침해줄 것이라는 다소 민족주의적·자강론적 상상도 깃들어 있었다. 문제는 딱 하나였다. 조선인이라면 누구나 다 포함하는 '민족'도 알고 보면 적대적인 모순관계의 지주와 소작농 등으로 구성되어 있었듯이, '자유연애'도 사회경제적 구속으로부터 전혀 자유롭지 못했다. 이미 1920년대 마르크스주의자들이 자주 지적했듯이, 말이 자유연애지 실제로는 유산·유식층이 유유상종하여 끼리끼리 사귀는 게 일반적이었다. 자유연애는 계급으로부터 절대로 자유롭지 못했다.

조선뿐인가? 어느 사회에서나 결혼·동거는 사회경제적 조건에 크게 좌우된다. 예컨대 미국에서 결혼율이 지난 반세기 동안 거의 절반으로 떨어진 이유 중 하나는, 남성의 평균 소득에 비해 여성의 소득이 대폭 상승하여 지금 약 93%까지 되었기 때문이다. 남성에 대한 여성의 경제적 의존이 상대적으로 약화된 만큼 '꼭 결혼해야 한다'는 사회통념도 바뀐 것이다. 마찬가지로 미국 하층에서 결혼이 아닌 사실혼이 더 흔해진 이유도, 중산층의 평균 결혼연령이 20대 후반으로 늦어진 이유도 경제적 문제와 직결된다. 남자가 실직당하거나 감옥에 갈 경우 결혼이 아닌 동거를 청산하여 다른 파트너를 찾는 것이 여성들한테는 더 쉬운 선택이며, 20대 후반이나 30대 초반이 되면 중산층이 이미 교육과정을 이수하여 첫 직장을 얻은 뒤이기에 직장과 소득이 확실한 파트너를 선택하기가 더 쉬워진다는 것이다. 달콤한 자유연애의 밑바닥에 매우 현실적인 각종 고려들이 깔려 있다는 것은 자본주의 사회로서는 불가피한 사정이다.

사회학자들은 사회분석 차원에서 '결혼시장' 같은 용어를 흔히 쓴다. 자본주의 사회에서 노동력이 상품화되듯이, 남녀의 결혼이 흔히 내포하는 경제적 부양과 가사노동의 교환도 엄격히 이야기하면 '거래' 관계에 속하기 때문이다. 그러나 사회과학적으로 바라본 현실이 그렇다 하더라도, 정작 다수의 사회에서 대부분의 결혼 내지 동거 관계 당사자들은 적어도 주관적으로는 '사랑' 같은 개인적 감정을 공동생활의 전제조건으로 보려고 한다. 상품거래 위주의 무정한 세계에서 그래도 가족만은 좀 달랐으면 하는 희망 때문이기도 하지만, 정말 극히 개인적인 내밀한 감정이 없는 경우 인생의 각종 난관들을 같이 통과하기가 어렵기 때문이다.

성인 남녀가 사적인 공간을 같이 쓰면서 함께 지내는 것은 실은—서로에 대한 특별한 감정이 없는 이상—매우 어려운 일이다. 경제적으로 여성에게 독립성이 모자라고 사회가 '이혼녀'를 심히 차별했던 옛날에야 서로 같이 살기가 싫어져도 억지로라도 같이 살았지만, 여성의 학력과 직업능력이 남성과 다를 바 없는 오늘날에는 러시아같이 비교적 보수적인 사회에서도 평균 혼인지속기간이 약 10년에 불과하다. 한국의 평균 혼인지속기간은 14년이 되지만, 그만큼 아이들의 교육에 대한 부담감이 더 크기 때문이다. 두 성인의 공동생활이 쉽지 않다는 건 러시아든 한국이든 마찬가지다. 한데 사랑을 강하게 느끼지 않는 이상 '지옥의 문'이 될 수 있는 결혼에 이르는 과정이 가면 갈수록 '자유연애'보다 '자유구매'를 방불케 한다.

(키르기스스탄 여성들은) 중앙아시아 여성 중 가장 많이 몽골리안의 피가 섞여 있다. 그러다보니 생김새가 한국 여성과 같은 사람도 많다. 60%는 완전 몽골리안이고, 20%는 백인과 몽골리안의 혼혈이다. 10%는 완전 러시아 백인이고 10%는 이슬람과 몽골리안의 혼혈이다. 학력 수준은 높은 편이며 영어는 다들 중간 정도의 수준이며 2세의 외모나 교육 때문에 국제결혼을 망설이는 분이라면 추천할 만하다. 사회규범은 남성지배적 사회이며 상호의존적 대가족제도이고 가족이나 친구에 대한 책임감이 강하고 연장자나 성직자에 대한 존경심이 대단하다…… 국민성은 보수적이며 수동적이고 야망이 적으며 자족하고 조용하고 평화로운 성격에다 조화로운 관계를 중시하고 항상 좋은 말씨로써 가능한 한 대결을 회피한다.

이 글은 19세기 초반 미국 남부 노예시장의 노예매매 광고문을 연상케 하지만, 21세기 대한민국에서 생산, 유통된 것이다. 한 국제결혼 중개업체 사이트에서 키르기스스탄 여성들의 '특징'을 고객인 한국인 남성들에게 홍보하는 문단이다. 이런 유의 텍스트들을 보면 보수적인 남성들의 욕망을 여실히 읽어낼 수 있을 것 같다. 즉 백인이 멋이 있으니까 백인 피가 약간 섞여 있으면 좋겠지만 아이 외모 때문에 골치 아플 수도 있으니 일단 주로 몽골리안 혈통에 속하는 게 낫고, 학력과 영어 구사력이 높고 똑똑하면 좋긴 하지만 남편과 시어머니, 웃어른들을 깍듯이 모시는 것이야말로 부덕婦德 중 최고라는 말이다.

지독한 가부장주의의 악취를 맡은 느낌이지만, 여기에서 이 가부장주의를 뒷받침하는 것은 결혼을 '구매'로 여기는 지극히 자본주의적인 사고다. 부국 한국의 남성은 돈과 한국 여권을 얻을 가능성을 제시하며 빈국 키르기스스탄 여성의 성과 출산능력, 그리고 가사노동에 '친절' 같은 감정노동까지 산다. '결혼시장'은 이제 사회학의 추상적 개념이 아니고 문자 그대로 매매혼이 당연지사로 여겨지는 국제적 장터가 되는 것이다. 그런데 과연 이런 광고문들이 암시하는 남녀관계의 형태는, 상품으로 취급되는 여성에게 가정생활의 행복은커녕 최소한의 인권이라도 보장해줄 수 있을까?

국제적 매매혼뿐인가? 한국인 사이의 결혼도 자유연애의 이상과 무관한 경제적 거래로 이루어지는 일이 이제 다반사다. 한국에는 2,500개 이상의 결혼정보업체들이 성업중이며, 한국만큼 이런 업체를 통해서 결혼이 많이 이루어지는 사회도 드물다. 업체에서 커플 매칭을 할 때 재력과 (부모의 재력이 뒷받침하는) 학력, (부모와 자신의 재력과 학력이 얻어준) 직장 등은 남성의 주된 '매력포인트'로 작용한다. 결국 결혼은 남자의 (광의의) 사회경제적 자본과 여성의 외모·상징자본 사이의 교환행위쯤 될 것이다.

이 교환행위 자체에도 많은 비용이 든다. 주택자금을 포함해서 평균 결혼비용이 2억 원을 넘는다. 과연 처음부터 끝까지 '돈' 위주로 이루어지는 결합이 행복할 수 있을까? 한국의 행복지수가 세계석으로 하위권(143개국 중 118위)에 속하는 이유 중 하나가 바로 내밀한 사생활까지 전부 '돈'에 잠식되는 지금과 같은 상황 때문은 아닐까? 가정이 돈이 아닌 서로에 대한 애정과 배려로 자유롭게 이루어지는 사회야말로 사람 살 만한 세상일 것이다. '자유연애'는 근대적 환상이라 해도, 돈을 넘어 사랑에 근거를 두는 더불어살이가 가능해질 때 비로소 한국 사회는 '헬조선'을 벗어날 수 있지 않을까?

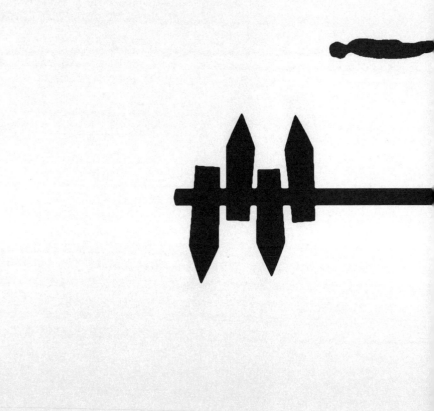

절대적
터부

해방 정국에 좌파가 상당한 영향력을 발휘할 수 있었던 배경에는 일제강점기 좌파의 높은 인기가 있었다. 당으로서는 지하 조선공산당이 1925~1928년 활약하다 대대적인 검거선풍으로 와해에 이르렀지만, 주요 도시마다 형성된 '주의자'들의 그룹들은 전시에도 꿋꿋이 버텼다. 수차례 검거와 재판에도 불구하고 끝까지 저항하면서 해방을 맞이한 영웅적인 경성콤그룹이 그 예다. 원산, 함흥, 평양에도 '주의자' 그룹들이 잠복해 있었으며, 시골에도 적농(적색농조) 오르그(조직자)들이 전국 고을마다 몇십 명씩, 상당한 물망을 가지고 꾸준히 묵묵히 버텼다. 그 잔혹한 전시의 광풍에도 좌파의 풀뿌리 조직이 이처럼 끈끈했기에 해방 직후 인민위원회 형태로 많은 곳에서 바로 실권을 장악할 수 있었던 것이다.

그런데 좌파의 인기가 높았던 비결은 무엇이었을까? 의열단이나 한국독립당계와 달리 공산주의자들은 극적인 암살과 파괴로 대중을 통쾌하게 만드는 일은 없었다. 물론 김일성(1912~1994)이 이끄는 빨치산 부대의 활약 소식은 많은 조선인들에게 희망을 주었지만, 머나 먼 만주 밀림에서의 일이었다. 토착좌파의 인기는 사실 딱 한 가지에 좌우됐다. 좌파는 그들 외에 누구도 내세우지 못하는 요구사항들을 내세우고 그것을 관철하기 위해 헌신적으로 조직·투쟁했다.

식민지 시대에는 국내 민족주의 파벌들이 다양했다. 〈동아일보〉계 의 자치론자, 점진적 실력양성파(주요한, 조병옥 등), 〈조선일보〉계의 비타협적 민족주의자(안재홍, 신석우 등), 안창호계의 국내 조직들(수양 동우회 등), 이승만계 국내 조직들(흥업구락부, 신흥우의 세력들), 천도교 계의 조선농민사…… 그런데 이렇게 다양한 파벌 중 누구도 노동자 들에게 1일 8시간 노동과 연간 2주 휴가, 공장위원회를 통한 경영 참 여, 주요 공업시설의 공유화, 지주 토지 무상몰수-농민에 분배를 요 구하지 않았다. 이런 요구들은 '조선독립만세' 이상의 터부였다. 〈동 아일보〉경영자 김성수-김연수 집안부터 시작해서, 민족 진영의 주 요 실세들은 본인이 지주-공장주였기 때문이다. 한데 공산주의자들 은 바로 이런, 민족 진영은 절대 터부시했던 요구를 전면에 내세워 투 쟁했다. 이거야말로 대중에게 선풍적 인기를 얻은 비밀이었다.

그러면 오늘날 상황은 어떤가? 일본인들이 빠지고 농업사회가 산 업사회로 변모하는 등 큰 변화들이 있었지만, 격차현상은 거의 식민 지 사회 수준이다. 최고 부자 1%가 사유지의 57% 정도를 소유하고, 최고 부자 5%가 사유지 83% 정도를 소유하는 '현대판 대지주' 사회 다. 자가주택 미보유 세대는 꾸준히 46~47% 수준으로 유지돼 산업 화된 세계에서는 최악이라고 할 수 있을 정도인데, 이들은 월세나 전세를 살며 '현대판 소작'을 해야 하는 형편이다. 영세사업자 같은 경우에는 소득의 절반 이상이 고스란히 건물주의 주머니로 들어가기에 정말 병작하는 소작인 신세나 마찬가지다. 분명 정상적인 토지-부동산 독과점의 수준이 아니다.

그런데 이 부분에 대해 정당 차원에서는 그 어떤 급진적인 개입도 요구하지 않는다. 자유주의 세력(더불어민주당)은 물론이고, 구 민주노동당 계통의 진보정당들도 마찬가지다. 사실 양쪽 부동산 정책을 비교해보면, 정도의 차이가 있을 뿐 본질상의 큰 차이는 보이지 않는다. 보유세 강화, 양도세 강화, 1가구 2주택 이상의 경우 주택대출 중단 내지 제한, 공공임대주택 공급 확대…… 이 정도에 머문다. 예를 들어 1가구 2주택 이상을 보유한 경우 잉여주택들을 국가가 공정가로 의무적으로 매입하여 무주택 가구들에게 장기할부 방식 내지—빈곤층의 경우—무료로 공급해준다든가 하는 재분배 전략을 내세우는 일은 보기가 힘들다. 부동산 문제처럼 중산층 상당수의 개인적 이해관계가 예민하게 얽혀 있는 문제에서 급진적 해결방식은, 대한민국에서는 절대적 터부다.

기업 소유 문제도 마찬가지다. 대한민국 지배층 1%가 평균 1인당 약 3억 원 상당의 주식을 보유하고, 그 소유물을 절대 잃고 싶어하지 않기 때문이다. 그래서 자유주의 세력은 물론이거니와 진보마저도 핵심 기업시설 공유화 이야기를 잘 꺼내지 못한다. 은행을 국유화한 개발주의 시대 경험이 있어 국유화한다고 해서 갑자기 경제의 토대가 흔들릴 일은 없으리라는 것을 뻔히 알지만 말이다.

식민지 시대에는 공산주의자들이라도 나서서 토지개혁이나 주요 공장 국유화 같은 당시의 절대적 터부에 도전했지만, 이제 그런 도전 세력들은 아예 잘 보이지도 않는다. 적어도 공공정치무대에서는 그렇다. 그만큼 '경제성장'이 대한민국을 순치시킨 바도 있지만, 또 그만큼은 메이저 정치무대가 지배층의 이익을 중심으로 잘 관리되고 있는 셈이다. 한데 성장은 영원하지 않다. 이미 둔화중이고 앞으로는 더 둔화될 것이다. 성장 신화가 다 깨지고 나면 다시 한 번 절대 터부에 대한 도전이 가시화될 수 있을까, 희망을 가져본다.

우리에게 없는 것,
정치적 선택의
자유

한국인들과 이야기할 때 자주 듣게 되는 주장이 하나 있다. 민주화를 이룬 대한민국은 대부분의 아시아 대륙 나라들과 다르다는 것이다. 중국이나 베트남, 북한 등이 사실상의 일당 독재를 유지하고 있는 반면, 한국에서는 다당제 의회정치와 평화적 정권교체, 공정 선거 등이 가능하다는 것이 한국인들에게 커다란 자긍심의 근거가 되고 있는 듯하다.

물론 근거 없는 자긍심은 아니다. 중국이나 베트남의 이당치국以黨治國, 즉 실력주의적 방식으로 선발·배치된 영도 정당의 관료들이 제도적으로 통치하는 '대중독재'에 비해, 훨씬 마피아 지배에 가까웠던 군부정치를 청산한 것은 당연히 한국 현대사의 자랑이다. 단, 이 자랑을 출발점으로 삼아 "우리가 다수의 아시아 대륙 국가들에 비해 더 민주적"이라고 주장하는 데는 두 가지 문제점이 있다.

첫째는, 표면적으로 일당 정치를 표방하는 국가들의 실질적인 정치적 다양성이나 역동성을 과소평가하는 문제다. 사실 일당 체제의 유일 영도 정당 내에서 표출되는 계파 간 정치적 견해차는, 경우에 따라서는 한국에서 여야 사이의 차이 이상일 수 있다. 다만 이 계파 간 갈등은 재벌의 정치자금을 기반으로 하는 유세기간 '표심 잡기 전쟁'이 아니라, 관료사회 내부에서의 세력 확대 방식 등으로 진행된다는 점이 다르다. 당내 정파싸움이 얼마나 치열한지는 중국 보시라이薄熙來나 북한 장성택(1946~2013)의 운명을 보면 쉽게 수긍할 수 있을 것이다. 물론 숙청으로 귀결되는 정치경쟁의 방식은 결코 이상적인 것은 아니다. 그러나 부자들의 정치자금 지원을 떠나 존재할 수 없는 한국의 금권정치도 민주주의 이상에 근접한 것이라고 볼 수는 없다.

또 하나는, 한국의 형식적 민주주의가 실제로 유권자들에게 제공하는 정치적 선택 '폭'의 문제다. 겉으로 보기에 비민주적인 아시아 대륙 국가라도, 속에서는 관료 정파 사이의 의견차가 대단히 클 수 있다. 예를 들어서 일부 전문가의 추측에 의하면 장성택은 수령주의적 유일지도체제보다 집단지도체제를 더 선호했던 인물이다. 1인 지도가 수십 년간 이어져온 사회에서 이는 가히 혁명적 발상이라 하겠다. 수십 년 동안 재벌본위의 경제체제를 유지해온 남한으로 치면, 재벌 해체에 비교할 수 있겠다. 그런데 과연 남한에서 선거제 민주주의 틀 안에서 정치경쟁의 권리를 보장받은 야당이 어디까지 혁명적 발상을 들고 나올 수 있을까?

2014년 말에 헌법재판소는 통합진보당을 해산시키고 정당 등록을 취소시키는 폭거를 감행했다. 그때 보수언론들은 통진당을 마치 혁명 정당쯤 되는 양 묘사했다. 한데 실제로 통진당의 강령을 보면, 혁명은

커녕 구미권이나 일본의 온건 (우파) 사민주의 정당들과 큰 차이가 없었다. '사회주의' 같은 금칙어(?)들은, 강령 전문 어디에서도 보이지 않았다. 가장 핵심적인 문제인 생산수단 소유 문제에서, 수출형 재벌 본위의 경제체제 해체, 내수형 중소기업 중심의 경제체제 수립을 요구하면서 "물·전력·가스·교육·통신·금융 등 국가 기간산업 및 사회서비스의 민영화 추진을 중단하고, 국공유화 등 사회적 개입을 강화해 생산수단의 소유 구조를 다원화"한다는 이야기를 덧붙였을 뿐이다. 재벌기업들을 공유화하자는 이야기도 아니고, 기껏해야 개발주의 시절에 국유였던 국가 기간산업의 민영화 중지를 요구하는 데 그쳤다. 서구사회로 치면 이 정도는 '중도좌파'가 될까 말까 하는 수위다. 한데 대한민국에서는 이 정도의 온건한 좌파도 정치경쟁에 참여할 권리를 박탈당한다.

현재로서 한국 의회에서 가장 왼쪽에 서 있는 소수 정당은 정의당이다. 강제해산을 당한 통진당이 온건 중도좌파에 해당한다면, 그나마 의회정치 참여를 허가받은 정의당은 그것보다 약간 더 보수적인 면모를 드러낸다. 그 강령을 보면 "필수적인 식량·에너지·문화·교육·복지·의료·안전은 물론 전파와 정보통신망 등 공공의 재화와 서비스를 시장에만 맡기지 않을 것이다. 국가와 사회는 이러한 공공재를 효율적으로 관리하고 공정하게 분배할 것"이라는 부분은 통진당과 대동소이하지만, 재벌본위의 경제모델을 본격적으로 손보겠다는 이야기까지는 없다(단, 재벌 세습을 방지하고 그 구조를 개혁하겠다고 한다). 비정규직 사용을 엄격히 제한하겠다는 말까지는 통진당의 강령과 마찬가지이지만, 통진당의 "무상의료"와 달리 정의당은 "무상의료에 가까운" 의료시스템만을 약속한다. 정의당의 현실적인 모델 격인 독일 등 서구 복지국가에서 이미 널리 실행되는 노동자의 기업경영 참여는 아예 언급도 없다. 상당히 보수적 성격의 사민주의로 분류될 만한 강령을 가진 정당이, 대한민국의 의회정치에서는 '급진좌파'에 가까운 대접을 받는다. 그 정도로 현실 의회정치의 무대에서 허용되는 선택의 폭이 매우 좁은 것이다.

2016년 총선에서 7% 정도의 비례 득표율을 과시한 정의당은 비록 의회정당이지만, 의회에서 비주류에 속한다. 여태까지 한국에서 주류로서 대접받은 정치인은 오로지 두 부류, 즉 강경(내지 초강경)보수와 자유주의 색깔의 온건보수다. 박근혜 극우정권이 파산함에 따라서 현재 정치경쟁의 중심에는 각종 온건보수 지향의 자유주의 정치인들이 서게 됐다. 그들이 사익 패거리에 불과했던 박근혜 정권의 실정과 폭정을 비판하는 것은 정당하지만, 과연 정책이라는 핵심적 측면에서 저들과 강경보수 사이의 차이가 그렇게까지 큰가?

박근혜 적폐 정권 시절의 "쉬운 해고" 관련 지침을 폐기하는 등 초기 문재인 정권의 친노동 정책에 대해서 노동계와 진보계는 다소의 기대를 품었다. 한데 현시점에 이미 판단할 수 있는 것은, 문재인의 경제·노동 정책이 '진보적'이라기보다는 차라리 '온건 자유주의적 보수'에 더 가깝다는 것이다. 최저임금을 1만 원까지 올리겠다고 하지만, 최저임금 산입범위에 상여금과 복지후생비까지 포함시켜 그 효과를 최소화시키기도 했다. 아무리 "저소득층을 위한 정책"을 표방한다지만, 임금노동자의 43%가 한 달에 200만 원도 못 버는 오늘날 대한민국의 현실은 문재인 대통령 재임기간에 크게 달라질 것 같지 않다. 공공부문 비정규직들의 정규직화가 이루어진다지만, 그 고용·임금 조건은 많은 경우 오히려 후퇴한다. 그런데 임금착취에 여전히 의존하는 이윤창출 모델에 제대로 손을 대지도 못하는 정부를 한국에서는 통상 "진보정권"이라고 지칭한다. 그만큼 여전히 좌파가 거의 배제된 한국의 현실정치에서는 선택의 폭 자체가 좁단 이야기다.

우리는 민주화에 긍지를 지니지만, 민주화된 한국에서 현실적인 정치적 선택의 폭은 딱 초강경보수부터 온건보수까지다. 극소수 대기업의 사익만을 챙겨주는 재벌공화국의 기본구조를 본질적으로 바꾸려는 정치인은 주류 정치무대에 진출하지 못하도록 설정되어 있는 이 시스템은, 과연 민주주의가 맞는가? 몇 개의 대기업이 민주주의를 가장하면서 사실상 영구적으로 한 나라를 통치하는 모델을 왜 유일정당 통치보다 더 민주적이라고 생각해야 하는지, 나는 잘 모르겠다.

천재가
살 수 없는 나라?

한국과 일본에서 몇 주간의 체류를 마치고 오슬로에 돌아왔다. 끝에 가서 도쿄 한복판에서 열사병으로 쓰러질 지경에 이르긴 했지만, 너무나 많은 '배움'을 준 임시귀국과 일본행이었다. 가장 끔찍한 인상을 준 것은 일본 학계의 분위기였다. 일본 신민족주의를 영어 및 한국어 미디어에서 비판해온 히로시마시립대의 김미경 교수가 지속적인 이지메와 부당해고, 11일간의 구치소 구류까지 당해(결국 불기소처분이 된 걸로 봐서는 그녀에게 그 어떤 죄도 없었음이 분명했다) 퇴직금도 못 받은 채 일본에서 쫓겨나다시피 했다. 하지만 이 명백한 인권·노동권·연구권 침해에 분노해 그녀와 연대한 동료 학자들이 매우 적을 정도로 김미경 교수는 '기피인물'이었고, 학계에도 극우 신민족주의 분위기가 살벌했다. 일본에서 근무하는 외국 출신의 교원 여러 명이 비공식적인 자리에서 내게 "일본을 빨리 떠나고 싶다", "더 이상 눈치 보면서 버티기가 힘들다"고 했다. 특히 신분이 태생적으로 불안한 외부자로서는 공개적 저항을 하기 어려운 분위기인 듯싶었다. 1945년에 일본에 이식된 구미식 자유민주주의가 이젠 거의 표피만 남은 것인지, 정말 걱정스러웠다. 이런 때일수록 일본 내 사회주의·노동·페미니즘·반전·환경 등의 운동가들에게 더욱 공감하게 되고 더욱 연대하고 싶어진다.

한데 일본 극우민족주의의 극성 못지않게, 한국에서 나눈 짧막한 대화도 내게 강력한 인상을 주었다. 한 교사로부터 요즘은 고등학교 시절에 아무리 열심히 공부해도 수도권 중위권 대학 입학이 어렵다는 말을 들었을 때, 나는 그렇다면 서울대에 가는 아이들은 천재들이냐고 물었다. 그때 돌아온 대답이 정말 걸작이었다. "천재는 한국 교육 체계를 버틸 리가 없고 여기에서 계속 살 리도 없죠. 서울대로 가는 아이들은, 대부분 부유한 부모를 둔, 학원에서 대단히 잘 관리된 수재들입니다." 정말 생각하면 할수록 명답 중의 명답이었다.

천재는 본래 파격적이다. 일단 권력과의 관계부터 늘 길항적이다. 폭력 즉 죽임을 독점하는 '권력'과, 삶 그 자체인 창조력을 가진 천재가 서로 평화롭게 지낸다면 아주 이상한 일이다. 윤동주(1917~1945)나 이상(1910~1937) 같은 일제강점기의 천재 문인들이 비록 항일독립운동가는 아니었어도 일제의 감옥에 수감되었던 사실을 떠올려보라. 천재인 이상 그들이 권력자들과 잘 지내기는 힘들었을 것이다. 천상병(1930~1993) 같은 해방 이후의 천재 시인이 재야 반정부투사가 아니었음에도, 동베를린을 거점으로 유학생들과 교민들이 반정부 간첩단을 조직했다고 하는 이른바 동백림사건에 연루돼 살인적 고문을 당한 것도 우연은 아니었을 것이다. 천재와 박정희 정권이 평화적으로 공존했다면 오히려 못 믿을 일이다.

한데 대한민국에서는 정치적인 불온성까지는 적어도 일각에서나마 받아들일 수 있을지 몰라도 인간적인 파격성과 불온성을 잘 받아들이지 못한다. 예컨대 오로지 수학에 몰두한 수학 천재가 영어와 국어 등은 나 몰라라 하고 자신의 천재적 본능이 시키는 대로 '나의 분야'만 천착한다면? 서울대에 대한 꿈은 확실히 접어야 할 것이다. 게다가 천재는 사회의 각종 금기들을 우습게 여길 확률이 높은데, 과연 그렇게 해서 한국 사회에서 어디까지 버틸 수 있을까? 평화주의적 신념을 지닌 천재가 "나는 살인교육을 받을 의무가 없다. 국가는 내 양심 위에 설 수 없다"라고 선언하여 병역을 거부해버리면, 그가 설령 서울대에 입학한다 해도 이후에 한국에서 살아가기가 쉽지 않을 것이다.

그런데 자기 분야 이외 입시과목 등한시나 정치적 불온성 내지 사회 금기에 대한 용감한 도전보다 더 한국 사회에서 받아들여지지 않는 것이 개개인 사이의 '권위에의 도전'이다. 가령 천재가 서울대에 입성해 과에서 '원로'로 모셔지는 '교수님'이라는 분이 평생 일본 책이나 베끼고 조교나 성추행해온 더러운 인격의 무자격자임을 깨닫게 되었다고 하자. 그가 남들 앞에서 그 원로에게 대놓고 "선생님은 틀렸습니다"라고 말하는 순간, 한국에서 그의 직업 인생은 끝이라고 보면 된다. 바로 이민가방을 싸야 할 것이다.

그러니까 내가 들은 대답이 명답이라는 것이다. 아직도 제대로 된 혁명을 거치지 못한, 일상의 영역에서 봉건적이다 싶은 요소가 많은 유사식민지에서 천재로서 버티고 사는 건 불가능에 가깝다. 대한민국

228

이 낳은 가장 천재적인 음악가 윤이상이 동백림사건 이후 끝내 대한
민국에 한 번도 돌아오지 못하고 서거했던 것은, 이 현실의 슬픈 상징
으로 느껴진다.

'스마트폰 시대'의
명암

나는 오랫동안 스마트폰 없이 지내왔다. 한국에 있을 때는 어쩔 수 없이 스마트폰을 썼지만, 노르웨이에서는 쓰지 않았다. 얼마 전까지도 7년인가 8년인가 된 아주 단순한 노키아 단말기를 사용했다. 인터넷 검색도 불가능한, 한국에서라면 아마도 이미 박물관 어느 구석에 처박혀 있음직한 단말기였다. 그래서 나는 세상과의 연락에서는 주로 전자우편에 의존해왔다. 최근에는 선물로 받은 스마트폰을 쓰긴 하지만 주로 전자우편 확인용으로 쓴다. 전자우편은 어디까지나 '전자상의 우편', 말 그대로 전통적인 서간 왕래 형식을 전자화하는 데 불과하니 일상에서는 뼛속까지 보수적인 내게 그나마 '차악'으로 느껴진다.

한데 일상의 보수성이 한국보다는 일반적인 노르웨이인데도 나와 같은 '스마트폰 거부자'(?)들은 드물었다. 동료들은 그렇다 치고, 일곱 살배기 내 딸마저 이미 스마트폰으로 영상을 보는 데 익숙해져 있을 정도다. 대부분의 노르웨이사람들에게 스마트폰은 한국과 큰 차이 없이 이미 거의 신체 일부가 되었다. 5~10분에 한 번씩 스마트폰으로 SNS를 확인하고, 한가할 때면 주로 스마트폰 동영상으로 소일하고, 연락망 관리도 스마트폰에 의존한다. 자기 직전에 스마트폰을 확인하고서 아침에 눈 뜨자마자 스마트폰부터 보는 것이 이제 특히 10~20대에게는 '세계보편'이 되려나 싶다. 스마트폰은 기존의 수첩, 텔레비전, 컴퓨터, 전화기, 지도, 알람시계 등의 기능을 다 빼앗았을 뿐더러, 앞으로는 아마도 전자여권, 전자지갑의 기능도 보편화될 것이다. 온 세상이 모바일머니로 결제하고 해외여행시에는 여권 대신 스마트폰으로 신분을 인증하는 그런 세계에서 과거의 나 같은 '스마트폰 거부자'들은 멸종될지 모른다.

스마트폰 시대의 장점을 부정하는 건 절대 아니다. 움직이면서 각종 시간약속을 효과적으로 조절할 수 있으니 개인 기동성에 엄청나게 기여하고, 연락을 간편화함으로써 각종 범죄 방지나 범죄 발생시 증거수집 등에 대단히 유용하다. 물론 위치추적과 실시간 감시가 가능해진 만큼 스마트폰 사회의 '투명성'은 개인이 국가-자본에 의해 완벽한 관리의 대상이 됐다는 이야기이기도 하다. 그런 의미에서 스마트폰 사회는 푸코Michel Foucault(1926~1984)가 이야기한 '통치성'이 완벽에 가까워진, 그런 디스토피아일 수도 있다. 국가-이동통신사가 마음만 먹으면 내가 지금 어디에 있는지 누구와 무슨 대화를 나누는지 실시간으로 알 수 있으니…… 이런 감시사회에 비하면 스탈린 시대의 권위주의적 경찰국가는 아이 장난에 가까울 것이다. 모두들 이동통신사, 즉 자본이 제공하는 연결망에 의존하지 않고는 5분도 보내지 못하는 것은, 자본에 의한 일상의 식민화가 정점에 달했음을 의미하기도 한다.

물론 반대로 생각하면, 휴대전화라는 자본의 흉기가 저항의 이기가 될 수도 있다. 예컨대 SNS를 통한 빠르고 광범위한 소통 덕분에 많은 사람들이 동시에 시위 장소에 모여들 수 있고, 스마트폰을 이용한 1인 미디어 등을 통해 언론이 취재하지 않는 생생한 대중행동을 빠르고 광범위하게 중계할 수도 있는 것이다.

그런데 스마트폰 세대는 일종의 '단편성'을 체득하게 된다. 집중할 수 있는 범위가 몇 분 단위다. 몇 분짜리 이 영상 저 영상을 보고, 인터넷에서 간단한 이 글 저 글을 보고, 그러다가 누군가에게 문자를 받고, 또 그러다가 누군가에게 전화가 오고…… 5~10분 이상 집중이 힘들 지경이다. 그런 의미에서 스마트폰 세대는 내용을 파악하는 데 몇 분이 아니고 몇 주, 몇 개월, 몇 년이나 걸릴 수 있는 '이론'에 대한 갈증은 아마도 느끼기 힘들 듯하다. 이론이 뒷받침해주는 체계적인 지식 대신에 인터넷 '정보'가 봇물처럼 흘러나오기 때문이다.

문제는 '정보'의 진위 판단이 개개인의 몫이라는 부분이다. 예컨대 고조선의 낙랑군 위치에 대해서는 학자들마다 이견이 있는데, 역사학계의 통설은 낙랑군이 평양에 위치했다는 것이다. 그런데 한 개인의 SNS 친구들 다수가 고조선이 현재 중국의 상당부분을 통치한 대제국이었다는 주장을 믿고 있으면 그는 친구들이 전하는 '인터넷 정보'에 의거해서 낙랑군이 '절대' 평양에 있던 것은 아니라고 '알고' 있을 것이다. 역사학계의 통설인 평양설은 간과되는 것이다. 뿐만 아니고 온갖 유사학술적 괴설들이 스마트폰 시대에 성황을 이룰 수 있다. 책을 보지 않고 스마트폰에만 의존하는 '스마트폰족'은 인터넷 환경, 즉 SNS 친구 구성에 따라 사실과 거리가 먼 온갖 흥미로운(?) 설들에 휘둘릴 수 있다. 스마트폰은 사회의 파편화를 촉진하고 그 파편화 속에서 각종 정치·종교·미학·취미 차원의 수많은 '게토'가 생겨난다. 서로 소통이 어려운 수많은 '오타쿠' 집단들의 세상이다. 지배자들의 입장에서 보면 그런 파편화가 반가울 것이다. 소통이 불가능한, 파편화된 사회를 요리하기가 더 편할 테니까.

스마트폰상의 SNS에는 독백들이 넘쳐난다. 각자가 자기의 일상─아이 사진, 음식 사진, 여행 사진, 셀피 등─을 내놓고 '관심'을 끌려고 한다. 타자의 '관심'이 바로 스마트폰 세계의 '유사 재화'다. '좋아요'는 이 재화의 화폐단위가 된다. '좋아요'를 많이 벌자면, 일단 유행에 맞게 쿨해 보여야 하고, 자극적으로 주목을 끌어야 한다. 실은 이런 차원에서 스마트폰 세계는 여전히 순응주의 세계다. 남의 예상-기대에 잘 부응해야 이 세계에서 '성공'할 수 있다. 내가 아는 많은 노르웨이 젊은이들 역시 SNS에서 자신들이 소유한 명품을 자랑하는 등 스마트폰 세계와 '과시적 소비'를 연결시킨다. 자본 입장에서 보면 굉장히 바람직한 현상일 것이다.

'꼰대질'할 마음은 추호도 없다. 나야 남은 평생 동안 일종의 기술 혐오증을 버리지 않고 살겠지만, 기술발달 자체는 나쁜 것도 좋은 것도 아니다. 발달된 기술을 누가 어떻게 쓰느냐가 문제다. 그런데 오늘날 국민국가와 자본이 관리하는 세상에서는 스마트폰이 국가-자본의 막강한 힘을 보다 막강하게 만들고 감시와 소비주의적 지향, 그리고 사회 파편화 등에 기여한다는 것이 엄연히 사실이다. 이런 상황에서 스마트폰을 이용하는 저항전략을 어떻게 구상하느냐가 우리가 풀 숙제다.

모병제에 대한
단상

한국형 징병제는 한국에서의 삶을 '헬'로 만드는 주된 요소 중 하나다. 일제 말기에 처음 만들어지고 군사독재 시절에 공고화된 제도인 만큼 반인권적이고 극도로 억압적인 부분들이 그 안에 박혀 있다. 과거에 비해 군대 내 폭력이 좀 줄었다 해도 여전히 폭언이나 인격모독이 다반사라는 조사 결과들이 속속 나온다. 게다가 한국은 현역복무율이 세계 최고에 가깝고, 복무기간도 국제적으로 비교해보면 상당히 긴 편이다. 제도적으로 의회민주주의를 운영하는 산업화된 사회 중에서 한국보다 군복무기간이 더 긴 곳은 이스라엘밖에 없다. 군복무기간이 2년 정도로 우리와 비슷한 나라는 이란, 투르크메니스탄, 시리이, 모잠비크 정도인데 대개 권위주의 요소가 강한 사회들이다. 민의를 기반으로 하는 정치라면 아무래도 2년 복무를 몸이 건강한 '모든' 남성에게 강요하기가 힘든 법이다. 그런데 실제로 과연 한국에서 '모든' 남성이 군대에 가는지는 또 다른 문제다. 단적으로 삼성 일가의 병역면제율은 73%에 이른다. 그러니까 무리하게 긴 기간과 폭력적인 풍토, 모욕과 억압이 일상화되고 사회 정의가 지켜지지 않는 것이 한국 징병제의 특징이다. 2018년 현재 상병 월급이 겨우 36만 원일 만큼 군인들의 노동은 계속 착취대상이 되는데, 폭력에다가 착취까지 강요당하면 좋아할 사람은 없을 것이다.

군에 끌려가야 하는 젊은 사람들의 입장에서는 군이야말로 '헬조선'의 전형이다. 그런 상황에서는 매우 자연스럽게 모병제 전환 논의가 생기게 돼 있다. 어차피 한국형 징병제의 고질병들을 다 고칠 수 없으니까 군인이 노동 관련 법률의 보호를 받는 '고용노동자'가 된다면 그나마 상황이 나아지지 않을까 기대하는 사람들이 적지 않다. 또 군인의 임금이 하급 공무원의 그것과 비슷해지면 현재와 같은 70만 대군 유지도 어려울 텐데, 군대를 줄일 필요가 생기면 남북한 쌍방군축 등 한반도 긴장완화를 위한 조치들이 자연스럽게 취해지지 않을까 전망하기도 한다. 한마디로 이야기하면 한국 상황에서 모병제 전환 논의는 대개 평화지향과 조합을 이루고 사회에 퍼져 있는 불량 군사문화를 척결해야 한다는 문제의식도 내포하고 있다. 한국형 군사문화, 직장에서의 '군대식' 노무관리 등은 한국 자본주의의 가장 억압적인 요소를 이루는 만큼, 이와 같은 모병제 전환 논리는 진보적이라고 하겠다.

그런데 놀라운 것은, 예컨대 노르웨이 사회에서는 상황이 정반대라는 점이다. 좌파일수록—징병제를 모병제로 바꾸는 대부분의 유럽 국가들과 달리—노르웨이 징병제를 계속 유지시켜야 한다고 큰소리를 친다. 심지어 내가 당원으로 있는 공산당 격인 적색당의 당론도

'징병제 기본틀의 강화'다. 반대로 이민 반대와 감세를 주장하는 극우 진보당은 모병제로의 전환을 당론으로 정하고 있다. 이유는 간단하다. 노르웨이 군대에는 가혹행위가 없고 집단따돌림의 빈도가 오히려 고등학교보다 훨씬 낮다. 주말이면 집에 갈 수 있고 제대로 월급을 받고 양성징병제인 이상 이성을 사귈 기회도 얻으니까(남녀가 같은 막사를 쓴다) 오히려 젊은이들이 신체검사 단계에서 걸러질까봐 걱정한다. 가끔은 큰돈 들여 개인화된 헬스프로그램으로 신체 상태를 개선시켜 가면서까지 어떻게든 군에 들어가려 아우성이다.

적색당은 군대와 군사주의 그 자체를 대단히 싫어하지만, 일단 그런 징병제 군대를 미국이 전쟁을 벌이는 전장에 파병할 수 없다는 점을 높이 산다. 여태까지 아프가니스탄 등지로 파병된 노르웨이 군대는 다 전문가로 구성된 특수부대들이었다. 노르웨이 좌파의 일차적인 걱정은 노르웨이 군대가 미국의 국제적 총알받이가 되는 상황인데, 그걸 막으려면 차라리 징병제 유지가 낫다는 판단이다. 모병제인 호주나 뉴질랜드 등에서는 아무리 미군이 가는 모든 전장에 다 파병해도 이렇다 할 만한 반전운동이 일어나지 않는데, 징병제라면 그래도 전쟁과 평화에 대한 일반의 관심이 더 높다는 계산이다.

미국에서 촘스키Noam Chomsky 같은 사람들이 모병제보다 징병제가 차라리 차악이라고 보는 이유도 마찬가지다. 징병제 군대는 외지에서 침략하다가 결국 전투능력을 상실한다는 것이 베트남 침략 같은 역사에서 얻은 경험이다. 그런데 모병제 군대를 동원하니 벌써 16년째 아프가니스탄 침략을 하는데도 대대적인 반전운동이 일어나지 않는 게 오늘날 미국의 상황이다. 분명히 이런 관점도 타당성이 있다. 군 자체가 악이고, 상황에 따라서 모병제가 차악일 수도, 징병제가 차악일 수도 있는 것이다. 미국이나 노르웨이 같은 경우 어쩌면 징병제가 차악일 수 있다는 판단에는 근거가 있다.

한데 한국의 경우는 분명 다르다. 노르웨이에서는 막사 분위기가 학교나 일반 직장과 비슷해 군이 '민간화'됐다고 할 수 있는 데 비해, 한국에서는 민간부문이 거의 '군사화'돼 있다고 봐야 한다. 군이 군에 가지 않아도, 학교나 직장이 그와 비슷한 수준이다. 군사문화 퇴치가 진보의 주된 의제인 한국 상황에서는 징병제 폐지와 모병제로의 단계적 전환이 진보의 옳은 구호가 될 것이다. 그렇다고 모병제가 갖고 있는 문제점도 절대 잊어서는 안 되지만 말이다.

'빠',
정치인과 팬덤

인터넷에서 현직 대통령의 열성 지지자들을 두고 심리정신과적 의미에서의 '정상성'을 묻는 논쟁을 보았다. 문득 '빠'라는 현상은 정말 모종의 특수성이 있어서 역사·사회학적으로 연구해볼 만하다는 생각이 들었다. 가만히 생각해보면 내가 지금 살고 있는 노르웨이 사회에서 '빠'라고 부를 수 있는 열성 팬덤을 갖고 있는 정치인은 한 명도 없을 것이다. 내가 몸담고 있는 적색당의 지도자인 목스네스Bjørnar Moxnes는 분명 젊고 열성적이고 호감을 주지만, 그 목스네스라는 간판만 보고 입당하는 사람은 아무도 없다. 입당이란 당의 강령과 주의 주장을 보고 하게 마련이다. 시브 옌센Siv Jensen이라는 극우 진보당의 지도자(현 재무부장관)도 나이가 비교적 많지 않고 나름의 카리스마가 있지만, 극우 쪽 사람들의 말을 들어보면 '감세'와 '이민자 머릿수 줄이기' 이야기가 나올 뿐, 누가 지도자인지가 그들에게는 그다지 중요하지 않은 듯하다. 그러나 '팬덤'이라는 현상 자체는 노르웨이 사회에도 분명 있긴 있다. 대중문화나 스포츠 스타들의 팬덤은 어마어마하다. 단, 정치의 경우에는 정치 지도자 개인이 누구냐가 별로 중요하지 않다는 것이다. 어차피 정당시스템이 정치판을 이끄는 것이니까.

'빠' 현상은 북유럽 정계에서는 보기가 힘들지만, 빈부격차가 훨씬 크고 따라서 정치적 변동의 폭이 더 클 수 있고 정치판이 더 노도를 칠 수 있는 남유럽이나 미국 같은 사회에서는 상당히 자주 보인다. 미국만 봐도 트럼프를 무비판적으로 지지하는 '트빠'들이 분명 존재하며 이들의 상당부분은 타자, 특히 소수자들에 폭력적으로 배타적일 수 있는 '고전적 파쇼'의 인상에 가까운데, 이는 매우 우려스러운 현상이다. 실은 특정 제3세계 국가를 "거지소굴"이라고 비하해 부르는 등 '쓰레기 수준'인 트럼프 언어는, 바로 이런 '트빠'들이 듣고 싶어하는 말을 해주는 '팬서비스'에 가깝다. 한편 자칭 '민주적 사회주의자' 샌더스를 끝까지 열성 지지하는 일부 '광팬'들의 판단력도 좀 의심해보고 싶다. 샌더스는 2016년 민수당 대선 경선에서 힐러리 클린턴Hillary Rodham Clinton을 무조건 대통령후보로 밀어주었던 민주당 지도부 앞에 굴복하고, 민주당과 절연해 독립적·급진적으로 나가지 못하고 있다. 지금 그야말로 급진적인 투쟁이 필요한 시기인데, 샌더스는 그 강령의 성격이 비교 가능한 또 한 명의 '민주적 사회주의자'인 영국 노동당의 코빈Jeremy Corbyn보다도 훨씬 '온건한' 우파 사민주의자인 것이다. 좌우간 백척간두에 서서 한 발만 앞으로 내디뎌도 바로 떨어져 죽을 것 같은 위기와 격랑의 정치판에는 '격렬 팬덤'이 그 존재를 드러내는 게 아닌가 싶다.

한국의 경우, 수십 년 동안 재야 정치인이란 '영웅'이라고 부를 수 있는 투사였다. 재야 정치인의 길은 체포, 투옥, 납치, 고문, 단식 등으로 점철되곤 했다. 그만큼 그는 지지자들에게는 '정치인'이기 전에 '선생님'이었고 '민주 인사'였다. 게다가 IMF 이후의 사회 원자화도 정치인 '팬클럽' 형성에 나름 기여한 것 같다. 언젠가 바뀌겠지만, 오늘날까지 한국 문화의 핵심어는 '가족'이다. 선후배 집단부터 회사며 국가까지 다 '유사가족'으로 인식되는 게 '정상'이었다. 한데 IMF 이후로 '경쟁'은 점차 가족의 문화적 위상을 파괴하기에 이르렀다. 선후배도 알고 보면 서로 학습경쟁하는 사이고, 회사도 성과가 적거나 인건비를 줄일 필요가 있으면 바로 직원을 해고하고, 국가라고 해봐야 민생을 책임지는 것도 아니고, 심지어 진짜 가족인 부부 내지 부모자식 관계도 갈수록 계산적이 되어간다. 각종 유사가족들이 위기에 빠지는 상황에서 수많은 이들에게 소속감을 줄 수 있는 새로운 공동체가 필요했는데, '노사모'부터 시작해서 각종 온-오프라인 정치인 팬덤이 그런 역할을 일정 부분을 해온 듯하다. '가족'이 사라져가는 상황에서 구성원들에게 '가족대행'을 해주는 식으로 말이다.

민주화투쟁 경력을 지닌 이들에 대한 존중도, 어디에선가 유의미한 소속감을 느끼고 싶어하는 사람들의 마음도, 다 십분 이해한다. 한데 현실은 현실이다. 인권변호사 출신이라 해도 대통령은 어디까지나 엄격한 계급사회인 '국가'의 수장이다. 이 위치에서는 아무리 '내성외왕內聖外王'이라는 옛말처럼 "백성을 어루만지는" 정치를 베풀고 싶어도, '인자한 임금'을 연출하는 제스처들은 어디까지나 제스처일 뿐이다. 국가의 수장은 총자본과 총노동의 이해관계를 '조절'해야 하지만, 현실적으로 총자본의 이해관계를 훨씬 더 우선시하지 않을 수 없다. 아무리 '비정규직 제로' 같은 말을 반복해도, 특히 사기업의 비정규직 비율은 유의미하게 바뀌지 않았으며 바뀔 것 같지도 않다. 그러니까 아무래도 현직 대통령을 지지한다 해도 비판적 의식을 정지시키지 않는 게 정답일 것 같다. 지지할 만한 일을 하면 칭찬해도 그렇지 않을 때는 비판하는 자세가 지지자로서 가장 합리적이지 않을까? 나는 현직 대통령을 지지하지 않지만, 내가 지지하는 정치세력에 대해 바로 그런 태도를 취하려 노력하고자 한다.

한국,
이중언어의 사회

유사 이래 한반도에 존재했던 사회들은 대개 계급사회 초기부터 이중언어 사회들이었다. 이미 위만조선 시기와 한사군 시기에 한자문화가 토착사회 속으로 파고들어 토착사회의 지배층을 포획했다. 한반도 남단의 다호리에서 약 1세기경의 붓이 나온 걸로 봐서는 이미 가야 초기에 낙랑 등과의 교역과정에서 철을 생산·수출하던 가야 준準국가들이 한자·한문이라는 지식인프라를 수입한 셈이다. 신라에는 이두·향찰 등이 있었지만, 실은 이런 차자·차음표기법들은 고전한문보다 오히려 더 어려웠다. 지배층은 이렇게 한문이라는 최대의 문화자본을 안고 구한말까지 살아온 것이다. 영국 외교문서를 보면 개화사상가 김옥균(1851~1894)에 대한 흥미로운 기사가 하나 있다. 조선의 토착글(언문)에 대해 질문받은 김옥균은, 주로 여자들이 쓰는 "암클"인데 자신은 그 글을 잘 모른다고 답했다고 한다. 그 당시 양반사대부로서는 전형적인 자세라고 하겠다.

개항기와 일제강점기에 접어들어 게임은 좀 복잡해졌다. 일면으로 민족주의 지식인들은 일본과 중국처럼 '언문일치'를 외쳤다. 유럽의 한문 격인 라틴어를 진작 포기해 각국이 고유한 토착어를 국어로 쓰는 서방처럼, 우리도 말과 글이 서로 일치하고 동질의 말과 글, 즉 표준어를 쓰는 국민집단이 생성되지 않는다면, 적자생존의 세상에서 우리가 지고 멸망당한다는 논리였다. 그래서 〈독립신문〉이나 〈제국신문〉을 보면 그 당시 서울, 경기 지방의 구어와 글이 많이 일치했다. 1920년대의 〈동아일보〉, 〈조선일보〉의 글은 고등보통학교 정도 나온 유식층의 구어와 상당히 비슷해진 것도 사실이다. 이어 1933년 조선어학회 '한글 맞춤법 통일안'과 함께 오늘날의 획일적인 '표준어'의 형성과정이 본격화됐다고 볼 수 있다. 그렇다고 해서 이중언어의 사회가 사라진 것일까? 천만의 말씀이다!

식민지 시기의 조선인사회는 '내지어' 즉 일본어를 자유자재로 구사할 줄 아는 신식 유식층, 그나마 기본 회화를 어느 정도 이해하는 약 10%의 언어적 중간계층, 그리고 구사 수준이 매우 낮거나 구사가 거의 불가능한 나머지로 나뉘었다. 한문 본위의 사회가 일본어 본위의 사회로 재편된 것이지, 이중언어 사회라는 성격 자체가 없어진 건 결코 아니었다. 일찌감치 도일 유학을 하곤 했던 엘리트들은 아예 일본어로 소설까지 쓸 만큼 일본어 구사능력이 완벽에 가까웠다. 소설가 김동인(1900~1951)이 자신의 처녀작에 대해 〈문학과 나〉라는 글에서 한 말을 살펴보자.

일본서도 사마자키 도손島崎藤村 이하의 많은 문학가가 메이지학원 출신이라. 따라서 문학풍이 전통적으로 학생들에게 흐르고 있었다. 그러는 만치 3, 4학년쯤부터는 그 학년 학생끼리의 회람 잡지가 간행되고 있었다. 3학년 때에 나도 3학년 회람 잡지에 소설 한 편을 썼다. 지금은 다만 썼었다는 기억밖에 무슨 소리를 썼는지 전혀 생각이 나지 않지만, 이 일 본문으로 쓴 소설이야말로 나의 진정한 처녀작이다.

김동인의 말에 따르면, 그는 작품들을 먼저 머릿속에서 '내지어'로 구상한 뒤에야 조선어로 종이에다가 옮기곤 했는데, 그때만 해도 일어 '카노조ヵノ女'(그녀)에 해당하는 조선어 어휘가 없어 애를 엄청 먹었다고 한다. 전형적인 이중언어 사회의 풍경이다.

해방이 찾아오고 나서는 바뀐 게 있었을까? 겉으로 보기에는 많이 바뀌었다. 표준어가 사투리들을 거의 멸망시켜가면서 학교-매체 등을 통해 전국에 퍼지고, 한글 맞춤법이 국가에 의해서 보다 철저하게 획일화되고, 국가의 공식이념에 맞지 않은 '왜색' 비표준 단어들이 퇴장당했다. 나이 든 층은 '와이로ゎぃろ'(뇌물)나 '다마네기たまねぎ'(양파) 같은 단어들의 뜻을 알겠지만, 젊은 층이라면 못 알아들을 확률이 높다. 그렇다면 이중언어의 사회가 청산된 것인가? 이번에도 천만의 말씀이다!

사회 지배층의 '자격' 중 하나는 여전히 '제국어'의 구사였다. 영화 〈그때 그 사람들〉에 나오듯 박정희 등 친일파 출신의 지배자들은 본인들끼리 여전히 과거의 '내지어'를 썼지만, 보다 젊은 도미 유학파 출신 지배자들은 영어라는 새로운 '내지어'를 주된 문화자본으로 삼았다. 그러다가 김영삼이 '세계화'라는 일본식 표현을 빌려 글로벌리 즘의 광풍에 문을 열어젖히고, IMF사태로 과거의 개발주의 국가가 신자유주의 국가로 바뀌고 나서는 그때까지 지배층에 국한됐던 '영어 열풍'이 아예 전 사회를 휩쓸게 되었다. 지금 대한민국에서 영어란 개개인의 문화자본의 '전부'라고 할 수 있다. 과거 한문이나 일본어와 꼭 같은 격으로.

평균적인 한국인은 영어학습을 유년 시절부터 시작해서 늘그막까지 한다. 유치원생, 초등학생들의 단어퀴즈부터 50대 직장인의 승진 시험까지 평생 영어시험을 본다. 한국 학자들은 영어 논문이 없으면 취직이 불가능하다. 일부 한국 작가들은 작품을 쓰는 단계부터 영어 번역이 쉽도록 한국어 특유의 표현이나 고유어 대신 보다 보편적인 어휘를 택하고 주어와 술어가 명확한 문장을 쓴다. 심지어 일부 강남 족들은 아예 집 안에서 아이들 앞에서는 서툴러도 영어로만 대화하는 등 영어 사용을 '상시화'한다. 반대로 영어 구사력이 부족하다 싶은 탈북자·연변 조선인 등은 이중삼중의 차별에 시달려야 한다. 이 정도면 완벽한 이중언어의 사회가 아닌가. 정말이지 민중운동 차원에서 "영어 구사력에 의거한 각종 차별을 철폐하라", "영어 광풍을 멈추자!"라고 요구해야 할 만큼 이중언어 사회에서의 말과 글에 의한 차별이 태심하다.

한국에서의
언어들의
위계질서

나는 언어에 아주 민감하다. 인생의 절반을 출생국이 아닌 여러 곳에서 살았고, 늘 주위에서 모국어가 아닌 다른 언어들을 들으면서 살아왔기 때문인지도 모른다. 아니면 직업적인 관심사일 수도 있다. 내가 1996년부터 몇 개월간 잡은 첫 직장이 바로 모스크바에 있는 러시아국립인문대의 한국어 교원직이었다. 그다음에는 반대로 한국에서 러시아어를 가르치고, 그 뒤로는 노르웨이에 가서 첫 6년 동안 또 한국어를 가르쳤다. 언어를 가르치지 않은 지 벌써 12년째지만, 그래도 언어 강의는 여전히 언젠가 할 수 있는 직업적인 일 중 하나로 느껴진다.

좌우간, 언어에 민감한 이상, 어딜 가도 늘 그곳의 '언어들의 위계질서'에 대해 궁금해진다. 가령 노르웨이만 해도 누구나 노르웨이어의 가까운 친척언어인 영어를 대충이라도 하지만, 그래도 나름대로 '영어 구사력의 사다리'는 분명 있다. 예컨대 노르웨이 고급관료나 대기업 임원, 대학 교원들의 영어는 아예 영국인으로 오해받을 만큼, 케임브리지의 교실에서 들을 수 있는 그런 영어다. 그에 비해 노동자나 수공업자 같으면 영어 회화는 가능해도 어려운 단어를 잘 못 알아 듣는 등 어휘력이 좀 모자란 경향이 있다. 그러니까 한국과 비교할 수 있는 정도야 아니지만, 나름의 사다리는 있는 것이다.

그런데 한국에는 영어 구사력의 위계질서만 있는 것도 아니다. 영어는 한국에서 더 이상 '외국어'라고 부르기도 어렵다. 한국인의 가장 중요한 문화자본이 바로 영어 구사력임을 감안하면 영어는 '외국어'라기보다 한국인의 언어-문화생활의 일부분이다. 조선왕조 시대에 한문이 외국어가 아니었듯이 말이다. 영어는 일종의 현대판 '내지어' 같은 아주 특별한 위치를 누리며, 여타 외국어들이 그 뒤를 이어 정확히 줄 세워져 있다. 그리고 그 '줄', 즉 각종 외국어들이 내포하는 문화자본의 '가치'의 위계는 시대와 함께 바뀌기도 한다.

1970년대를 한번 생각해보라. 영어가 이미 외국어라기보다는 신분을 나타내는 필수불가결한 문화자본이었는데, 그때만 해도 영어만큼은 아니지만 영어에 가까운 높은 위치를 점한 언어가 바로 일본어였다. 박정희를 위시한 당대 집권자들은 일본어로 교육받고 성장한 터라 일제강점기 관념들의 세계를 고스란히 간직하고 있었다. 자기들끼리 일어로 소통하기도 했다.

그것만이 아니었다. 개발주의 노선의 모델이 과거의 만주국이나 1950~1960년대 반쪽통제경제의 일본이었으며, 일본은 유신 시절 한국에게 최대투자국이었다. 기술이전도 상당부분 일본을 통해 이루어졌고 단기방문자 대다수가 일본인이었다. 1990년대 초반까지 운동권에서도 반체제적 지식전달의 최고 수단이 바로 일본어였을 정도다.

일본어 다음으로 높은 위신을 과시했던 언어들은 식민지 시대와 다르지 않게 독일어 및 프랑스어였다. 메이지 시대 표현대로 "문명의 언어"들로 인식됐다. 크게 보면 일본어와 영어의 위치가 맞바뀐 게 유일한 차이일 뿐, 식민지 시대 언어들의 위계질서는 상당부분 그대로 남았던 셈이다.

2010년대, 즉 오늘날 영어의 절대적인 위치는 한층 강화됐지만, '일본-프랑스-독일'의 위계질서에서는 상당한 변화가 일어났다. 일단 일본어가 차지했던 지위는 중국어로 교체됐다고 봐야 한다. 이미 동아시아의 경제적 패권은 중국으로 옮겨갔고, 무역국가인 대한민국은 이와 같은 변화에 빠르게 발맞추고 있다. 한편 영미권 중심의 글로벌리즘 시대에 접어든 만큼 프랑스어와 독일어가 가졌던 '문명의 언어'라는 위신은 몹시 낮아졌다. 무역에 전적으로 의존하는 이 나라에서 외국어의 서열은 이제 '문화'와 함께 '경제'에도 좌우된다. 그런데 독일이 아무리 '경제대국'이라 해도 한국과의 무역총액으로 보면 호주의 절반 정도로 비교적 중요하지 않다. 그러니까 독일어와 프랑스어·러시아어·스페인어까지는 '위신은 좀 있어도 활용가치가 낮은', 일종의 2등 외국어로 전락한 셈이다.

그런데 경제적 활용가치도 절대 '전부'가 아니다. 해마다 조금씩 달라지지만, 베트남이 한국의 제5, 6위 무역파트너로 부상했다고 해서 베트남어가 문화자본으로서 높은 위치를 점하는 것은 절대 아니다. 국내 체류 베트남인은 15만 명이나 되어 독일인이나 프랑스인보다 훨씬 많지만, 한국 지배층의 완고한 '탈아입구脫亞入歐적', 유럽중심주의적 문화의식이 여전한 만큼 전국 대학에 독어독문과는 베트남어과보다 여전히 훨씬 많다. 또한 한국 기업들이 아무리 캄보디아나 방글라데시를 경제적으로 착취하고 그 나라 출신들이 아무리 국내에 많이 와 있어도, 크메르어나 벵골어는 한국인들의 관심을 거의 끌지 못한다. 그러니까 영어가 한국 지배층의 '내지어'이며, 중국어·일본어는 '1등 외국어', 독일어·프랑스어·러시아어·스페인어가 '2등 외국어'인 데 비해, 한국과 관계가 실질적으로 가장 활발한 동남아시아의 언어들은 아예 '등급'도 붙이기 힘들다.

우리는 언제쯤 탈아입구적 사고를 극복할 수 있을까? 1960~1980년대 재야 지식인들에게 '제3세계연대론'은 상당히 근사해 보였지만, 한국이 준핵심부에 편입된 1990년대 초반 이후 제3세계연대론에 대한 관심은 거의 꺼지고 말았다. 한국이 오만한 '아류 제국'이 된 것은 너무나 아쉽고 마음 아프다.

젊은이들, 급진화하다

2018년 1월 런던에서 열린 학술세미나에 참석했다. 카페에서 점심을 먹고 대학 건물로 돌아가려는데, 엄청난 규모의 시위대가 길을 막고 있었다. 시위대의 구호를 자세히 들어보니 영국 공공의료체제를 무력화해 은근슬쩍 사유화하려는 움직임을 반대하는 시위였다. 공공의료를 포함한 복지 정책에 대한 영국 현 우파 정권의 공격에 대해서야 나는 일찍부터 알고 있었고 시위자들의 공분에 전폭적으로 공감하는 터였는데, 일단 첫눈에 놀란 것은 시위대의 연령대였다. 내 앞의 길을 막은 사람들 대부분이 20대 초반의 대학생으로 보였다. 나중에 대학에 도착해 그쪽 친구들에게 확인해보니 그날 시위에 10대 후반들도 적극 참여했다고 한다. 젊은이들의 시위 열기가 대단히 반가웠는데, 한 현지 동료의 다음과 같은 설명이 더 재미있었다.

"이들이 1990년대 후반부터 2000년대 초반에 태어난 이른바 밀레니얼들이다. 불안정노동에 내몰린 경우가 많고 고등교육이 유료화된 시기에 대학에 다닌 까닭에 갚아야 할 학자금융자도 엄청나다. 게다가 런던 집값이 천문학적이라서, 병원까지 유료화되면 이들은 돈이 없어 병원에 못 갈 것이다. 특정 조직에 가입해 의식화된 거라기보다는 부득불 생활형 좌파가 된 것이다."

물론 '세대'만으로 특정 연령집단의 대표적인 사고의 틀이나 행동 패턴을 다 설명하지는 못한다. '거주지'부터 '계급'까지 각종 변수가 많다. 예컨대 최근까지 해마다 대다수의 실질소득이 계속 상승해온, 유럽에서 경제 상황이 가장 양호한 편에 속하는 노르웨이 같은 경우에는 젊은 층의 급진화가 두드러지지 않는다. 젊은이들의 투표 경향이 대체로 그 부모 세대와 차이가 없다. 반대로 신자유주의로부터 훨씬 더 심한 공격을 받고 있는 영국의 경우, 18~24세 '투표 초년생'들이 상대적으로 급진적인 노동당의 제러미 코빈을 지지하는 가장 강력한 집단으로 부상했다. 계급 소속의 영향도 자명하다. 비교적 양극화가 덜 진행된 노르웨이라 해도, 이미 투표권이 있는 고교 3학년 학생들의 투표 경향이 투표자의 계급적 배경에 따라 분명하게 갈리곤 한다. 2017년 총선에서 오슬로의 비교적 가난하고 이민자들이 많은 동부의 한 고교에서는 40%의 재학생 투표자들이 공산당 격인(나의 소속 정당이기도 한) 적색당을 찍는 신기록을 세웠지만, 부유한 학부모의 자녀만 다니는 소수의 사립고교에서는 적색당 지지율이 0%인 경우가 허다했다. 사회적 격차가 덜한 북유럽 사회라 해도 아이들은 대개 10대 중반쯤이면 자신들의 계급적 소속과 이해관계를 아주 정확히 파악한다.

그런데 상·중상층을 제외한 산업화된 세계의 밀레니얼들의 상황과 성향을 분석해보면 중대한 '세대적 특성'을 분명히 읽어낼 수 있다. 첫째, 밀레니얼들은 대개 평등지향성이 강하며 수직관계를 대단히 불편하게 여긴다. 동성 결혼이나 대마초 합법화, 이민 확대에 보통 찬성하는 한편, 성추행을 비롯하여 불평등한 관계에서 발생하는 개인 권리침해에 매우 민감하다.

둘째, 이전 세대보다 학력이 훨씬 좋은 밀레니얼들은 신자유주의 광풍이 부는 지금 같은 시대에 이전 세대만큼 잘살기는 어렵다는 것을 분명히 파악하고 있다. 2016년 미국 대선과정에서 밀레니얼들이 가장 급진적으로 보이는 샌더스 후보에게 몰린 근원적 이유는, 그들의 평생 실질임금이 부모 세대에 비해 20%나 더 낮을 것으로 예상되기 때문이다. 게다가 미국의 밀레니얼들이 받은 학자금융자, 즉 대학 시절에 진 부채의 총액은 약 3,700억 달러로 추산된다. 한국 1년 국내총생산의 4분의 1에 가까운 엄청난 금액이다. 즉 대다수의 밀레니얼들이 평생 저임금으로 살면서 부채상환에 허덕이며 주택 마련에 커다란 어려움을 경험할 것이다. 이런 상황에 놓인 세대가 급진화되지 않는 게 오히려 이상할 것이다.

셋째, 밀레니얼들은 더 이상 체제를 신뢰하지 않는다. 신자유주의에 적대적인 것은 물론이고 아예 자본주의 자체에 대해 회의적이다. 프랑스에서는 청년실업률이 21%, 이탈리아에서는 35%나 되는 상황, 즉 젊은이들이 빚이 많은데도 비정규직을 얻는 것조차 하늘의 별 따기만큼 어려운 상황이니 당연한 태도일 것이다. 하버드대 정치학연구소가 2016년에 실시한 여론조사에 따르면 미국 20대의 과반수가 자본주의를 믿지 않으며 차라리—재분배 경제와 완전고용 보장 등으로 이해되는—사회주의를 지향한다. 영국에서 밀레니얼들을 상대로 실시한 2016년 2월 유가브YouGov 여론조사도 비슷한 결과를 보였다. 1968년을 전후한 시기에 이어서 2차대전 전후 세계사상 두 번째로 '사회주의'가 젊은이들 사이에서 유행어가 됐다. 한데 1968년 세대와 달리 밀레니얼들은 이념형 좌파라기보다는, 나의 런던 동료의 판단대로 생활형 좌파에 가깝다. 그들은 자본주의 체제하에서 바람직한 미래를 발견하지 못해 자본주의를 버리는 것이다.

　이런 이야기가 과연 남의 나라 이야기일 뿐일까? 전혀 그렇지 않다. '88만원 세대', '3포세대', '민달팽이 세대'(껍질 없는 민달팽이처럼 자기 집이 없어 고시원이나 전·월세를 전전해야 하는 젊은이들) 등은 바로 신자유주의로의 전환으로 미래를 빼앗긴 한국형 밀레니얼들의 다른 이름이다. 저임금·고부채·불안정노동과 주택 마련 및 육아의 어려움, 양극화에 대한 불만과 사회에 만연한 권위주의에 대한 거부감, 그리고 제도권에 대한 불신을 한국 밀레니얼들이 해외 밀레니얼들과 그대로 공유한다. 흙수저보다 금수저가 훨씬 많은 서울대 재학생들을 대상으로 여론조사를 해도 79%나 되는 응답자들이 '양극화 해소'를 지향하는 반면, '경제성장'을 선호하는 쪽은 20%에 불과했다. '고용 안정화'를 원한다는 응답이 78%인 반면 '노동유연성 확대'는 불과 21%였다. 구미권 젊은이들과의 차이라면 한국에 아직도 '가족'이라는 보호막이 존재해 신자유주의 시대의 잔인함을 약간 덜 느끼고 있다는 것이다. 그런데 가족 해체의 속도로 봐서는 이 차이도 머지않아

곧 줄어들 것 같다.

　그렇다면 왜 다수의 한국 밀레니얼들은 구미권과 달리 사회주의 내지 사민주의 또는 급진적 진보 등을 표방하는 조직에 유입되지 않고 있는가? 물론 교육과 매체 등을 통해서 젊은이들에게도 전수되는 한국 사회의 고질적인 레드콤플렉스의 영향을 과소평가하면 안 된다. 한국 사회에서 '나는 사회주의자'라고 스스로를 소개하는 것은 미국이나 영국에서보다 훨씬 어려운 일이다. 게다가 다수 젊은이들이 연애할 여유도 없을 만큼 고강도의 학습과 아르바이트, 장시간 고난도 노동에 시달려 정치에 참여해볼 시간과 여력 자체가 부족하다. 게다가 또 하나의 큰 문제는 국내 진보 조직들의 사회·문화적 보수성이다.

　앞에서 말했듯 밀레니얼들은 수평관계를 지향하며 젠더 불평등 등에 매우 민감하다. 한국의 밀레니얼들도 예외가 아니다. 한데 다수의 국내 진보 조직들은 1980년대 분위기를 방불케 하는 위계질서와 '조직보위' 위주의 논리에서 좀체 벗어나지 못하고 있다. 한때 좌파민족주의자들의 '비밀주의'나 권위주의에 대한 비판이 많았으나, 알바노조를 좌우한 '비선 조직'에 대한 최근의 폭로를 보면 이런 경향은 특정 이념성향과 무관하게 다양한 성향의 조직에서 공통적으로 발견된다. 과거의 '통일 제일주의'를 내건 조직처럼 수직적이지 않아도, 고전적 마르크스주의나 자율주의 내지 사민주의를 표방하는 조직마저 그 안에서는 '자율'이나 '사회적 민주주의'와 전혀 무관한, 보스(들)를 정점으로 하는 서열의 논리로 움직일 수 있으며 성추행 같은 일상의 인권 문제에 무감각할 수 있다.

한국의 밀레니얼들이 사회주의를 지향하는 분위기를 만들자면 한국의 급진 진보운동부터 밀레니얼들의 눈높이에 맞추어 환골탈태해야 한다. 급진 조직들이 인권과 민주주의 그리고 페미니즘 등을 실천하지 못하는 이상 밀레니얼들이 원하는 민주적이며 개방적인 사회주의의 모습을 그들에게 제시하지도 못할 것이다. 문제는 '옳은 이론'보다는 '옳은 실천'이다.

적폐
시대의
교훈

대도
이명박이라는
거울

2018년 3월 23일, 대도大盜 이명박의 구속을 인터넷으로 지켜보면서 참 묘한 감정을 느꼈다. 일면으로는 사필귀정, 늦었지만 부분적으로라도 정의가 구현되어 그나마 다행이라는 생각부터 들었다. '대통령'쯤 된 도둑이 드디어 잡혀갔다고 해서 용산참사 희생자들 원혼의 억울함을 풀 수 있는 것도 아니고 '녹조라떼' 속에서 죽어가는 4대강을 살릴 수 있는 것도 아니지만…… 그래도 10년 전 촛불집회에 나왔던 수백만 명의 시민들이 이제는 역사의 진보에 기여했다고 긍지를 느낄 수 있게 되어 다행이다. 2008년, 즉 이 큰 도둑의 취임 초기부터 그런 대대적인 저항이 없었다면 오늘날의 결말도 이렇게 빨리 찾아오지 않았을 것이다. 2008년 저항의 촛불이 2016~2017년 촛불로 이어졌으며 그 촛불이 박근혜 정권의 몰락과 이명박에 대한 수사를 가져왔다. 박근혜 정권이 몰락하지 않았다면, 이녕박 상도는 지금노 '성식의 시대' 운운하면서 떵떵거리고 있지 않을까? 사실 정권이 바뀌어야 대도를 잡을 수 있다는 것부터 아주 큰 문제다. 그리고 이 문제는 단순히 한 도둑의 구속으로만 풀리지 않는다. 시스템의 문제이기 때문이다.

이명박 대통령 당선 이전부터 'BBK의혹'이 그를 쫓아다녔다. 특검까지 꾸려졌는데, 본인이 자신의 회사라고 말하는 강연 동영상이 있어도 '무혐의처리'됐다. 부실수사라는 말은 그때도 있었지만 보수언론들이 정치공격이라고 무시했다. 만약 그 단계에서 범죄자로 밝혀져 당선이 취소되었다면 우리가 4대강 죽이기 같은 악몽을 보지 않을 수도 있었다. 그런데 이미 대통령직까지 올라간 도둑을 잡는 방법은 대한민국에 없다. 또한 이 도둑을 덮어줄 자세가 된 정권이 지속되는 동안 수사고 뭐고 없다. 그만큼 사법부의 독립성은 심히 제한적이다. 이런 체제에서 언젠가 또 한 명의 대도가 나타나 5년간 나라를 부정한 돈벌이수단으로 이용하지 않으리라는 보장이 있을까?

그나마 대도 이명박을 구속수사할 정권이 등장했지만, 실은 지금까지 나온 것은 빙산의 일각에 불과하다. '자원외교'해서 날린 나랏돈이 최소 확정손실액만 봐도 약 34조 원이다(그 밖에 66조 원에 달하는 투자금 회수는 불투명하며 앞으로 더 많은 손실이 기록될 것이 분명하다). 그 과정에서 이명박 개인과 그 일가 식구들이 치부致富의 기회를 꽤나 얻지 않았을까 싶다. 4대강 죽이기는 그 자체가 환경훼손 범죄이기도 하거니와 쏟아부은 돈이 22조 원이나 된다. 이 천문학적인 금액 중에서 대도의 주머니에 얼마나 들어갔는지 역시 밝혀내야 할 과제다. 지금 대보건설사로부터 뇌물제공 혐의가 드러나고 있긴 하지만 역시 빙산의 일각이라고 생각된다. 이 밖에 원전수출 리베이트, 원전수출시 비밀거래, 캄보디아 독재자 훈센Hun Sen의 경제고문을 지내면서 챙겼을지도 모르는 이익…… 끝없는 비리의 종합백화점인데, 이번에 뭐가 어디까지 밝혀질는지 두고 봐야 할 일이다.

'전과 14범'은 본래 이명박의 별명이었다. 지금 영장에는 11범이라고 나오는데, 좌우간 어떤 유형의 인간인지 알고 싶은 사람이라면 다 알았으리라. 그러면 이런 사람을 보고 투표한 우리 보통사람들이 뭐가 되고, '동문 이명박'의 이름을 붙인 라운지까지 만들어준 그 모교 고려대학교가 뭐가 되고, 대도의 정권에 기용된 대학교수 등 '지식인'들은 뭐가 되는가? 계속 도둑질에 성공한, 그러고도 잡히지 않았으며 영영 잡힐 것 같지 않던 사기꾼을 '신화'로 보려 하고, 그를 보면서 역겨움을 느끼지도 않는 사회는 과연 어떤 사회일까?

비록 늦은 감은 있지만, 대도 이명박의 구속을 진심으로 환영한다. 한데 그를 여태까지 보호해준 시스템은 지금도 크게 보면 그대로다. 게다가 '우리 안의 이명박'은 그 어떤 검찰이나 경찰도 구속할 수 없다. 그리고 '우리 안의 이명박'이 건재하는 한 이 나라의 모습이 얼마나 좋아질는지, 나로서는 의문을 갖게 된다.

대한민국,
주권이 없는
국가

"나라 위에 나라가 없고, 나라 아래 나라가 없다." 구한말 유명 개화 사상가 유길준(1856~1914)이 《서유견문西遊見聞》에서 쓴 유명한 문장이다. 비록 조선은 약소국이었지만, 국제법('민국공법') 본위의 세계에서 조선도 다른 나라처럼 완전한 독립을 보장받는 주권국이 되었으면하는 것이 유길준을 포함한 그 당시 많은 조선인들의 희망이었다. 사실 1894년 5월에 청일전쟁을 개시하려는 일본군이 상륙하여 '주권'이 빈말이 되기 이전에도 1880년대 말~1890년대 초 조선 주권은 현실적으로 제한을 받았다. 조선의 지방관이 흉년으로 인하여 곡물 수출을 금지하는 방곡령을 선포했다가 미곡 장사를 방해받았다는 일본 상인들에게 배상금을 지급해야 했고, 일본 어선들이 조선 근해에서 고기잡이를 해도 그 수입의 1~2%쯤 될까 말까 하는 최저 세율로만 세금을 매겼을 뿐 치외법권의 혜택을 누린 일본 범법자들을 처벌할 수도 없었다. 한데 감 놔라 배 놔라 하는 열강 공사들의 호령에 속수무책이던 시절의 제한적 주권마저 1894년 청일전쟁과 1904년 러일

전쟁 때 일본군 상륙으로 무너졌고, 유길준 같은 먹물들은 "국제법 책 만 권은 대포 한 문에 못 미친다"고 한탄해야 했다.

　일제강점기 내내 우파민족주의자의 건국 강령과 좌파의 건국 계획은 몇 가지 사항을 공유했다. 예컨대―지금으로서는 급진성의 극치로 보이겠지만―우파민족주의자마저도 주요 공업시설의 국유화가 새 나라 건설에 필요할 것으로 예상했다. 물론 가장 핵심적인 공통 구호는 "조선의 완전독립, 일본군의 완전철수"였다. 양쪽이 완전한 주권을 가진 나라를 만들고자 했기에, 비록 한계가 있었지만 신간회부터 건국준비위원회까지 거의 20년이나 되는 좌우합작 시도의 역사도 있었다. 주권이란 의식 있는 조선인에게는 당연히 가장 필요한 것으로 보편적으로 인식돼 있었다. 이는 그 어떤 비이성적인 '민족주의'의 문제도 아니었다. 자본주의 자체에 적대적이었던 공산주의자들마저, 자국 유치산업을 보호하고 자본을 육성할 만한 주권국가가 없는 경우에는 기형적인 종속경제만이 가능하다고 그 강령에서 자주 쓰곤 했다. 특히 1930년대에 들어 그들이 무엇보다 우려한 것은 중국 침략을 감행하는 일제가 조선인까지 끌어들여 총알받이로 이용할 가능성이었다. 그래서 그들의 강령에서 조선 주권의 회복과 제국주의전쟁 반대, 국제 반전연대 등이 나란히 명기되곤 했다.

　독립운동가들이 바라는 바와 달리 결국 일제를 패망시킨 것은 민중혁명이 아닌 또 다른 외세들이었으며, 그렇게 해서 얻은 해방 아닌 해방에 바로 분단과 전쟁이 따랐다. 한국전쟁 시기에 미군 등 유엔군에 의존했던 남한도, 중국군과 소련 무기에 의존했던 북한도 어느 정도 그 주권을 상대화하는 외세 간섭을 감수할 수밖에 없었다. 한데 전쟁이 끝나고 나서는 주권 문제에서 남북한의 길이 갈리고 말았다. 북한은 1950년대 말부터 중-소 갈등의 소용돌이 속에서 결국 양쪽에 대한 의존성을 상대화해 1960년대 초반에 이르러서는 세계무대에서 제3세계의 여러 운동을 후원하는 비교적 독립적인 행위자로 역할할 수 있었다. 비록 일파, 일인 독재권력의 강화와 보조를 맞추어 획득된 주권화긴 하지만, 북한 입장에서 보면 한반도 근대의 값진 성취일 것이다. 1990년대 초 이후의 각종 경제적 곤란 속에서도 북한 정권이 여전히 그 정통성을 잃지 않고 대부분 주민들에게 충성의 대상이 되는 하나의 담론적 이유는, 바로 주권에 대한 근대적 열망의 누적이 아닌가 싶다. 주권을 지키기 위해서라면 고난의 행군도 마다하지 않는 자세 역시 주권을 오랫동안 유린당해온 근현대사의 산물이다. 한데 남한은 전혀 다른 외교적 궤도를 따랐다. 비록 이제 북한과 비교가 되지 않을 정도로 부강해졌지만, 대미 종속의 정도는 가난했던 1950~1960년대와 별로 달라지지 않았다. 2016년부터 불거진 사드 사태야말로, 대한민국의 주권이 사실상 매우 제한적이라는 점을 만천하에 드러내고 말았다.

우파가 좋아하는 단어 중 하나가 '국익'인데, 보통 저들이 국익이라고 말하는 것은 저들의 집단 사익에 불과하다. 진정한 의미의 국익은 바로 공익, 즉 모두의 생명·평화·행복을 뜻한다. 이와 같은 의미의 국익 차원에서 본다면 사드 배치만큼 국익을 침해할 수 있는 일도 상상하기 어렵다. 생명을 해칠 가능성이 큰 유해시설이며, 이 시설의 배치는 중국 상대 포위망의 한 거점으로 한국의 위치를 고착시킨다. 나아가 이 시설은 가상 적의 공격에 대한 중국의 대응을 무력화하기에 군사력 균형에 기반한 지역 평화를 크게 해친다. 한국을 하나의 잠재적 전장으로 만들 이런 시설이 한국 땅에 있는 이상, 한국 국민들의 집단적 행복추구권은 그저 무의미한 빈말이 된다. 일부 보수매체마저 처음부터 사드 배치가 한국 경제에 생명 같은 한-중 경제협력을 해칠 수 있다고 우려를 표명해왔지만, 이 문제는 '경제'의 영역을 훨씬 뛰어넘는다. 사드가 배치되는 대로 한국은 대륙 침공을 꿈꿀지도 모를 외세의 병참기지가 된다. 그래서 사드에 대한 반대는 거의 식민지 시대의 좌우합작처럼 포괄적이고 거국적이다. 중국 대상 교역과 투자로 먹고사는 기업인들은 물론이고 일부 외교 관료들까지 애당초 반대한 것으로 알려져 있으며, 성주 같은 피해지역에서는 가장 보수적인 주민들도 반대에 나섰다. 그런데도 펜타곤의 '요청'대로 사드 배치가 강행되는 배경에, 바로 대한민국 주권의 제한성이 있다고 본다. 군부나 청와대로서는 미국의 요청을 거절하는 일이 사실 불가능하다.

특기할 점은, 이 문제가 한국의 명목상 최고권력자가 누구인가와 거의 무관하다는 것이다. 나는 박근혜의 정치 스타일이나 정책을 좋아할 일은 없지만, 객관적으로 보면 박근혜는 취임 이후 내내―주로 재벌들의 이해관계에 근거하여―중국과의 파트너십 공고화에 계속 공을 들였다. 미국의 만류를 무릅쓰고 2015년에 중국 전승절 열병식에 참여한 것만 해도, 그녀가 챙기는 재벌들에 중국이 얼마나 중요한지를 잘 보여준다. 러시아의 크림 반도 병합 이후 한국이―미국의 동맹국 중에서는 다소 보기 드물게—러시아 제재를 가동하지 않아 사실상 중립에 가까운 자세로 일관했다는 것은, 재벌들과 재벌과 유착된 정부가 안보 차원에서야 미국에 종속되더라도 경제 면에서는 열강 사이의 균형적 실리외교를 선호할 수 있다는 것을 뜻했다.

박근혜의 대륙 이웃들과의 파트너십 전략 이상으로 노무현 정권의 중국 외교는 더더욱 적극적이었다. 한-미 자유무역협정 이전에 한-중 자유무역협정에 대한 내부 검토가 먼저 있었으며, "동북아 균형자" 같은 발언은 중국 쪽에 한국의 상대적 자주화 가능성에 대한 기대를 심었다. 한데 노무현은—지지층 붕괴를 뻔히 각오하면서도—미국의 '요청'대로 이라크 파병을 강행했으며, 박근혜는—지배층 안에서조차 합의되지 않은—사드 배치를 미국의 '요청'대로 추진했다. 거역하지 못할 이 요청의 진정한 성격이 무엇인지 과연 진지하게 생각해봐야 하지 않는가?

'우리는 미국의 동맹국이라서 어쩔 수 없다'는 논리는 성립되지 않는다. 미국의 동맹국 중에서도 미국의 요청 앞에서 이렇게 무력해지는 나라는 보기가 드물다. 미국과 가장 가까운 우방이라고 할 캐나다도 이라크 파병을 거절했으며, 중동에서 미국의 가장 오래된 동맹국인 터키도 이라크 침략에 동참을 거부했을 뿐만 아니라 침략을 위한 미군의 자국 영토 이용도 거절했다. 이 정도의 주권도 가지지 못한 대한민국이 과연 자국민과 자국 영토를 전쟁의 참화로부터 지켜낼 수 있을까? 1930년대처럼 주권회복과 전쟁반대를 동시에 외쳐야 할 시점이 다시 온 것이다.

대한민국,
무책임 국가

한국에서 노르웨이의 여성징병제 소식이 인터넷상의 화제가 된 일이 있었다. 남성과 함께 여성도 평등하게 군복무를 하겠다는 결정이야 몇 년 전에 노르웨이 국회에서 통과됐지만, 실질적 여성 징집은 2016년부터 시작돼 그때부터 한국에서 화제에 오른 것이다. 한국에서 이 소식은 여러 가지 용도로 전유됐다. 일부 인터넷상의 마초들이 "우리도 여성까지 군대에 보내야 한다"고 난리치기도 했는데, 대체로 보수쪽 징병제 옹호론의 하나의 보충자료로 쓰인 듯하다. 노르웨이 같은 선진국에서 징병제를 폐지하기는커녕 여성에게까지 확대하는데, 우리도 우리 징병제를 지켜나가자는 이야기로 이용 혹은 악용된 것이다.

아마도 '악용'이라고 보는 게 맞을 것이다. 맥락이 전혀 다른 사회에서 일어난 일을 가져다 한국 상황에 그대로 적용해 이야기한다는 것 자체가 이미 '거짓말'이라고 할 정도의 지나친 단순화다. 일단 같은 징병제라 해도 한국 징병제와 노르웨이 징병제는 엄연히 다르다. '70만 대군'의 대한민국에서 남성 현역복무율은 90% 정도로 세계 최고(혹은 최악?)에 달한다. 하지만 노르웨이의 해당 수치는 대체로 20~30%에 불과하며 이제 여성까지 가세했으니 남녀 양성 각각 약 15%에 머무를 것으로 예상된다. 노르웨이군은 기본적으로 '소군'이다. 그러니까 같은 징병제라 해도 대부분의 노르웨이 젊은이들은 한국인과 달리 군 생활 경험이 없고, 있다 해도 그 무게는 전혀 다른 셈이다. 노르웨이에서 군복무기간은 1년을 넘지 않으며, 많은 경우에 6~8개월로 끝난다. 지리적으로 가능하면 주말에는 집에 갈 수도 있다. 한국과 핵심적으로 다른 점이라면 평화주의자들은 군복무를 면제받는다는 것이다. 또 한 가지 핵심적 차이점은 군대에 간다고 해서 정신과 신체 건강을 위협받지는 않는다는 것이다. 노르웨이 군대라고 해서 왕따 현상 등이 없는 건 아니지만, 폭력이나 폭언, 모욕 등은 좀처럼 일어나지 않는다. 발생이야 할 수 있지만 그 발생 확률은 일반 시민사회, 예컨대 징집자들의 동년배들이 다니는 대학과 크게 다르지 않고, 따라서 커다란 뉴스로 다루어진다.

이런 차이의 근원은 뭘까? 노르웨이 젊은이들이 한국 젊은이들보다 더 착한가? 꼭 그렇지는 않다. 사실 노르웨이 고교나 한국 고교나 왕따 피해 비율은 20% 정도로 엇비슷하다. 단 노르웨이에서는 왕따 현상이 대개 신체적 폭력보다 심적 소외를 뜻하는 게 큰 차이다. 징집자들 역시 노르웨이 쪽이 심성이 더 아름답거나 그런 게 전혀 아니지만, 일단 군에서 동료에게—특히 폭력을 수반하는—규율위반 행위는 하지 않으려 한다. 이유는 간단하다. 행여나 폭행사건이 일어나기라도 한다면 바로 가해자에게 '책임'이 추궁되고, 또 직접적 가해자만이 책임지는 것도 아니기 때문이다. 해당 부대 지휘관도 법적 책임을 지게 되고, 피해자가 군을 상대로 소송을 해서 피해배상을 요구할 경우 군 자체도 재정적 책임을 지는데다가 엄청난 명예 실추를 당하는 것이다. 폭력사건의 '후과'가 이 정도로 무겁다면, 전문가인 장교들은 '폭력, 폭언, 왕따 등 사건 방지'를 일차적인 임무로 인식하게 된다. 그리고 전문가인 만큼 그런 사건들의 발생을 나름대로 방지할 수 있다. 병사 사이의 가해-피해관계 발생의 초기 조짐을 눈치채는 대로 바로 조치를 취하면—예컨대 잠재적 가해자에게 가해에 따르는 사법적 책임을 환기시키면—폭력 방지는 충분히 가능하다. 노르웨이에서 여성을 징병한다 해도, 여성 군인의 부모가 딸이 남성과 같은 막사를 쓰고 같이 훈련받는 데 대해 안심하는 이유는 국가의 '책임'을 어느 정도 신뢰하기 때문이다.

한국에서 이와 같은 신뢰가 전무한 이유는? 한국이라는 국가에 '책임'의 '책'자도 보이지 않기 때문이다. 금수저라면 군에서도 좋은 보직을 받고 그 부모가 어떤 사람인지를 아는 지휘관이 개인적으로라도 책임을 지고 안전한 복무를 가능케 하겠지만, 흙수저에 대한 국가의 공적 책임은 거의 제로에 가깝다. 국가가 '북한 도발'이라고 떠들어대지만 사실은 아마도 물에 흘러내려왔을 지뢰를 잘못 밟아 다리를 잃어도, 제대하고 나서 지속적인 후속치료 비용을 자기 돈으로 부담해야 하는 시경이다. 그야말로 '악덕 부책임 국가'의 전형이다. 이런 국가가 선임병 괴롭힘으로 신경정신과 신세를 지게 된 예비역에게 심리치료를 받을 만큼 보상을 해주었다는 이야기를 들어본 적 있는가? 상상하기 어려운 일이다.

　한국에서 국가란 신자유주의 시대 '재벌의 수족'이기도 하지만, 근본적으로는 아직까지 대민 통치기관, 즉 식민지 시대 총독부라는 외삽적 폭압통치기관의 후계기관이지, 공민들에 대해서 공적인 책임을 다할 수 있는 '공화국'은 아니다. 헬조선의 실체는 바로 흙수저들을 착취하는 자들의 심부름을 하며 흙수저들에게 각종 의무를 뒤집어씌워도, 흙수저들에 대해서는 그 어떤 책임도 지지 않는 '무책임 국가'다. 그러니까 '밑'의 계급적 자각과 투쟁이 이 국가를 개선시킬 때까지 현재와 같은 참상은 계속 이어질 것이다.

군주제는 한반도의 숙명인가?

외국인들을 쉽게 놀라게 하는 영상이 있다. 바로 평양 김일성광장의 열병식 장면이다. 김정일·김정은 위원장이 등장하자마자 열광하면서 박수갈채를 보내는 군중…… 이를 보는 외국인들에게는—그들이 유럽인일 경우—아마도 20세기 중반의 유럽 대중독재가 떠오를 것이다. 한데 북한 열병식을 균형감각 있게 보자면 한 가지 같이 봐야 할 장면이 또 있다. 바로 한국 대통령의 '민생투어' 장면이다. 이명박·박근혜 대통령이 임금이 순행하듯 서민들이 즐겨 찾는 재래시장이나 국밥집에 들렀을 때 과연 어떤 광경이 펼쳐졌는가? 평소 대통령 욕을 입에 달고 사는 사람들, '쥐'니 '닭'이니 별의별 모욕적인 별칭을 지어내면서 '국가원수 모독(?)'하는 재미로 소일하는 사람들까지도 웃으면서 인사하고 손을 내밀곤 한다. 극우정권의 실정에 불만 품는 시민이 이렇게 "어려운 길음을 하신 윗분"에게 쓴소리 한마디 제대로 할 가능성은 거의 없다. 실정, 민생위기, 총체적 난국 등에 대한 불만이 아무리 깊어도 결국 임금은 임금이다. 백성들로서는 환대해야 마땅하다고 생각한다. 임금이 수라를 잡수신 국밥집에는 그 뒤로 "대통령이 다녀간 집"이라는 푯말도 오래오래 박혀 있을 것이다.

독립운동이 '물러난 임금을 복위시키는 복벽운동'이라는 종전의 흐름을 극복하고 공화제를 미래에 광복될 나라의 정체로 채택한 것은 1910년대 말, 신해혁명(1911~1912년) 이후로 공화제가 당연시되던 망명지 중국의 분위기 속에서였다. 그러니까 딱 한 세기 전의 일이다. 한데 지금도 우리는 꼭 '5년짜리 임금'의 치세하에서 사는 느낌이다. 대한민국 대통령의 권한도 그만큼 막강하지만, 실제 정치에서도 판은 '윗분' 중심으로 짜이는 경우가 많다. 박근혜 집권 당시 여당인 새누리당이 '친박', '비박', '구박', '원박', '신박', '신신박', '복박' 등으로 짜여 있었듯이, 현재 여당인 더불어민주당 역시 '친문'이니 '비문'이니 하며 갈린다. 박근혜 시절에는 국가의 지도급 인사 천거·검증·기용 시스템도 '코드' 아니면 '수첩'이었다. 대통령과의 '인연'은 지금도 여전히 정부 고위급 인사 기용의 주요 기준 중 하나다.

한국이 과연 민주국인가 '5년제 군주국'인가 하는 질문을 던질 때 "이렇게도 대통령 욕 많이 하는 사회가 있느냐"는 반문이 들리기도 한다. 한데 이것은 동전의 양면이다. 대통령 욕을 많이 하는 이유는 바로 국가와 사회가 대통령을 중심으로 돌아간다는 믿음 때문이다. 군주국에서 부덕한 임금의 폐정을 비난하는 것이 일반적이듯 말이다. 지금도 특히 과거의 김대중·노무현 정권 시절을 이상화하는 자유주의자들은 앞으로 정권을 보수세력에게 넘겨주지만 않으면 요순 시절이 지속될 것처럼 이야기하곤 한다. 국가시스템이 엉망이고 재벌이 국정을 사실상 좌우하는 신자유주의 국가에서 대통령이 과연 시스템 자체를 바꿀 수 있는지, 그리고 오히려 김대중·노무현 시절에 신자유주의가 뿌리내린 것이 아닌지 하는 문제에 대해서 고민하지도 않은 채 말이다. '착한 임금'이 등극하기만 하면 정말 만사가 형통할까?

선거형 군주제(?)의 문제는, 이런 중세적 시스템이 청와대뿐만 아니라 사회의 각 단위를 부패시킨다는 것이다. 청와대에 '5년짜리 임금'이 들어 있듯이 사회 모든 구석에 새끼 각하와 작은 수령, 우두머리, 보스들이 득실거린다. 재벌기업이 사실상 세습왕국에 가깝다는 사실은 굳이 말하지 않아도 다 안다. '재벌 3세' 같은 말에 대해서 사회적 저항감도 거의 없을 정도다. 한데 교회 목사를 봐도, 불교재단의 대학 이사장이나 총장을 봐도, 심지어 상당수의 시민단체를 봐도 역시 군주국이나 조직폭력배와 다를 바 없는 '보스중앙집권제'다.

이런 시스템은 위기상황에서 자원 총동원을 수월케 하는 장점이 있다지만, 평상시에 조직의 합리적 운영을 위험에 빠뜨릴 가능성이 크다. 이명박이 우두머리인 상황에서는 수십 조 세금의 탕진을 막을 만한 국가시스템이 없었고, 박근혜가 등극하고 나서는 개성공단 폐쇄나 사드 배치와 같은 우거, 폭거를 막을 만한 시스템이 역시 없었다. 사회의 각급 각층 조직, 단체도 마찬가지다. 수장의 잘못을 그 누구도 바로잡지 못해 운영난에 빠지는 경우가 부지기수다. 인권·노동권 침해가 일어나지 않으면 오히려 이상할 정도다. '군주제 시스템'이 아니었다면 앞에서 이야기한 '인분 교수'가 제자에게 오랫동안 인분을 먹이는 등 말 못할 방식으로 괴롭히면서 나머지 수족들까지 그 폭력

극에 동원할 수 있었을까?

우리에게 진짜 민주주의는 언제 올까? '민생투어' 떠난 미래의 또다른 대통령에게 가면 갈수록 삶이 빠듯해지는 주민들이 면전에서 "국정을 잘 못하십니다. 이런 식으로 생색내지 말고 집무실에 돌아가서 일이나 똑똑히 하세요. 왜 해야 할 일도 못하면서 그렇게도 많은 월급을 타시나요?"라고 면박을 줄 수 있을 때다. 우리에게 한국 대학은 언제 공부할 만한 곳이 될까? 대학원생이 지도교수가 자신의 논문을 제대로 보지도 않고 지도에 따르는 수당만을 챙길 때 "학교 규정에 따라 지도해주시기 바랍니다"라고 얼굴을 바로 보면서 말할 수 있을 때다. 공화제를 형식적으로 채택한 지 100년이 지났어도 우리는 아직 군주제와 제대로 이별하지 못한 듯하다.

박근혜
'역사 정책'의
의미

내가 사는 노르웨이와 한국의 한 가지 큰 차이를 자주 실감한다. 노르웨이인들은 2차세계대전 이전 역사에 대체로 무관심하다. 2차대전 시기 독일군의 노르웨이 점령 같은 비극적 사건과 일부 노르웨이인의 친독 부역 등은 여전히 '뜨거운 감자'로 남아 있긴 하지만, 현대사 이외에는 대중이 거의 관심을 가지지 않는다. 한때 바이킹 시대 역사에 대한 민족주의가 섞인 흥미는 존재했지만, 이것도 오래전 일이다. 대중은 주로 현재 문제에 집중하고, 역사는 대개 전문가에게 맡겨진다. 한국을 포함한 동아시아 나라들은 그와 정반대다. 조상과 그 행적을 중시하고 역사를 현실정치를 위한 '거울'로 인식해온 유교적 인식 틀의 영향이기도 하고 제국주의 트라우마의 소산이기도 하지만, 동아시아에서는 역사에 대한 최소한의 관심이 대다수에게 필수적이다. 언론 등에서 자주 거론돼, 모르고 싶어도 모를 수 없다.

  정치권에서는 전통적으로 역사, 즉 과거의 일을 현재 통치행위의 대상으로 보았다. 과거의 공이 있는 신하에게 현재의 임금이 봉상시

등 국가기관의 도움을 받아 시호를 내리고, 특별히 명현名賢이라면 문묘에 배향하곤 했다. 선유先儒(과거의 유림)나 선왕 업적에 대한 평가 이상으로 중요한 정치적 의제도 거의 없었다. 과거는 현재 통치에 필요한 지식과 상징적 자원을 제공해야 했다.

과거를 대상으로 하는 통치행위는 현대에 접어들어서도 계속 이어졌다. 조선의 군주들처럼 대한민국 대통령들은 과거를 현재 정치 명분을 세우기 위한 상징적 자원으로 이용해왔다. 과거를 둘러싼 정치 행위는 많은 경우에 상당한 기만성을 띠었다. 예를 들어 이승만 시절에 거의 이루어지지 않은 각종 훈장 추서를 포함한 독립운동가에 대한 서훈이 박정희 집권 초기에 대대적으로 진행됐다. 윤봉길·이봉창 의사는 바로 그때 서훈되었다. 한데 박정희가 일본군 복무 시절에 어쩌면 일본군복을 입었던 본인을 향해 수류탄을 투척할 수도 있었던 항일무장투쟁 영웅들에게 서훈을 한 이유는 매우 간단했다. 그러잖아도 명분이 없는데다가 대일 굴욕외교 등으로 더더욱 정통성을 의심받는 자신의 정권을, 억지로라도 독립운동사와 연결하려 했던 것이다. 물론 그렇다고 해서 그를 민족투사로 볼 사람은 그다지 많지 않았지만 말이다.

이런 배경을 감안하면 과거 박근혜 정권의 '역사 정치'를 과연 어떻게 평가해야 하는가? 일단 앞에서 언급한 표리부동의 '역사 정책'은 박근혜 집권기에도 있었다. 2014년에 하얼빈에서 한-중 협력으로 추진한 안중근 의사 기념관 개관은 바로 이와 같은 부류에 속한다. 박근혜 정권의 역사 정책들을 총체적으로 본다면 박근혜의 사관에서 안중근 의사 같은 독립투사들이 중요한 위치를 차지하는 것은 결코 아니다. 그런 의미에서 광복절 경축사에서 안중근 의사가 최후를 맞이한 장소마저도 틀리게 이야기한 무지는 전혀 우연은 아니었을 것이다. 그러나 쑨원孫文(1866~1925)과 량치차오梁啓超(1873~1929) 같은 중국 근대사의 주역들이 깊이 존숭했던 안중근 의사는 '항일'뿐만 아니라 '한-중 우호'의 상징이기도 하다. 한국 재벌들이 대중 무역·투자 없이는 하루도 버틸 수 없는 시절인지라 안보는 여전히 미국에 맡긴다 해도 경제 차원에서는 중국과 긴밀해져야 할 필요가 있었기에 하나의 '상징적 자원'으로서 안중근 의사가 호명되었던 셈이다.

전통적 '항일사관'을 긍정하는 듯한 역사 정책이 진행된 것은 주로 박근혜 집권 초기였다. 그 뒤로 민영화나 반노동 정책 등에 대한 저항이 거세지고 남북관계 경색이 깊어지는 상황에서 박근혜 정권 사관의 실체가 점차 드러나기 시작했다. 비판자에 대한 포섭이 불가능하다는 점이 확인되고 강경보수층 결집의 필요성이 제기되니 2015년 말에 나온 것이 '한국사 교과서 국정화'였다. 국정화 그 자체도 박정희 정권의 전체주의적 교육을 그대로 떠올리게 했지만, 국정화되면서 교과서에 박정희 같은 한국계 일제 관료의 행적을 합리화할 수 있는 식민지 근대화론이 스며들리라는 것도 국정화를 지지하는 소수 전문가들의 면모를 보면 불 보듯 뻔했다. 박근혜와 그 측근세력들의 사관에서는 안중근 의사가 추구했던 독립의 가치보다 일제의 비호 밑에서 극소수 조선인 관료·부호에게 가능했던 출세나 자본축적이 더 중시된다는 사실이 국정화 논란에서 명확히 확인됐다. 이후의 역사 정책들은 박근혜 정권 사관의 사회·정치·외교적 함의를 좀더 구체적으로 나타냈다.

2015년 12월 28일에는 한-일 '위안부 문제'에 대한 '합의'가 이루어졌다. 피해 당사자들의 의견을 묻지도 않은 채, 소송으로까지 이어진 피해 당사자들의 반대를 무릅쓰고 양국 강경보수 정권 사이에서 맺어진 합의였다. 재무장을 획책하는 일본 정권은 이 합의에서 얻고자 한 바를 다 얻었다. 성노예화 범죄에 대한 국가의 책임 인정을 성공적으로 회피했으며, 보상 내지 배상 대신 사실상 '입막음 돈' 성격의 '치유금' 10억 엔을 내준다고 해서 '도덕적 우위'까지 차지한다고 자긍하며 '역사 문제'의 부담 없이 '보통국가화', 즉 재무장 프로젝트 진행에 속도를 낼 수 있게 됐다. "위안부 피해 역사까지 팔아먹었다"는 비판을 받으면서, 다수의 한국인이 반대하는 굴욕 협정을 맺으면서까지 박근혜 정권이 아베 신조安倍晋三 정권의 손을 들어준 속사정은 과연 무엇이었던가?

첫째, 박근혜와 그 측근세력들의 사관은 본질상 전체주의적이었다. 개인이 입는 트라우마나 피해를 경시하는 이 사관의 중심에 하나의 기본축으로서 '국가'가 자리 잡고 있었다. 수많은 고문 피해자, 간첩 조작 피해자, 산업재해 피해자 등을 죽이거나 장애인으로 만든 박정희 식의 '조국 근대화'에 대한 맹목적 긍정 일변도의 태도에서는 개인의 생명·건강보다 '전체', 즉 국가와 자본의 이익을 우선시하는 자세가 역력히 보였다. 이런 의식의 소유자에게 전시 일본 전체주의의 성노예화 범죄가 과연 진정한 의미의 '범죄'로 보였을까? 개체가 전체

278

를 위해서 희생돼야 한다는 논리를 적용하면 '이해해주지' 못할 국가 범죄는 없었을 것이다. 게다가 무엇이든 '돈'으로 재는 극히 자본주의적인 사고도 겹쳤을 것이다. 피해자에게 합의금 얼마를 주기만 하면 자본의 모든 범행이 다 면죄되는 현실에 익숙해진 당시의 한국 집권세력들에게 아마도 '10억 엔 지급'은 정말 '문제의 해결'로 보였을지도 모른다.

둘째, "위안부 문제의 최종적이며 불가역적인 해결"은 사실상 일본군에 대한 '최종적이며 불가역적인' 면죄부를 의미하는 것이고, 현실적으로 앞으로의 한-일 '군사협력', 즉 미국을 정점으로 하는 한-미-일 삼각동맹의 강화 가능성을 뜻하는 것이었다. '12·28 합의' 이후 얼마 되지 않아 일어난 사드 사태에서 확인되듯이, 중국에 대한 포위망을 강화하려는 미국은 한국이 더 명확하게 한-미-일 공동 군사체계에 편입되기를 강하게 소망했고, 박근혜 정권은—한-중 경제관계의 미래, 나아가 전장화할지도 모를 한반도 전체의 미래를 위험에 빠뜨리면서도—이와 같은 압력에 아무런 저항을 하지 못한 것이었다. 전체적으로 볼 때 12·28 합의 같은 역사 정책은 바로 사드 배치로 상징되는, 한반도 평화를 희생시킬 가능성이 큰 무비판적 종미 연일聯日 군사 정책의 전주곡이었다.

독립보다 자본축적을, 개인보다 국가를, 인간의 존엄성보다 돈뭉치를, 그리고 주권과 평화보다 미국에 안보와 외교를 전적으로 맡긴 '안정'을 더 중시하는 박근혜 세력이 독립운동사로부터 대한민국을 단절시키는 '건국절'을 도입하려던 건 놀라운 일도 아니었다. 말을 어떻게 해도, 속으로 저들은 독립운동가들을 자신들의 안락을 위협하는 불온하고 불량한 조선인, '불령선인不逞鮮人'으로 봤을 것이다.

저신뢰 사회
대한민국

인간에게 행복이란 무엇일까? 배고프고 머물 곳이 없고 입을 옷이 모자라는 사람에게는 의식주 문제 해결이 행복이겠지만, 기본 욕구들이 어느 정도 충족되고 나면 그 이상의 소비가 반드시 더 많은 행복을 가져다주지는 않는다. 인간 신체의 활동량과 소비할 수 있는 칼로리는 정해져 있으니, 과연 수면시간을 제외한 하루 동안 얼마나 먹고 마시고 입고 쓰고 즐길 수 있겠는가? 의식주가 해결되고 나면, 인간에게 행복의 원천이란 대인·대사회 관계다. 그 관계가 원만하지 못하면, 1인당 소득이 10만 달러가 되어도 현재의 불행감은 그대로일 것이다.

　나는 언제 행복감을 느끼는가 하면, 가장 행복한 순간 중 하나는 외출시 집 출입문을 잠그지 않고 나갈 때다. 직장에 가는 경우라면 잠그고 가야 하지만, 고작 몇 시간 집을 비울 때는 굳이 그럴 필요를 못 느낀다. 노르웨이가 복지국가인 만큼 범죄율이 낮기도 하거니와, 나는 내 지역에서 사는 이웃을 충분히 믿기에 굳이 누군가의 범의를 의심하여 문을 잠글 필요가 있다고 생각하지 않는다. 이웃을 믿고 살 수 있다는 느낌이야말로 행복감이다. 또 한 가지 내 일상의 행복은, 열여섯 살이 된 장남이 밤 11시에 귀가해도 별다른 걱정을 느끼지 않는 것이다. 그만큼 그와 같이 노는 친구들이나, 동네의 전체적인 풍토를 신뢰한다. SNS 중독이나 독서문화의 퇴락 등 문제는 있어도, 폭력이 그다지 없다는 것을 신뢰한다. 이 신뢰야말로 참 행복한 느낌이다. 인간은 본래 군집동물인 만큼, 본능적으로 타자를 믿고 살고 싶어한다. 그렇게 살 수 없는 사회야말로 요즘 잘 쓰이는 말로 '헬'이다.

한국 사회의 신뢰도는 과연 어느 정도인가? 한국에서 3년간 직장에 다니고 지난 18년 동안 해외 교민사회를 관찰해온 나의 결론은, '인연'들에 대한 한국인들의 신뢰도가 구미권과 대략 같거나 오히려 더 높다는 것이다. 깊은 관계가 있는 인연이 아니고 어느 정도 낯익은 단골고객이나 지인이라 해도, 한국인들은 기본적으로 타인을 믿어준다. 문제는 '생판 모르는 타인'에 대한 신뢰도다. 전혀 '관계' 없는 사람이라도 대체로 믿어주는 분위기가 강한 스칸디나비아와 달리 한국에서는 경각심이 출발점이다. 그 원인은 무엇일까? 현재 한국 도시민 대다수가 도시에 정착한 지 한두 세대밖에 지나지 않아서 아직까지 마을 바깥사람들을 믿지 않는 폐쇄적인 시골의 사고방식이 잔존한다고 보는 가설이 있지만, 나는 이 가설이 타당하다고 보지 않는다. 도시화가 대체로 전쟁 이후에 이루어진 것은 노르웨이나 핀란드도 마찬가지인데, 그 결과는 왜 이렇게도 다를까? 문제는 '전통'이라기보다는 사회생활을 규정하는 권력이라는 기본틀과 권력자, 그리고 사회시스템

전체에 대한 다수의 신뢰 수준이다. 대체로 권력기구, 사회시스템에 대한 신뢰도는 사회 전체에 대한 신뢰도와 직결되기 때문이다.

권력에 대한 신뢰도야말로 한국 사회에서 최저다. 2014년 OECD의 통계에 의하면, 정부를 신뢰하는 사람은 한국에서 34%에 불과하다. 아무리 재벌들이 부유해지고 대한민국이라는 국가가 부국 대열에 낄까 말까 한다 해도 정부 신뢰도는 크게 오르지 않았다. 오히려 한국보다 생활 수준이 더 낮은 인도(73%)나 러시아(64%)보다 한국의 정부 신뢰도가 훨씬 떨어진다. 정부뿐인가? 사법제도를 신뢰하는 한국인은 아예 27%밖에 없다. 반대로 노르웨이에서는 83%가, 한국과 비슷한 제도적 유산을 안고 있는 일본에서도 65%가 사법제도를 신뢰한다.

각종 권력에 대한 불신은 젊을수록 더 강한 것으로 나타난다. 예를 들어 한국언론진흥재단은 지난 2016년 6월 영국 로이터저널리즘 연구소와 공동으로 연구한 '한국 뉴스생태계의 현주소를 보여주는 10가지 지표'를 공개했는데, 35세 미만 응답자들 중에서 뉴스를 신뢰하는 사람은 겨우 10%에 불과했다. 〈동아일보〉가 2014년 9월 초에 설문조사한 중고생 129명 중에서는 86명이 정당 소속과 무관하게 '모든' 정치인을 불신했다. 이 밖에 젊은이들이 가장 불신하는 직군은 검찰과 경찰, 군인, 기업인, 교수 등으로 나타났다. 한국 사회의 여러 권력 조직을 보는 젊은 층의 눈은 이런 것이다.

대부분의 시민들이 권력을 원천적으로 불신한다면, 이는 시민의 탓일 리가 없다. "대통령 모독이 도를 넘었다"고, 권위주의 시절 교장이 불량학생들에게 훈화하듯이 '국민들과의 소통'을 하는 박근혜 대통령의 스타일을 한번 보라. 아니면 집회·시위 참가자를 상대로 군사작전을 방불케 하며 진압하는 경찰들의 태도를 보라. 아무리 대통령 직선제나 대의민주주의가 형식적이라 해도, 민주국가에서라면 도저히 생각할 수 없는 장면들이다. 권력자들이 시민들을 점령군처럼 지배·통제하다시피 하는데다 자신들의 행동이 인명 상실로 귀결돼도 제대로 책임지는 일이 없다. 무책임이야말로 한국 권력층의 가장 큰 특징일 것이다.

2010년대를 대표할 초대형 참사인 세월호 침몰 관련 재판과 징계 결과를 보자. 공판 결과, 침몰에 책임 있는 민간인들 중에서는 37명이나 실형을 받은 반면, 공직자들 중에서 금고형 이상의 실형을 받은 자는 오직 6명이며 그들은 전부 하급 공무원이었다. '깃털'들은 처벌받지만 '몸통'은 그대로 건재한다는 것이 세월호 재판에 대한 세인들의 평이었다. 사실 처벌이나 징계를 받은 책임자보다 끝까지 자리를 지킨 책임자가 더 많았다. 세월호 참사에 책임이 있다고 감사원이 지목한 해양수산부, 해양경찰청, 인천지방해양항만청, 한국선급 소속 34명 가운데 29명이 그대로 공직에 남은 것이다. 도대체 이런 권력자들을 믿고 살 바보들이 어디에 있겠는가?

세월호뿐인가? 형식적 '민주화'가 이루어진 뒤의 그 어떤 인명 상실을 부른 참사를 봐도, 피해자는 있으나 정부나 공무원 조직 안에서 책임자는 없다. 2016년 가을, 긴 고통 끝에 유명을 달리한 백남기 농민의 경우를 보라. 아무런 폭력행위도 저지르지 않았던 그를 물대포로 쓰러뜨려 결국 죽게 만든 것은 과잉진압이며 국가에 의한 민간인 살인이라는 사실이 불 보듯 뻔하다. 한데 이 참극의 총책임자였던 강신명 전 경찰청장은, 피해자 유족들에게 사과를 거부하면서 "사람이 다쳤거나 사망했다고 해서 무조건 사과하는 것은 적절하지 않습니다"라는 '명언'(?)을 남기는 것으로 책임을 회피했다. 당시 집회 관리의 총책임자였음에도 지휘·감독을 제대로 하지 않은 혐의로 재판에 넘겨진 구은수 전 서울지방경찰청장은 구속됐다가 2018년 6월 4일 1심에서 무죄를 선고받았다. 유일하게 법적 책임을 지게 된 사람들은 현장 책임자 신모 전 서울청 제4기동단장과 물대포 조작요원 한모·최모 경장 등 하급 경찰공무원들인데, 그들의 사법적 책임도 벌금형에 그치고 말았다. 국가에 의한 시민 살인에서 책임자가 이 정도 뻔뻔스러울 수 있는 형식상 민주주의 국가가 과연 한국 이외에 더 있는가?

정치·행정·사법 권력의 무책임이 가장 돋보이지만, 이 밖의 권력 집단들을 봐도 그 행태는 별반 차이가 없다. 언론을 봐도, '기레기' 같은 말을 왜 이토록 많은 한국인들이 쓰는지 쉽게 알 만하다. 중요한 사건이 나면 '주류' 언론의 보도를 그대로 믿을 수 있는 경우가 거의 없다. 긴급보도인지라 자칫 오보가 날 수도 있다는 것까지 이해해도, 그다음 정정보도나 사과도 없으니 언론 공신력은 바닥에 떨어졌다. 예를 들어 2013년에 세상을 떠들썩하게 만든 '이석기 내란음모 사건'을 생각해보자. 당국의 발표가 나자마자 보수언론들이 이를 받아쓰기해서, 당국의 모든 주장이 사실인 양 보도했다. 이석기 등이 북한과 연계된 '혁명 조직의 수괴'처럼 그려지고, 이들이 모여서 폭동과

시설물 습격 등 '내란음모'를 획책한 것처럼 소설을 썼다. 결국 재판에서 북한과의 연계도 혁명 조직도 내란음모도 다 무죄로 나왔는데, 오보를 사과한 신문은 한 군데라도 있는가?

누구도 믿을 수 없는 저복지의 정글자본주의, 그리고 점령군처럼 행동하는 무책임한 권력 조직들은 한국을 인간으로서 살아나가기 어려운 저신뢰 사회로 만든다. 시민들이 스스로 '피통치민'으로서의 위치를 거부하며 대대적인 행동에 나서지 않는 이상 이런 상황은 지속될 것이다.

대한민국,
사유화된다

'최순실 게이트'를 지켜보면서 자꾸 기시감이 들었다. 이전에 어디에 선가 본 듯한 느낌이었다. 정권 비선의 딸이 부정입학을 했다? 이미 1957년에 이승만의 양자이자 그 최측근인 이기붕의 아들 이강석이 서울대 법대에 부정 편입학한 사건이 온 나라의 화젯거리가 된 일이 있었다. 그때도 정권 실세의 아들이 정치인·관료 위에서 군림했으며, 그때도 정권 쪽의 부정 편입학 요구에 교수와 총장이 손을 들어 타협했으나 학생들이 동맹휴업 등 투쟁을 벌였다. 대통령이나 그 최측근, 친인척의 발호는 대한민국 정치체제의 고정된 패턴으로 보이기만 한다.

나는 지금도 1997년 당시 김영삼 대통령이 아들 김현철의 비리에 대해 공개사과하는 내용을 라디오로 듣던 택시운전기사가 "제 아들 관리도 못하는 저놈은, 이게 무슨 어른이냐?"라고 침을 뱉듯이 욕한 것을 생생히 기억한다. 한데 김영삼의 평생 라이벌이자 후임자인 김대중 대통령의 아들 세 명이 다 비리에 연루돼 유죄판결을 받은 점까지 생각해보면, 이는 한 개인의 문제라기보다는 구조의 문제라고 봐야 한다.

국가나 사회의 심부름꾼으로서 '공복 정신'을 가져야 한다느니, 신분이 귀한 만큼 의무를 지는 '노블레스 오블리주'를 실천하라느니 하면서 환상을 갖지 말자. 대한민국은 자본주의 사회, 그것도 가장 극단적 형태의 자본주의 사회다. 이 사회에서는 엄연히 불법인 성매매가 —법이 아닌 '통념'의 차원에서는 범죄라는 인식도 없이—폭넓게 이루어지고, 불전 내지 헌금을 많이 내면 극락왕생 내지 천국행을 얻을 수 있다고 믿는 분위기가 팽배하다. 부자는 부하나 서비스업 노동자에게 모욕을 가하거나 폭행을 해도, 적당한 합의금만 내주면 사실상 처벌을 면할 수 있다. 즉 인간의 존엄성도 공공연하게 매매된다.

성도, 종교적 신앙도, 인간의 자존감도 다 돈을 매개로 거래될 수 있다면, 권력 또는 권력자에의 개인적 접근이 각종 비리로 이어지지 않을 수 있다고 순진하게 믿을 수 있을까? 박근혜의 경우 개인적 무능, 특히 공과 사 구별 능력의 태부족이 한국 현대사상 기록적인 수준이긴 하지만, 대통령이 누구든 그 친인척과 측근들이 발호를 도모하지 않으리라고 생각하면 오산이다. 권력 또는 권력에의 사적 접근이 가장 값진 재화인 사회에서는, 최고권력자의 측근들이 그 재화를 돈으로 바꾸려는 생각을 하지 않는다는 게 기적에 가까운 일일 것이다.

사실 이것이야말로 문제의 진정한 핵심이다. 왜 김영삼 정권의 '소통령' 김현철이 한보 등 재벌로부터 돈을 그렇게 쉽게 상납받을 수 있었는가? 왜 김대중 대통령 시절 '특수 신분'인 그 아들 김홍걸이 체육

복표 사업자 선정 및 아파트 건설 승인 청탁 대가로 36억 원이나 사업자로부터 뜯어낼 수 있었는가? 왜 노무현 전 대통령의 형 노건평 씨가 농협이 세종증권을 인수하도록 알선한 대가로 수십 억이나 챙길 수 있었는가? 왜 솔로몬저축은행과 코오롱은 이명박의 친형 이상득에게 수억 원이나 상납해야 했는가? 그리고 왜 최순실에게 재벌들이 800억 원이나 주었는가?

여태까지 친척 비리가 없었던 대통령이 존재하지 않는 것으로 봐서는, 대통령의 자녀나 형제 내지 측근을 통해서 재벌들이 돈을 건네 '문제 해결'을 의뢰하는 것이 대한민국에서는 거의 공인된 메커니즘이라고 봐야 한다. 그러나 왜 하필이면 권력에의 사적 접근이 이렇게도 비싸게 거래되는 하나의 재화로 부상했는가? 물론 개발독재 시절에는 굳이 이런 질문을 할 필요조차 없었다. 개발이 국가의 주도로 이루어지고 개발자금은 관치금융 시스템을 통해 재벌들에 국가적으로 조달됐기에, 국가와의 관계는 당연히 기업인에게 사활이 걸린 문제 그 자체였다. 이런 개발 시스템에서 부정부패가 구조적으로 불가피하다는 것은 이미 많은 연구자들이 밝힌 바 있다.

한데 우리는 이미 민주주의의 외피를 쓴 신자유주의 사회에서 산다. 관치금융은, 금융시장이 이미 상당부분 외국자본에 장악돼 있는 상태에서는 그저 과거의 이야기로만 들린다. 더군다나 정권교체도 어느 정도 정례화돼 있기에 정권 실세에의 상납이 결국 밝혀져 적어도 형식적인 솜방망이 처벌은 받을 위험도 존재한다. 그런데도 왜 최순실에게 재벌로부터 엄청난 금액이 그렇게도 쉽게 흘러 들어갈 수 있었는가?

여기에서 한국형 신자유주의의 몇 가지 특징에 주목해야 한다. 첫째, 대한민국은 재벌왕국이긴 하지만, 국가의 경제적 역할, 경제에 대한 개입 범위 등이 여전히 무시하지 못할 수준이다. 기업들은 토건을 비롯해 각종 공공프로젝트에서 사업자로 선정되는 것을 목표로 하는데, 각종 인허가와 관련한 국가의 힘이 역시나 막강하다. '커넥션'과 돈은, 기업에 의한 이 힘의 사유화를 뜻한다. 물론 피해를 보는 쪽은 바로 대다수의 피통치자들이다. 세월호 참사로 이어진, 노후선박 선령 제한을 20년에서 30년으로 연장해준 이명박 정권의 조처를 기억하는가? 보통사람들은 목숨을 걸고 배를 타는 세상이 됐지만, 유병언을 비롯한 관련 기업들로서는 환하게 웃을 일이 아닌가? 이런 '기업 봐주기' 대가로 최고권력자의 측근들이 기업들로부터 '사설 세금'(?)을 거두는 것이 이런 구조에서는 그저 자연스럽게 보이기만 한다.

둘째, 경제 개입 가능성이 높은 국가권력을 기업이 사유화하지 못하게 막을 만한 장치들이 매우 불충분하다. 원칙상 검찰청 등이 그런 장치가 돼야 하지만, 지난 20여 년의 역사를 보면 사법부에 대한 기업들의 영향력 확보도 상당한 수준에 이르렀다는 점을 간과할 수 없다. 검사들이 재벌의 돈을 받는 등 공공권력을 돈과 맞바꾸는 일이 비일비재했어도 처벌받는 경우는 거의 없었다. 대전 법조비리 사건(1999년) 때 검사 25명의 뇌물수수 혐의가 드러났음에도 사법처리된 사람은 한 명도 없었다. 삼성 X파일 사건(2005년) 때 '떡값 검사' 명단을 발표한 노회찬 의원은 결국 의원직을 상실했지만 문제의 검사들은 지금도 건재하다. 법조 브로커 윤상림 게이트(2005년) 때도 사건에 연루된 판검사들은 '대가성이 없다'고 하여 어떤 징계도 받지 않았다. 스폰서 검사 사건(2010년) 당시에는 일부 검사가 징계를 받기는 했지만 사법처리는 면했다. 국가의 사유화를 막아야 하는 사람들마저 각종 기업들의 장학생으로 전락해 스스로 국가의 사유화에 앞장선다면 과연 이런 국가의 공공성은 어느 정도일까? 원내 정당들이 대기업으로부터 정치자금을 받게 돼 있다는 점도, 언론들도 대기업 광고로 먹고산다는 점도 잊지 말아야 한다. 즉 기업인들이 돈을 주고 권력에의 사적 접근이라는 재화를 사고자 한다면, 대한민국에서 이를 막기란 정말로 지난한 일이다.

셋째, 대한민국이라는 국가는 자본의 주문대로 정책을 찍어내 집행하는 기업들의 행정도구라고 규정할 수 있지만, '국가'도 '자본'도 그저 추상적인 개념이라는 점을 기억해야 한다. 현실 속의 '국가' 운영 주체란 서로 끝이 보이지 않는 이전투구를 벌이는 주류 여야 정객의 패거리들이며, 부단히 싸워야 하는 만큼 이들 각자에게 '스폰서'가 필요하다. 한편 '자본'이라는 것 역시 서로 경쟁하는 수백 개의 재벌·중견기업들이다. 자본의 정책 주문 중에서는 공통된 것도 적지 않은데, 각종 자유무역협정부터 민영화 정책, 노동운동 탄압까지 대부분이 국가에 의해 적극 추진된다. 한데 많은 경우에는 자본들의 구체적인 이해관계가 상호 충돌해, 자본이 권력자들을 상대로 경쟁적으로 로비를 벌여야 하게 마련이다. 그럴 때야말로 세상의 '최순실들'이 갖고 있는 재화, 즉 권력에의 사적 접근은 황금의 값어치가 된다.

박근혜의 대통령 자격 부족은 독보적이었지만, 이미 행정부와 사법부가 기업의 주문을 받는 꼭두각시가 된 상황에서 그 어느 대통령 밑에서도 '최순실'이 둥지를 틀어 행정자원과 금전의 교환을 주관할 수 있다. 밑으로부터의 항쟁으로 신자유주의적 기업국가 시스템을 바꾸지 않는 이상 이 비리 공화국은 영구적일 것이다.

박근혜
최악의 범죄

'최순실 게이트'를 통해 우리는 한 가지 중요한 사실을 깨달을 수 있었다. 사실상 교과서적 의미의 '정부'란 우리에게 없었다는 것이다. '정부'란 공익을 챙기는 공적 기관이라면, 박근혜의 행정부는 '정부'와 거리가 멀었다. 정확히 이야기하면 박근혜 행정부는 국정원 선거 개입이라는 비합법적 방법으로 관료체계를 장악한 사조직에 가까웠다. 권력을 편취한 이 사조직은 이미 한참 진행중이었던 대기업들에 의한 국가 사유화 과정에서 핵심 연결고리로 작용했다. 최순실과 그의 재단들이 대기업들의 돈을 챙기는 만큼 대기업들에 필요한 인허가와 법률들이 정부에 의해서 급조됐다. 이 구조에서는 공익에 대한 고려란 들어설 여지 자체가 없었다. 대한민국이 재벌과 관벌들이 대주주로 있는 하나의 주식회사라면, 최순실 게이트란 일부 대주주와 경영자, 그리고 경영자의 측근들이 작당해서 회사 운영을 사리사욕에 희생시킨 배임사건 격이 될 것이다. 한데 공공성이라고는 거의 찾아볼 수 없는 '주식회사 대한민국'에서 이와 같은 배임은 구조적 문제다. 대주주와 경영자의 야욕을 견제할 수 있는 장치들이 거의 존재하지 않기 때문이다.

대한민국은 대체로 저범죄 사회다. 예컨대 살인율(인구 10만 명당 살인사건 수)은 스웨덴이나 덴마크 같은 유럽 복지국가보다 더 낮다. 일반인이 범죄를 저지르면 법적 처벌을 받는데다 남은 평생을 전과자로서 이등 시민으로서 살아가야 한다. 한데 국가권력을 장악한 사조직은 계속해서 범죄를 저질러도 그 어떤 책임도 지지 않는다. 박근혜 행정부의 범죄성이 짙은 '정책'들을 단순 열거하려 해도 여러 장의 종이가 필요할 정도다. 세월호 침몰 당시의 직무유기, 국가주권을 포기한 전시작전권 환수 무기한 연기, 집 없는 서민들의 주거비를 인상시킨 부동산 대책, 백남기 농민의 목숨을 빼앗은 시위진압시 물대포 사용, 민주주의와 다양성을 짓밟은 한국사 국정교과서…… 각 '정책'마다 수많은 피해자들이 속출했기에 단순히 열거하기만 해도 마음이 무겁다. 그러나 이 모든 패악질 중에서도 2013~2014년의 '이석기 사건', 즉 의회의 제2야당 격이었던 통합진보당의 법적 해산과 이석기 전 의원 등의 구속과 재판은 특기할 만하다. 이 사건으로 1987년 대투쟁으로 쟁취된 형식적·절차적 민주주의가 회복되기 어려운 상처를 입은 것이다. 사실 이석기 사건 이후의 대한민국을 민주국가라고 부른다는 것 자체가 무리일 것이다.

민주국가라면 지배자들과 생각을 달리하는 민중세력들에게 적어도 합법적인 활동의 공간이 주어진다. 2010년대 초반의 한국에서 통진당은 그런 민중세력들 중에서 가장 규모가 컸다. 명부상 당원 수가 10만

명에 달했고, 총선에서의 득표율은 10% 정도 되었고, 의석 13석을 보유했다. 당의 간부 중 상당수는 노동조합·시민단체에서 영향력을 갖고 있었고, 당대표이던 이정희는 대중성이 강한 유명 정치인이었다. 당의 뚜렷한 지지기반은 일부 조직노동자와 재학 시절에 정치투쟁의 경험을 쌓은 30~40대 고학력자들이었다. 그리고 사민주의적 재분배 정책과 민족국가 완성을 지향하는 요구(미군 철수, 남북한 통일 방향으로 나아가기 위한 일련의 정책)의 혼합인 통진당의 강령은, 대체로 지지계층의 이해관계를 정확하게 표방했다. 재분배 정책, 즉 각종 사회임금(복지비용)의 증가는 당연히 피고용자들에게 유리하며, 민족국가 완성, 그리고 세계적 신자유주의의 본산인 미국과의 거리 두기를 지향하는 것 역시 여러모로 국가의 재분배 기능 강화와 불가분의 관계를 가지기 때문이다. 한마디로, 통진당은 현실정치에서 집권여당의 친재벌 신자유주의나 제도야당의 사회적 자유주의와 질적으로 다른 민중적 '대안'을 대표했다. 그러면 특정 사회계층의 지지를 받는 대안 정치세력을 강제로 해산시키는 것은, 과연 민주사회에서 있을 수 있는 일인가?

국가를 장악한 사조직에 의해 민주주의와 함께 희생된 것이 사법정의다. 민주국가의 특징이 사법부의 독립성과 정치적 중립성이지만, 통진당을 강제해산시키고 국민이 뽑은 국회의원들의 의원직을 박탈한 헌법재판소는 이미 정치적 중립을 어겼다. 사법을 가장한 정치적 탄압의 가장 노골적인 사례는 이석기 전 의원과 김홍열, 이상호, 조양원, 홍순석, 김근래 등 통진당의 여러 간부들에 대한 재판이었다. 재판과정에서 국정원과 검찰 주장의 핵심적 부분들이 사실상 허위로 판명됐다. 피고들이 '만들었다'는 혁명 조직, 이른바 RO의 실체가 없었다는 것이 드러났으며, '내란음모'라는 무시무시한 혐의 내용에 대해서도 무죄가 선고됐다. 이석기 전 의원의 체포 당시에 언론들이 대서특필했던 '대북 연계'도 어디에서도 포착되지 않았다. 그런데도 그는 1심에서 10년형을 선고받고 항소심에서 9년형을 선고받았다. 판결에서 언급된 그의 '범죄' 내용은—전 세계가 반인권적이라고 여기는 '국가보안법 위반' 이외에—'내란선동'이다. 120여 명의 청중을 대상으로 한 90분짜리 정세 강연 녹음테이프에 의거해서 살인자나 강간범이 받을 무거운 형량을 선고하는 것이 과연 사법을 가장한 정적 제거가 아니면 무엇인가? 게다가 문제의 테이프가 공안기관에 의해서 여러 곳이 변조된 점까지 염두에 두면, 이런 재판이 사법정의의 사망을 알렸다는 생각이 자꾸 든다.

결국 박근혜는 임기를 마치지 못하고 탄핵되었다. 편법을 동원해 대통령직을 장악하고, 그다음에 민주주의와 사법정의의 상식을 무너뜨리는 일 이외에 '치적'이라고 할 수 있는 것은 거의 없는 정객이, 그 국정운영의 '비법'이 탄로나자 탄핵당한 것은 당연한 귀결이다. 한데 과연 민주주의와 사법정의를 죽인 것이 박근혜 한 사람만이었을까? 2016년 '이석기 사건'을 다룬 책 《이카로스의 감옥》이 출판되었다. 사건과 관련이 있는 거의 모든 자료들을 꼼꼼히 모은 이 책을 읽다 보면, 박근혜 사조직의 민주주의와 사법질서 파괴에 수많은 협력자가 있었다는 점을 쉽게 알 수 있다. 재판 과정에서 RO의 실체가 없었으며 문제의 정세 강연이 있었던 행사가 비밀회합이 아닌 정기적인 정당행사였다는 부분이 다 밝혀졌지만, 사건이 비화한 당시에는 〈조선일보〉나 〈한국일보〉 등의 여러 신문이 국정원이 집필한 '이석기 내란음모' 소설을 사실인 양 보도했다. 정보기관과 언론이 정언유착을 이루어 정권의 정적에 대한 종북몰이, 공안몰이를 같이 하면 민주주의나 기초적 인권 상식이 온전히 남을 리가 있겠는가? 민주국가에서의 인권 상식인 무죄추정 원칙이, 근거 없는 혐의를 유죄인 양 보도하는 언론에 파괴되고 말았다. 또 다른 민주주의의 보루인 국회는 일찌감치 종북 마녀사냥 앞에서 두 손을 들었다. 2013년 9월 4일에 있었던 이석기 체포동의안 국회투표에서 반대표는 14표에 그쳤으며, 여당은 물론이고 야당인 민주당과 정의당마저 찬성을 당론으로 정할 정도로 공안 일색의 분위기가 팽배했다. 나중에 박근혜 탄핵을 주도한 야당들이 그 당시에는 사실상 박근혜 일당의 정적 제거를 도와준 꼴이었다. 또한 검사와 판사 등 사법부는 박근혜의 반인권적 종북사냥에 앞장서고 있었다.

박근혜 패거리가 '이석기 사건'을 비롯한 반민주·반인권 폭거들을 그렇게 손쉽게 저지를 수 있었던 배경에는 한국 '주류'의 해묵은 반민주성·반민중성이 있었다. 고위 공무원이나 거대언론부터 제도야당까지, 재벌과 박근혜-최순실 패당에 의한 국가의 사유화보다 민중의 정치세력화를 훨씬 더 두려워했던 모양이다. 우리가 본격적 변화를 원한다면, 이석기 사건 피해자를 비롯한 양심수들의 석방뿐만 아니라 인권 탄압을 방조한 부역자들에 대한 책임 추궁도 요구해야 한다.

이 책의 제목에 '전환'이라는 단어가 보인다. 이 '전환'은 과연 무엇을 뜻하는가? 수많은 사람들의 끈기 있는 투쟁으로 적폐 정권은 다행히도 몰락했지만, 적폐 그 자체는 사회 곳곳에 여전히 남아 있다. 적폐를 청산하자면 단순히 적폐 정권 주범과 종범, 부역자들에 대한 인적 처리만으로는 어림도 없다. 이명박·박근혜가 9년 동안이나 견제를 받지 않고 한국 지배계급 수장의 위치에서 국정을 그르칠 수 있었던 토양 그 자체를 대수술하지 않으면 적폐들이 언젠가 꼭 돌아온다. 책의 내용을 축약해 말하자면 이 대수술은 다음과 같은 '3탈脫'을 향해야 한다.

첫째, 탈분단이다. 나는 '통일'이라는, 운동진영의 오래된 구호 대신에 '탈분단'이라는 용어를 일부러 골라 쓴다. 서로 동등한 평화통일을 이루려면 남측만의 주장이 아니라 북측의 의사도 똑같이 중요한데, 남북 간에 신뢰를 구축하는 과정이 많이 진행되어야 양측의 통일 비전 사이에 구체적인 접점들을 찾고 실질적인 통일준비 과정을 시작할 수 있을 것이다. 일단 신뢰구축·경협·군축과 함께 탈분단이 추진되는 게 중요하다.

탈분단은 여러 차원에서 이루어져야 한다. 실질적 차원에서는 모든 측면에서 최대한 많은 '교류'가 이루어져야 할 것이다. 이상적으로는, 평양이나 원산에 가거나 거기 사는 친척들과 연락하는 일이 베이징이나 도쿄, 블라디보스토크에 오가는 일만큼 일상화되고, 외신에 관심 있는 사람이 〈노동신문〉을 온·오프라인으로 읽는 일이 〈뉴욕타임스 The New York Times〉나 〈인민일보人民日報〉, 〈아사히신문朝日新聞〉 등을 읽는 것과 마찬가지로 일상이 돼야 한다. '통일' 같이 거창한 이야기를 꺼내기 전에, 적어도 '정상적 이웃'이라도 돼야 하지 않겠는가? 서울사람에게 도쿄가 '하루생활권'이 되어버린 지금, 훨씬 가까운 평양에 가는 일이 마치 전선을 넘듯 '특정국가 여행'이 되어버린 상황은 비정상 중에서도 비정상이다. 일반인에게 북한은 방문은커녕 통신과 서신왕래마저 두절되어 있다. 이북에 사는 친척들과 마음대로 연락조차 취할 수 없는 상황은 세계사에 전례가 없는 국가적 잔혹행위다. 미-소 냉전이나 동·서독 분단 같은 최악의 시절에도 남북한처럼 양측 민간인들 사이의 통신과 서신왕래를 엄금한 일은 없었다. 과연 이와 같은 미증유의 비정상적인 상황에서 '통일'로 바로 직행할 수 있겠는가? 일단 하루빨리 남북을 갈라놓는 장벽들부터 무너뜨려야 할 것이다.

그런데 탈분단은 현실에서만 이룰 일이 아니다. 각자의 머리에서부터 탈분단을 이루어야 한다. 우리가 한국 역사를 배우듯이 북한 역사도 아울러 배워야 한다. 탈분단하여 차후 재통합을 준비하려면, 남쪽 사람들도 북쪽의 자랑 중 하나인 1960년부터 실시된 전반적 무상의료제 같은 역사적 사실들을 마땅히 알아야 한다. 탈식민 아시아·아프리카 신생국가들은 북한이 무상의료제를 최초로, 선구적으로 실시했다는 사실을 아는 것도 중요하다. 또한 한국 현대문학을 공부하면서 이기영의《두만강》같은 북한 현대문학 걸작들도 같이 읽는 것이 좋지 않겠는가? 물론 북한을 '한반도 근현대'의 일부로 받아들인다고 해서 북한의 역사나 현실을 미화할 필요는 당연히 없다. 정치적인 이견에 대한 탄압과 정치범 감금 등을 사실대로 지적해야 한다. 국제사면위원회Amnesty International가 "현대판 노예제"라 부르는, 한국 농어업에서의 외국인 노동자에 대한 착취·학대 등 남쪽의 대단히 심각한 인권문제들과 같은 선상에서 말이다.

둘째, 탈군사화다. 독일의 본에 있는 '군수기업의 민수民需기업으로의 전환 국제센터Bonn International Center for Conversion'가 발표한 '종합적인 군사화지수'에 따르면 한국은 세계에서 여섯 번째로 군사화된 사회다. 이 지수는 국가예산에서의 군비 비중, 징병제의 유무와 병역 복무기간, 대체복무제의 유무, 민간부문에의 군사문화 침투 수준 등을 종합적으로 고려한 것인데, 한국은 미국(29위)이나 사우디아라비아(17위)보다 훨씬 군사화된 것으로 나타났다. 한국보다 더 군사화된 사회라면 지금도 무력분쟁이 진행중이거나 그런 분쟁이 당장이라도 터질 수 있는 이스라엘이나 러시아, 아르메니아 같은 강성 징병제 국가들 정도다. 한데 러시아나 이스라엘, 아르메니아만 해도 평화주의자들을 위한 대체복무제가 있지만 유독 한국에만 대체복무제마저도 없다. 한국만큼 많은 병역거부자들을 매년 감옥에 보내는 나라도 세상에 없다. 이제 드디어 헌법재판소가 대체복무제 도입을 요구하는 판결을 내렸지만, 여전히 군사화된 사회 분위기에서 징벌적인 대체복무제가 되지 않기를, 그리고 대체복무를 택한 이들이 사회에서 소수자로 백안시되지 않기를 바랄 뿐이다. 한국에서는 여전히 군복을 입은 유명 연예인들이 텔레비전에 나와 군을 홍보하고, 많은 사람들이 어떤 문제의식도 없이 군대 이야기를 하고, 아이들부터 직장인들까지 각종 '해병대캠프'에 끌려가거나 '극기훈련'을 하는 광경을 목격할 수 있다. 군사주의는 반대자들에게 설 자리를 허락하지 않을 뿐만 아니라 일상에 여과 없이 침투해버리는 것이다.

이미 '군대'와 '사회' 사이에서 뚜렷한 경계를 찾아내기가 힘들 정도다. 군복무를 하지 않은 사람도 직장 상사가 되면 얼마든지 '기합'을 방불케 하는 갑질을 해댈 수 있다. 군사화된 학교와 직장에서 얼마든지 각종 '갑'들의 행태를 보고 배울 수 있기 때문이다. 그래서 탈군사화란 꼭 군축과 대체복무제 도입, 점진적인 모병제로의 전환 등만으로 이루어지지 않는다. 이미 군대처럼 되어버린 학교나 직장부터 '정상'으로 되돌리는 것이 중요하다. 군복처럼 획일적인 양복이 아닌 편안한 차림으로 근무하고, 사리에 맞지 않는 상사의 말에 반대하거나 회식 참여를 거부해도 좋은 직장 환경이야말로 정상이다. 자본주의 사회인 이상 비대칭적인 권력관계 속에서 이런저런 갑질이 발생하지 않을 수야 없지만, 그래도 정상적인, 탈군사화된 직장 환경에서는 갑질 발생 확률이라도 좀 낮출 수 있을 것이다.

셋째, 탈자본이다. 인류가 아직도 자본주의를 벗어나지 못하는 것부터가 이 지구별을 머지않아 망가뜨릴지도 모를 크나큰 비극이지만, 한국 같은 브레이크 없는 극단의 자본주의는 이미 사회의 인적 재생산을 불가능하게 만들었다. 학벌 차별과 대학재벌의 탐욕이 한참 올려놓은 각종 교육비용과, 투기로 앙등한 집값 등이 이 사회를 거의 아이를 낳아 기를 수 없는 곳으로 만들었다. 이념 문제를 떠나서 일단이 나라가 살아남으려면 "기업하기 좋은 나라"를 "다들 골고루 살기 편한 사회"로 개조해야 한다. 우선 교육과 의료, 주거 등 생존과 재생산에 가장 긴요한 부분들을 '시장'에 맡겨서는 안 된다는 단순한 진리부터 일반화되었으면 한다. 자유방임 시장은 기득권에 대한 인정과 기득권의 확대재생산을 의미한다. 시장에 맡겼다가는 지금처럼 절반 정도의 한국인들이, 전세나 월세 형태로 불로소득을 올리는 건물주로부터 착취를 당하게 된다. SKY대학을 나온 금수저들이 그 재력으로 자녀들까지 SKY대학에 보내 학력자본 재생산의 악순환을 이루는 반면, 아파도 돈이 없어 병원에 못 가는 사람들을 흔히 발견할 수 있는 사회가 된다. 따라서 정말 '행복한 사회'를 만들려면 교육·의료·주거의 공공화는 필수다. 이명박·박근혜만 적폐가 아니다. 질도 그다지 좋지 않은 교육과 '명문'이라는 이름을 비싼 돈에 파는 대학, 지불

능력이 없는 환자에게 진료를 거부하는 병원, 집값을 올리는 토건자본과 세입자를 쥐어짜는 건물주도 적폐다.

최근 한진그룹 총수 일가의 갑질 등이 재벌사회의 이면을 만인에게 드러내 재벌문제에 대한 의식을 환기시켰지만, 그 폐해는 단순한 갑질에 그치지 않는다. 이는 이 나라를 누가 통치하느냐, 과연 민주주의가 한국에서 제대로 기능하느냐 하는 물음과 관련된 근본적인 문제다. 매출액 기준 국내 1, 2위 기업인 삼성전자와 현대차의 매출액을 합치면 한국 GDP의 20%에 육박한다. 10대 재벌의 전체 매출은 한국 GDP의 80%를 넘는다. 혼맥 등으로 얽힌 가문들이 지배하는 몇 개 대기업이 한 나라의 경제를 이처럼 독점하고 있다면, 과연 그 나라의 사회와 정치가 재벌들의 통제를 면할 수 있겠는가? 지금의 대한민국은 재벌들의 볼모 신세다. 탈재벌하자면, 국가경제에 핵심 역할을 하는 기업을 공유화하고 기업 경영에 노동자 참여가 이루어져야 한다. 그러지 않으면 그 어떤 개혁도 진척을 기대하기가 힘들 것이다. 의료부터 교육까지 몽땅 집어삼키고 싶어하는 재벌들이 과연 의료나 교육의 탈시장화를 허용하겠는가?

내가 꿈꾸는 미래의 대한민국은 시민 홍길동이 학창 시절 교사한테 존댓말을 듣고, 지시가 아닌 '제안'을 받는 사회다. 입시가 사라지고 '명문대학'이라는 개념 자체가 사라져, 어느 대학에 진학해도 똑같이 무상으로 양질의 교육을 받는 사회다. 군대의 규모가 한국과 경제규모가 엇비슷한 스페인처럼 12~13만 명에 불과하고, 스페인을 포함한 대부분의 유럽 국가처럼 병력이 모병제로 충원되는 사회다. 홍길동이 아프면 미국이나 일본을 제외한 대부분의 산업화된 나라에서처럼 무상으로 치료를 받고, 집이 필요하면 공공 영구임대아파트에 입주할 수 있는 사회다. 아이를 낳으면 아버지도 몇 주간 의무적으로 육아휴직을 받고, 유모차를 끌고 다니는 남성들의 모습을 쉽게 곳곳에서 볼 수 있는 사회다. 홍길동이 노조에서 활동하면 그 직장 이사회의 이사가 되고, 굳이 특별한 활동을 하지 않아도 사내 투표를 통해 회사 결정에 참여할 수 있는 사회다. "군대 갔다 와야 남자가 된다"는 말 대신에 "아이를 길러봐야 남자가 된다"는 말이 속담처럼 도처에서 들리는, "여자 같은 남자"라는 말이 남성에게 최고의 칭찬이 되는 사회다. 그리고 주말에 바람 쐬러 평양이나 원산에 다녀오는 것이 당연지사로 여겨지는 사회다. 그런 이야기를 하다보면 "꿈이 아니냐"고 반문하는 이들이 많은데, 꿈은 맞다. 한데 다수가 공유할 수 있는 꿈이야말로 사회발전의 원동력이다. 이 꿈을 향해 투쟁하다보면 그래도 오늘날보다 훨씬 나은 대한민국을 만들 수 있을 것이다.

한국사회 프리즘

〈쎄느강은 좌우를 나누고 한강은 남북을 가른다〉 홍세화 지음

〈국경 없는 괴짜들〉 신창범 지음

〈네 멋대로 해라〉 김현진 지음

〈4천원 인생〉 안수찬 외 지음

〈아직은 희망을 버릴 때가 아니다〉 하종강 지음

〈일어나라 인권 OTL〉 한겨레21 편집부 엮음

〈이별에도 예의가 필요하다〉 김선주 지음

〈확신의 함정〉 금태섭 지음

〈위건 부두로 가는 길〉 조지 오웰 지음·이한중 옮김

〈기울어진 저울〉 이춘재·김남일 지음

〈지상에서 가장 짧은 영원한 만남〉 김형태 지음

〈다른 길이 있다〉 김두식 지음

〈정의의 적들〉 표창원 지음

〈검사님의 속사정〉 이순혁 지음

〈섬과 섬을 잇다 1,2〉 하종강 외 글·유승하 외 그림

〈푸른 눈 갈색 눈〉 윌리엄 피터스 지음·김희경 옮김

〈접속 1990〉 김형민 지음

〈왜 나는 그들을 변호하는가〉 신민영 지음

〈반짝이는 박수 소리〉 이길보라 지음

〈다시 민주주의〉 이재성 외 지음

〈연장전〉 박점규·노순택 지음

〈엄마의 독서〉 정아은 지음

인문의 창

〈고전 문학사의 라이벌〉 고미숙 외 지음

〈고전의 향연〉 이진경 외 지음

〈선녀는 왜 나무꾼을 떠났을까〉 고혜경 지음

〈실크로드 문명기행〉 정수일 지음

〈우리 신화의 수수께끼〉 조현설 지음

〈인문학의 창으로 본 과학〉 김용석 외 지음

〈천년 고도를 걷는 즐거움〉 이재호 지음

〈철학 정원〉 김용석 지음

〈한국어가 사라진다면〉 시정곤 외 지음

〈황금가지〉 조지 프레이저 지음·김용대 옮김

〈내게 말을 거는 공간들〉 김혜지 지음

〈한국의 글쟁이들〉 구본준 지음

〈치유하는 글쓰기〉 박미라 지음

〈태초에 할망이 있었다〉 고혜경 지음

〈유혹하는 에디터〉 고경태 지음

〈철학 광장〉 김용석 지음

〈김부식과 일연은 왜〉 정출헌 지음

〈속 시원한 글쓰기〉 오도엽 지음

〈나의 꿈 사용법〉 고혜경 지음

〈제주 역사 기행〉 이영권 지음

〈삼국유사를 걷는 즐거움〉 이재호 지음

〈르네상스 미술 이야기 1,2〉 김태권 지음

〈조선을 사로잡은 꾼들〉 안대회 지음

〈살아 있는 한국 신화〉 신동흔 지음

〈아이콘〉 진중권 지음

〈미학에세이〉 진중권 지음

〈세상에서 가장 큰 집〉 구본준 지음

〈세기의 재판〉 박원순 지음 (〈내 목은 매우 짧으니 조심해서 자르게〉 개정판)

〈데모크라티아〉 유재원 지음

〈나는 왜 쓰는가〉 조지 오웰 지음·이한중 옮김

역사의 바다

〈대한민국史 1~4〉 한홍구 지음

〈한국사傳 1~5〉 KBS 한국사전 제작팀 지음

〈히틀러의 성공시대 1,2〉 김태권 지음

〈직설〉 고경태·한홍구·서해성 지음

〈특강〉 한홍구 지음

〈유신〉 한홍구 지음

〈지금 이 순간의 역사〉 한홍구 지음

〈역사와 책임〉 한홍구 지음

〈이슬람 전사의 탄생〉 정의길 지음

〈1968년 2월 12일〉 고경태 지음

〈베트남 전쟁〉 박태균 지음

〈자이니치 정신사〉 윤건차 지음·박진우 외 옮김

〈민란의 시대〉 이이화 지음

〈길 위의 세계사〉 조성은 지음

〈역사의 키워드 왕을 말하다〉 강응천 지음

〈지정학의 포로들〉 정익길 지음

〈백년을 그리다〉 윤범모 지음

〈외교외전〉 조세영 지음

〈시스터즈〉 마르타 브린 지음·한우리 옮김

역사인물 평전·자서전

〈이완용 평전〉 김윤희 지음

〈윤선도 평전〉 고미숙 지음

〈안중근 평전〉 황재문 지음

〈박헌채 평전〉 김삼웅 지음

〈최남선 평전〉 류시현 지음

〈이매창 평전〉 김준형 지음

〈사랑도 명예도 이름도 남김없이〉 백기완 지음

〈한 변호사의 고백과 증언〉 한승헌 지음

〈이희호 평전〉 고명섭 지음

한겨레 인터뷰 특강

〈21세기를 바꾸는 교양〉 박노자 외 지음

〈21세기를 바꾸는 상상력〉 이윤기 외 지음

〈21세기에는 바꿔야 할 거짓말〉 김동광 외 지음

〈21세기에는 지켜야 할 자존심〉 고미숙 외 지음

〈21세기를 사는 지혜: 배신〉 진중권 외 지음

《6인6색 인터뷰 특강: 화》 진중권 외 지음

〈1등만 기억하는 더러운 세상〉 공지영 외 지음

〈내가 걸은 만큼만 내 인생이다〉 강풀 외 지음

〈길은 걷는 자의 것이다〉 김진숙 외 지음

〈새로 고침〉 은수미 외 지음